记忆·辽河口 上

盘锦市文学艺术界联合会 主编

北方联合出版传媒（集团）股份有限公司

春风文艺出版社

·沈阳·

图书在版编目（CIP）数据

记忆·辽河口：全2册/盘锦市文学艺术界联合会
主编 . —沈阳：春风文艺出版社，2023.4
ISBN 978 - 7 - 5313 - 6417 - 7

Ⅰ. ①记… Ⅱ. ①盘… Ⅲ. ①散文 — 中国 — 当代
Ⅳ. ①I267

中国国家版本馆CIP数据核字（2023）第055984号

北方联合出版传媒（集团）股份有限公司
春风文艺出版社出版发行
沈阳市和平区十一纬路25号　邮编：110003
辽宁新华印务有限公司印刷

责任编辑：姚宏越　　　　　　助理编辑：孟芳芳
责任校对：张华伟　　　　　　封面设计：黄　宇
印制统筹：刘　成　　　　　　幅面尺寸：155mm × 230mm
字　　数：415千字　　　　　印　　张：28
版　　次：2023年4月第1版　印　　次：2023年4月第1次
书　　号：ISBN 978-7-5313-6417-7
定　　价：98.00元（全2册）

序 言

　　《记忆·辽河口》最初是盘锦市文联、市作协与市融媒体发展中心在《辽河晚报》联合推出的以"回望辽河口，纪颂本土情"为主题的文学创作专栏。专栏以散文为主，兼纪实、故事、传说、传记等表现形式，因专栏契合新老作者回望、纪颂、倾诉的愿望，很快吸引一批优秀作家，推出了一批高质量文学作品。他们有的从生活出发，穿过时间的幕布，从辽阔河海、锦绣田园、风土习俗、渔耕商贸、垦荒兴农走来，以辽河口为支点，展开对家乡的礼赞。有的从地理环境入手，描绘退海之地、九河下梢、岗坨地貌、古堡墩台、古渡宫观、历史沿革、名人轶事等湿地风貌，以辽河口为半径，梳理地域风物；有的赞美时代风华，讲述渔雁文化、农垦文化、稻作文化、石油文化、知青文化、抗战文化、移民文化、湿地文化，以及正在发生的经济社会发展与新农村建设等故事，倾情歌颂时代赋予这座城市的神奇魅力。这些文章有的大写意浓墨重彩，有的细微处精心刻画，有的用白描手法勾勒，有的兼收并蓄娓娓道来。这些文字或挖掘盘锦历史演变、岁月钩沉，或记述盘锦的风物礼俗、劳动创造，或记录盘锦今昔变化、发展历程，等等，都是对辽河口文化的梳理、收集、重拾、膜拜乃至留给后人的记忆。

　　为了让这些独具地域特色的作品更有生命的张力，在读者脑海中留下无限壮美的辽河口印象，市文联将专栏开辟以来的优秀文学作品结集成册，以期用先人们经过实践后的有效记忆，从生活中吸取养分，从精神中激活情感，从历史碰撞中开拓新意，承前启后，更好地用文化这一精神食粮服务于我们的工作、生活和学习。

为避免时间仓促，收录文章有所疏漏，本书下册选录地域文化学者刘杰老师多年整理的盘锦地域文化文稿中的一部分。因刘杰老师是土生土长的盘锦人，早年参与过地方志的编辑与修订，尔后虽多年从事媒体工作，仍不忘初心、潜心调查，40年来积累了许多地域文史资料与素材。文中记载的每一个人物与事件，都是他多年心血的凝聚，每一篇都呈现着鲜明的辽河口地域文化特色。本书选取了其中一部分，用以补"记忆"之全。

本书之所以能结集出版，首先要感谢辽宁省文联、盘锦市委宣传部专项资金扶持；感谢支持《记忆·辽河口》栏目开辟的领导、同仁及为此书文字创作、收集、整理付出辛勤劳动的作家朋友们；感谢春风文艺出版社编辑团队严谨认真的负责精神。是大家的支持，是众人拾柴才令这本书得以面世。愿辽河口文化生生不息，愿辽河口文化记忆永远绵延！

编　者
2022年12月5日

目　录

辽河风情

历史跫音

风华时代

诗意抒怀

辽河风情

河海润泽的北国水乡

王本道

　　"继承下去吧，我们后代的子孙，这是一笔永恒的财产——千秋万古常新；耕耘下去吧，未来世界的主人，这是一片神奇的土地——人间天上难寻。"半个多世纪前，诗人郭小川曾为祖国北部边陲"北大荒"发出这样的吟唱。如今，借用这两句诗来描摹坐落在辽河三角洲的盘锦市，更是十分贴切。

　　盘锦地处渤海辽东湾右岸，占辽河三角洲总面积70%左右。辽河曲曲折折穿域而过，衣袂翩翩的大辽河从它身旁奔腾向海。河海的润泽使境内形成纵横交错的大小19条河流，如绕阳河、太平河、六零河等。由于地处辽河冲积平原，盘锦一马平川，坦荡无垠，平均海拔只有3米，站在旷野放眼四望，随处可见天际线之浩渺，地平线之苍茫。百余年前，这片千畴沃野也同神州大地上所有的乡土一样，曾屡遭劫难。100多年前的甲午中日战争，清军在黄海战败，翌年，穷凶极恶的倭寇从海上辗转窜至盘锦境内的田庄台镇登陆，遭到3000守备清军的英勇抵抗。3000清军终因寡不敌众，全部阵亡殉国，掩埋于镇内的清军墓。20世纪30年代初日军侵华期间，也曾将铁蹄踏上辽河三角洲的土地，派出"垦荒团"，利用这里充沛的水资源栽植水稻。这种野蛮的侵略和掠夺行径，理所当然地遭到当地人民的强烈反抗。以张海天为首的"老北风"地方武装力量，在浩瀚的芦苇荡里打响了东北民众抗击日本侵略的第一枪。抗日战争胜利以后，随着革命力量的发展壮大，1948年1月在中共中央东北局的领导下，盘锦地区的第一个党支部于盘锦所辖的盘山县沙岭镇一个普通民宅之中成立了，从此星星之火逐渐燃成燎原之势，组织带领盘锦人民和全国人民一道，经历腥风血雨，苦战奋斗，终于击溃国内外反动势力，迎来新中国的诞生。

新中国成立70余年，盘锦这方地肥水美的沃土发生了翻天覆地的变化。20世纪50年代初，国家在此投巨资兴修水利工程，并安排人民解放军整建制转业到这里，兴办起20多个国营农场集群，开荒造田，种植水稻。70年代初，辽河油田在这片土地上勘探开发，仅十几年时间就建成了年产1500万吨原油的当时国内第三大油田，极大推动了盘锦市开发建设步伐，加快了这块土地上的自然资源优势向经济优势的转化。伴随着祖国改革开放的脚步，进入社会主义新的历史时期，盘锦这片4000平方公里的土地已呈现三大产业有序推进，城乡建设协调发展，生态文明花团锦簇的喜人景象。

辽河和大辽河下游，依靠充足的水源优势，在漫长的地质演化过程中，形成河流冲积、洪积、海积和风积的土地，土壤沉积厚度大，且盐碱成分高，非常适合水稻栽培。传承百余年的水稻栽培技术，加之水利灌溉设施完善配套，抗洪排涝能力不断增强，水稻生产实现了全程机械化。这里已经建成国家重要的商品粮生产基地，160万亩水田，每年产优质大米近百万吨。得天独厚的水源和土壤质地结构等优势，加之选用优良粳稻品种，严格按照生产有机食品的农业技术操作规程进行农事作业，使盘锦大米直链淀粉含量低，韧性强，口感好，从外观看去，籽粒饱满，长宽适中，色泽晶莹青白。每年7、8月间，正值"稻花香里说丰年"之际，水稻开始扬花。稻花很细小，而无数比花朵更细小的花粉，如烟似雾，在密密匝匝的稻禾间穿行。此间，阳光格外强烈，气温可达30多摄氏度，这时水稻开始灌浆了。谷浆汇聚，在烈日下浓缩，逐渐变硬，便形成了稻粒。中秋过后，水稻开始收割，田野里弥漫着成熟稻谷那清淡、朴素、干爽的香气。10月间，各家的新米下锅，随着锅里的水渐渐沸腾，大米的香味也随之袅袅升腾。米香从厨房飘出，从烟囱、小院飘出，在四方缭绕，于是整个村庄都沉醉在浓浓的米香之中……盘锦大米，蒸、焖做成米饭，吃到嘴里清香润滑，且不失韧度；又因其特殊的水源和土质条件，不单籽粒饱满，且米粒上有层油状的薄膜，胶稠高，蛋白质和氨基酸含量丰富，熬出的粥又稠又黏，呈鹅黄绿色。熄火之后再微微焖一会儿，粥面上会结出一层亮白的粥膜。这是米油结成的面子，吃下去补人。据说旧时江南乡下一些地方常在秋后举办粥会，依据农家煮成的粥面能挑起几层粥膜，来评定"种稻状元"。当今盘锦乡下，户户农家煮出的粥都能挑起几层粥膜来，如此看来，盘锦当是"种稻状元乡"了。盘锦大米因其外观品质好、加工品质好、理化性质好、食味品质好、卫生品质好等特点，被国家质检总局评为"国家地理标志产品"，2008年被指定为"北京奥运会专用米"。盘锦大米做成的白米饭，遂实至名归地成为海内外瞩目的一道美食。

河海交汇，海淡水交织，盘锦历史上盛产中华绒螯蟹（辽蟹）。在市场经济条件下，为了增加产量，满足市场需求，根据河蟹生长繁殖规律，科技人员成功攻克了河蟹育苗难关，在坑塘水面，特别是水稻田里，大面积养殖河蟹，使盘锦成为中国北方最大的辽蟹生产基地，年产河蟹50万吨，其中出口量占40%，畅销于京、津、沪、港、澳，而且空运至海外。章太炎先生的夫人汤国梨女士当年曾有诗云："不是阳澄湖蟹好，人生何必住苏州？"公允地说，如今盘锦的河蟹，无论其烹调技艺还是味道之鲜美，与大闸蟹比并不逊色，更何况辽蟹需两年时间才会长成上市时的三两左右重，相对于一年长成的大闸蟹，辽蟹的肉、膏、黄要更厚实一些，吃起来也更有嚼头。随着盘锦经济和社会发展步伐的加快，人工孵化蟹苗技术水平的不断提高，规模育蟹养蟹经济的不断扩张，加之丰富多彩的蟹文化系列活动的日益推动，辽蟹"眼前道路无经纬"，遨游四方也将指日可待。

记得当年在大辽河南岸的营口市工作期间，盘锦曾被人们称作"河北"，而盘锦的"东邻"（台安县）则称这里为"河西涝"，盖因这里地势低洼，河流纵横，每逢汛期，水患不绝，且公路覆盖率低，群众对"行路难"问题十分头疼，常年是晴天一身上，雨天一身泥。而如今这里早已变"水患"为"水利",河道疏浚,河闸加高扩孔,高耸的辽河大堤已变成通衢大道,城市防洪能力已提高到"百年一遇"的水平。历史上横亘于城区间的8000亩溢洪区的土地,早已建成了多个主题公园、学校和文化休闲区。城乡交通可谓四通八达,"京沈""沈大"高速公路绕城而过,"高铁""动车"熙来攘往,11条公交线路总长208公里,覆盖所有乡镇,柏油路面覆盖所有村屯。双向8车道的环城公路分流了城区的主要车辆,特别是横贯全市城乡南北62.4公里的国家级公路,被称作"向海大道",更为这座城市插上了腾飞的翅膀。沿途林木挺秀,花海鲜红,层楼栉比,碧水泱泱,一座座乡村民居的柴门小院,掩映在葳蕤的花草树木之中。

得益于辽河油田油气采掘的辐射,改革开放40多年来,盘锦石油化工装备产业,乙烯、化肥、塑料产业蓬勃兴旺,特别是毗邻大辽河北岸的辽东湾新区,属国家级经济技术开发区,展示着一派生机盎然的繁荣景象,306平方公里区域内,建成了以石油及精细化工、海洋工程装备制造产业为主导,以临港物流业为支撑,以高新技术产业和现代服务为补充的工业项目。波光水影之中,帆樯林立的盘锦港已经跻身国家一类口岸,105万吨以上泊位和15万吨级航道正加快建设,港口吞吐能力已达5000万吨。辽东湾经济技术开发区的建立,使盘锦这座名副其实的水城,成为全国重要的石油化工产业基地,新兴的港口城市,跻身"辽海欧""辽蒙欧""辽满欧"三大通道的节点城市,成为东北及蒙东地区最便捷的出海口,并与宏大的"一带一路"接轨……

盘锦境内河海汇集,水网密布,加上全市上下致力于生态文明建设,这里大面积的湿地蒹葭苍苍,连片的芦苇面积就达120万亩,是目前地球之上面积最大的芦苇荡了。每年春、夏、秋三季,芦荡周而复始地平涂着天衣无缝的淡绿、浓绿、深绿、碧绿,青翠秀美的苇叶摩挲发出的声响延绵不绝,似缠绵的小夜曲低吟浅唱。整座城市都在苇海中轻轻摇曳着。120公里海岸线的滩涂及水陆交汇处,生长着大面积的碱蓬。经海水潮汐浸泡作用,碱蓬变得殷红秀美,形成连天接地的景观——红海滩，红得那么娇艳，那么剔透，那么晶莹，那么珠光闪烁，红出了一种燃烧之美、青春之美、生命之美，让人倏忽萌生冲动——与茫茫的红海滩拥抱亲吻。蓝天、白云、红滩、绿苇，天造地设的自然风光，使这片土地成了鸟的乐园。这里长年栖息着250多种鸟，其中不乏濒危鸟类丹顶鹤、黑嘴鸥、白天鹅等，啾啾细语，倩影婆娑。

金风送爽，硕果盈枝的清秋时节，我陪同省内外诸多文友观赏秋日的北国水乡风采，随意走进一个叫大堡子村的地方。村党支部书记是一位20多岁的年轻姑娘，大学毕业后自愿报名回乡。她热情地陪同我们参观村容村貌，如数家珍般的介绍村子里的文化室、卫生院、洗浴中心、超市的设置及其经营情况，青春俊美的脸上，洋溢着自信、豪迈的微笑。一位曾经在农委工作的文友介绍说："这些年来，全市致力于缩小城乡差距，加快推进乡村民生工程建设，努力解决农村医疗、清洁能源、养老保险、食品安全等问题。"年轻的女支部书记接着娓娓说道："不单是我们大堡子村，现在全市300多个自然村，村村都建起了卫生院、文化室、洗浴中心、超市呢。"一番话，让我心中百感交集。30多年来在这里工作、生活，目睹穷乡僻壤逐渐变得烟柳繁华，温柔富贵。一方水土养一方人，这里的人民也一如这方水土，质朴无华，刚柔相济。长期以来，他们不但凭借这里的自然资源优势，加快经济和社会发展，而且精心守护着这片地球之上难得的湿地，采取有力措施，让这片"绿化石"永远晶莹剔透，且日渐成长壮大。

丰富的自然资源和稳定发展的经济优势，优化的营商环境及秀美的生态环境，吸引着海内外众多有识之士来盘锦投资兴业，观光旅游，啧啧赞许这方土地可谓镶嵌在辽东湾畔的一颗明珠。百余年来，这颗熠熠闪耀的明珠，得益于浩瀚的河海润泽，更得益于党的阳光雨露哺育，才使得这里的一条条小河汇入泱泱浩浩的大海，一株株花草和庄稼"扬葩吐艳，各极其致"，装点着伟大祖国绚丽斑斓的春光秋色。

人间食粮

宋晓杰

水　稻

5月，它们像草一样站在水里，像草一样没能引人注目。但它们仍旧一根一根精神抖擞地站着，借四四方方的水面当镜子，臭美地照来照去。那时，它们还没有长成稻米的迹象，像缩小版的我们，一群乡下的毛孩子，没人有闲工夫看我们一眼，风就风着，雨就雨着，长不长都是我们自己的事。

不用着急，它们就像丑小鸭，早早晚晚会变成白天鹅；它们是小美人儿，早早晚晚要变成大美女。成长的过程是容易被人忽略的——除了像它们生身父母一样的农人之外，天天不错眼珠儿看着它们的，其实并没有几个。

而9月，注定是沉甸甸的日子，注定是给眼睛惊喜的时辰。无数次的潮涨潮落之后，亲爱的水稻吸饱了足足的水分，晒好了暖暖的太阳，再不是先前那般孱弱和孤单了。不仔细看，真不敢相信，只几个月，它们竟然有着那么大的变化——它们已经成为金色秋季中，最耀眼、最鲜亮的一部分了。

你看，一望无际的田野平展而丰硕，仿佛一张金黄的地毯，铺陈在大地之上，散发着香味。当你收回望远的目光，健步翻过田埂，定晴查看，饱满的稻穗低着头，那么谦虚、可人。用手顺着稻穗垂着的方向撸一下——滑顺是不用说的，小心它们会"咬"你的手！那些稻芒沉默着，却藏不住它们的锋芒。像沉思的人，虽不言语，但思想的刀锋尖锐、犀利，暗藏着深邃的哲思。不过，你不碰它，它是不会"害"你的。而稻粒呢，它是实成的，硬硬的，白胖胖的，还睡着。

刚刚过去这个秋天，我第一次觉得它们是我的亲人。第一次，把它们摄入相机带在身边，顺光的、逆光的、成片的、独个的，像我熟悉的家人的种种表情，它们不同的形象都被我爱着，想着，端详着，感叹着。没事的时候就翻出那片片稻海，独自品味，任由它们"兴风作浪"——是的，秋天来了！

秋季，在我的家乡，大自然是天才的画师，有着最丰富的色彩：红的碱蓬、黑的石油、绿的芦荡、蓝的大海、黄的稻米、白的水面（水产养殖）……它们给予我们或丰衣足食的生活，或情思飞扬的遐想。而在这些物产当中，唯独稻米兼具了物质与精神的双重属性。

那时候，鲜润欲滴的绿色已转为灿灿的金黄，在正午的阳光下，泛着夺目的光芒，你不得不眯起双眼，做了天地之间那幅漂亮油画的独享者。一瞬间，仿佛心像一间大屋子，忽然同时洞开无数的窗，心也跟着廓大、豁亮了许多。

但10月是迅疾的。过不了几日，秋就尽了。再去看时，也许有些稻已静静地倒伏，或像勇武的士兵，一捆捆背靠背围成圈子，悲壮地做着最后的抵抗。寂静大片大片地空出来，还给沉默的土地和寂寥的天空。霎时，我的心也跟着空空荡荡的了……

不过，仔细想想，我还是个幸运的人。我所居住的小城，既有大都市的繁华和现代，又有农耕时代的古旧和缓慢。在小城的某个角落，不经意间就会见到水稻的身影。它们有的占着大片的田野，像玩疯了的孩子不爱回家；有的就躲在高楼的一角、树丛的一隅、柏油公路的一侧，像懂事的孩子，不要求被额外重视。但是，它们从不偷懒，默默地随着日升月落悄悄地长大，并没让人过多地劳心、费神。我们小时候的饭碗里，永远都是高粱的红、玉米的黄，很少见到稻米的白——家里仅有的"白米"永远属于弟弟和家中偶尔光顾的客人。每当回想起"那时候",再联想到不劳而获的现在,忽然心虚,仿佛没有"哺育",我却坐享其成,徒占了"母亲"的虚名。于是,我便在这样的回顾与反省中,一次又一次重温着一个乡下孩子成年之后对故园的阅读课。而每一次,像喧哗退却之后的土地,我都会于田垄、坝埝上拾到遗落的几棵稻穗,吹掉尘土,得见真容,仿佛,它们就是我多年来梦里梦外一直寻找的最大的稻穗,那样偏得。

我想我是病了,朦朦胧胧的,都是怀念,怀念40年仍然忘不掉的那股清新的味道。那天,楼下超市的玻璃门上贴出一小条白纸,歪歪扭扭很丑的几个字:新大米上市。没有任何感情色彩。他们怎会知道我内心的狂喜和交战?我冲进超市,提起一地米袋中的一个,对售货员说:"快!快打开!"人家以为我这个平时的马虎鬼忽然细心起来,不信任他们的产品质量呢,抽出剪刀拆了米袋边沿的缝线。我像个十足的贪婪鬼,把鼻子和半个脸埋进双手捧起的大米中。久违的米香啊……

我想,我是真的病了。不过,新大米慢慢地熬,直到熬成鸭蛋青的颜色。我像个贪吃的饕餮,风卷残云呼呼有声地喝上两大碗稀粥,再北极熊似的睡上长长的长长的一大觉,偶感的风寒也像阵风似的,散掉了。

玉 米

玉米不是水稻,没有其他的寓意。它就是朴素的土特产,属于民间,属于宴会之外的粗茶淡饭——即使粗粮细作,也还是粗粮。所以,总有影视作品或想出门道的"乡村游",拿它们做了道具,编了"辫子"往房檐下面随便么一挂,"乡村"的模样就出来了。而它们真正属于哪里呢?

它们的家在田野上,在没人特别关注的地方,除了头上没边没沿的天空,脚下辽阔无垠的大地,周围就都是它们的兄弟姐妹了。可是,它们并不觉得寂寞。没有风的时候，它们就睡觉，在睡意沉沉中伸懒腰，长大个儿；有风的时候，它们就沙啦啦沙啦啦地相互打招呼、说笑话。如果，你听到笑声一片连着一片，一定是谁讲了逗人的笑话——对了，它们特别爱笑，像怕痒的小女生，笑起来没完没了。

而长大了，它们就变成了老爷爷。你看，那别在玉米秆腰间的玉米像不像号角？长长的"胡须"就是号角的缨穗儿，飘哇飘的，多么神气——那是只有掌管"大家族"的"老爷爷"才有的神气。

曾经，在玉米长成之前，我是分不清玉米秆和高粱秆到底谁是谁的。在我看来，它们的叶片差不多一个样，我分不清谁是谁家的孩子，可能，它们谁是谁的堂兄弟、表姐妹也说不定。直到玉米长出整齐的"牙齿"，我才能分清彼此——如两个容易混淆的问题，总是分辨不清来龙去脉，像高烧似的，一会儿糊涂，一会儿明白。

学龄前，我在乡下的奶奶家住过一段时间，那"一段时间"有多长呢？也许是一年半载，也许只有几个月，我却一意孤行地认为那就是我的童年——我真正的童年。成人后，凡是一提到"童年"两个字，有意无意间，我想到的都是那一段并不确切然而令我无法忘怀的岁月。虽然没有电视，没有娱乐，甚至锅里没有太多的油，碗里没有太多的肉，但它是我精神的故乡，而且，离开得越久怀念越深。

我始终觉得，现在的孩子没有童年。说出这句话时，我的内心是寒的、凉的、酸的、疼的。虽然我们都深爱着自己的子女，虽然他们的智力远远在我们之上。但是，一个孩子如果没有见过蚯蚓松土，没有看过苹果树结苹果，没有听过百灵的鸣叫，没有见过燕子垒窝，没有喝过山泉，没有淘过鱼，没有爬过树、上过房、跳过墙、下过河，没有十里八里扛着满裤子的猪草汗水涟涟笑声不绝（把脱下的裤子三口系死，里面塞满了喂猪的草），没有五个枣换仁桃的快快乐乐和三天好两天坏的分分合合，没有嘻嘻哈哈赶过夜场电影，没有哆哆嗦嗦路过磷火的坟茔，甚至，没有一个土得掉渣儿的绰号，没有用过邻家老奶奶的偏方治过冻疮，没有被树枝划破过皮肤，没有手脚并用地格斗……都不是完整的童年。仅有高端的电玩和缤纷的游戏、甜的蛋糕和花不完的崭新的压岁钱……我觉得，这不是童年的全部意义，根本不是！

我的住所距离护城河有五分钟的路，夏天的傍晚，那是我散步的唯一去向。那儿没有我的亲戚，也没有朋友邀约，但我的脚步总是固执地朝向那个方向。只因为那儿有大片大片的玉米，仿佛一直种到天边去了——只需五分钟，我就能完成从喧闹的人世向清静无为的精神境界的转折，难道还有比这更"值得"的事情吗？每天，当我一踏上大堤，迎着微风，嗅到水汽和泥土的气息，立刻心旷神怡。心在慢慢下沉，回复到一种天高水阔的自足的平静当中。沿着大坝，我一直走。那儿是城乡接合部，是忆念乡土和童年的一个索引。

可是，由于城市规划，忽然有一天，大片的玉米地不见了。时代的进程有谁能够阻拦呢？抱着猫、逗着狗的散步人看一阵，说一阵，啧啧感叹一阵，又若无其事地离开了。

而我，怅然若失，仍在苦苦怀念那些有玉米相伴的傍晚或黄昏——

晚风中，那棵旷野中的孑树是我吗？不，那样太孤单，还是做一株群居的玉米吧。它们一波连着一波，一直通往十几里之外的河闸。天光晴好的时候，河闸的倒影映在水面上，银灰、白色、绿色，间或五彩的野花，一幅多么素淡养心的图画呀。淡腥、静默的河水中，时常有三五渔舟浅浅地泊着。船头的桅杆上，斜斜地晒着散乱的渔需和红、绿衣裤。仔细看，船的周围，还会发现细的水草和欢的鱼虾。

你正看得出神，一条摇着尾巴的小白狗追随着一个小男孩儿冲上堤坝，还没等我反应过来，他们又像忽然出现一样，忽然消失在坝下纵横交错的平房中不知哪一间里面去了，而犬吠之声依然清晰可闻。还有单田芳的评书，从谁家开着的窗子里传出来，程咬金哇呀呀的怪叫也能听到。而穿着碎花儿、圆点儿和格子连衣裙的三个小女孩，正坐在堤坝上，穿着塑料凉鞋的三双脚，齐齐地垂在堤坝的斜坡上。她们一边吃着烤玉米，一边说着、笑着……那其中，有没有我？

走累了，随便哪儿都可以席地而坐，望望淡蓝的天幕，看看养眼的玉米，似有岁月慢慢返回，有力量重回体内……然后，起身，重新融入马嘶车喧的万家灯火之中……

护城河静静地流淌着，像个宠辱不惊的睿智老人，无言地注视着一切，容纳着一切。而每晚正点通过的南下列车，轰鸣着疾驰而过，把曾经美好的光阴，匆匆带走……

那丝丝的隐痛，如我内心浅浅的暗伤，在"阴天""下雨"的时候，总是不由自主地"折磨"着我——但是，我喜欢这样的"折磨"。我知道，它们没有走远，一直都睡在我的心里，一直都在。

大　豆

薄暮中，有青青的、清清的气息。铁桥下，长了许多无人搭理的草——我原以为就是草吧，但是提着鼻子仔细分辨，那气味又并不仅仅是草的。

一位老奶奶坐在桥旁，就在引桥的下面，就在那一摊"草"的前面。她并不是没事干坐着，而是手握一把绿色植物，不停地摔打。

几乎每天晚上，我都会去离家不远的湿地公园转一转。所以，它周围的每一微小变化我都不会错过。

我没有停下脚步，边走边扭头好奇地问：这是什么呀？

——豆子。

噢，这就是我小时候见过的豆子吗？它们是滚圆的，滴溜溜的圆，像植物的眼睛——如果植物也有眼睛的话——听到了什么好奇的事，忍不住天真和烂漫，"后来呢后来呢"追问个不停。又像农人的汗珠儿，有光，有亮，汗水洗过一样。它们摔在地里并没有碎，而是像水银一样滚来滚去——它们深知大地的体温，它们是最知冷知热的孩子，最懂得"付出"与"收获"之间需要怎样的温度去换算。

对呀，豆子是最经摔打的植物，像最皮实的庄户人。

豆子全身都是宝（哈，像不像招贴画上的宣传文字），不论是大豆本身，还是豆制品、豆秸，都能派上用场。

我爱豆浆。它是家常的，与牛奶的奢侈、果汁的浪费相比，它是暖胃舒心的，就像小时候的伙伴一样亲近。我们互相了解，互相体恤，知根知底，坦诚相对，谁也不藏着掖着。它无半点儿害我之心，我也不必有几分防它之意。

4岁时，我家住在辽滨的河北小街。妈妈工作的被服厂对着隔街的豆腐坊。那条小街多么窄呀，即使在我小小的眼中它也是窄的，所以，豆腐脑的香味毫不费劲地就传到我的鼻子里，实在是没办法的事。每天午饭，那香味就会更浓一些。可是，每天那个时候，妈妈都要从小山一般的衣领、衣袖中直起疲累的腰身（因为是流水作业，稍有停顿就会积压下许多，所以，我记得的妈妈永远埋在那堆乱布的后面），先去托儿所喂饱我一岁的弟弟，再把我拉到身边，打开与铝皮饭盒一样大小的一坨高粱米乱粥——它们硬得像方方正正的一块红砖，可那就是我们的午饭，只不过再加上三五条咸萝卜。我不说话，也不想吃那"红砖"，大不了只是无声地掉眼泪。七分钱一碗豆腐脑哇——只要七分钱，就能满足我的愿望。可是，妈妈一个月的工钱才有几个七分钱呢？现在不同了！而山珍海味过后，依然还是忘不掉清清爽爽的豆腐。

差不多每天早上，也有可能是傍晚，我都会隆重地去菜市场买回一块豆腐，软颤颤，白嫩嫩，清香四溢。也总是在那一家，不换地方。我们嘴上寒暄着，并不看豆腐摊，"今天天气好哇""今天卖得不错呀"。说着家常，就完成了一元五角钱与豆腐之间的转换，好像我们是特意来会面的，买豆腐却在其次。

有时，也会泡上一小碗大豆，看它们一夜之间就喝饱了水，闪亮亮，水盈盈，饱满而喜兴。它们美好的形象，像刚刚到来的清新黎明，令我欣欣然，凭空对这个尘世生出无限的感恩与热爱。

爸爸是爷爷的长子，上高中时，爸爸每月要步行40公里回家一次。如果说对一贫如洗的乡下农舍还有依恋是因为亲情和乡土，那么回校时，书包里一罐头瓶的肉皮黄豆酱，就是他接下来一个月对家的念想。说起来那肉皮只是徒有虚名，要小心地翻找上多久才能遇到一块呢？也许吃上几顿饭也"遇"不上一星半点儿。但一颗颗豆子满齿盈香的滋味，到现在为止，爸爸还念念不忘。

冥冥之中，我又回到了童年。小伙伴们围坐在夜色中的沙滩上，篝火燃起来了，欢声笑语传出来了，噼啪作响中，你仔细听，就会听到豆荚炸裂的声音，不久，就能闻到豆子的清香。渐渐地，四周安静下来，有人在轻声地谈论着久远的往事，有人在不时地追问，有人双手托着腮像在静静地倾听，静静地遐想……通红的柴火的暗影在每个人的脸上不停地跳跃着，跳跃着。仿佛，那一刻，就是我们永世的珍藏；那一刻，就是我们永远的怀想；那一刻，就是我们永久的渴望……

一轮明月披着洁白的柔纱，冉冉升至中天，有淡淡的青灰在月轮的桂树间，飘移着，飘移着，终于去了不可知的什么地方。

城市记忆

曲子清

我刚刚走上工作岗位的时候，正赶上盘锦市建市。此后，我几乎和这座小城一起成长。这一路栉风沐雨，携手同行。如今，它风华正茂，我壮心不已。

那时的盘锦还没有高楼，只是满地泥泞和一片空旷。刚刚走上工作岗位的我租住在辽河套堤内一户人家的门房里。那条件可艰苦了，冬天冷得洗脸盆都结了冰；夏天热得后背起了痱子；上厕所要去胡同口的公厕；下一点儿雨，路就走不了了，要穿靴子蹚水。可那时年轻啊，总觉得未来充满希望，即使苦累并存，也乐在其中。

我的周围都在破土动工，既欣欣向荣也乌烟瘴气，既现代时尚也老土原生态，既风格堆砌也兼收并蓄。一切都来不及消化吸收，城市只是迅速地长高、长大、变美。看着这一栋栋拔地而起的高楼，我相信自己总会住在其中的一栋里面。看一看楼盘，数一数收入，气馁与希望并存。等我的房东搬进了楼房，我买下他那座四处漏风的平房，算是在这座小城有了个落脚点。因住在郊区，交通不便，我要比别人早起，赶公交。每天天不亮，我就像觅食的鸟儿一样早早起来，路上的行人不多，几家卖早点的摊贩搅动着豆腐脑和油条、包子的清香。忽然，一群急急忙忙赶早市的商贩，在我面前如风掠过，像迅疾觅食的家雀，叽叽喳喳的，充满活力，还有热火朝天分报纸的报贩以及扫地的清洁工，都在紧张地忙碌着。就在那一刻，我真实地感受到城市内在生命的活力，内心被一股力量所激荡，觉得自己和这个城市共呼吸，同前进。我关注着城市的细微变化和发展，不落下城市的每个第一次。去新落成的影院看首场电影，去新剪彩的公园初游，去新建成的马路上轧轧，去新开张的饭馆吃招牌菜，等等。我记住了盘锦无数的第一次，也在无数的第一次中见证着城市与个人的同步成长。

后来，政府棚户区改造，我终于搬离棚户区住进楼房。我像第一次安家那样，一遍遍地跑市场，采买合适的装饰。在货比三家中，我发现城市早已不复当初土洋结合的样貌，变得时尚大气干净便捷。这些变化有我的劳动在里边，自己虽然没有做成什么大事，但我所做的一切都有意义，我并没有浪费自己的生命。当我纤细的高跟鞋踏过马路时，当我穿着时装表现自我时，当我展才华忘我工作时，整个城市都是我的舞台。每个脚步，高楼和天空浮动的云，人和人的擦肩而过，都是光影重叠的，整个城市是动感的，充满活力的。

转眼间，我和城市一道进入相对平稳的中年期。彼时，我和我的伙伴们也从各自的岗位龙套发展为领衔主演。初次担纲的我们生怕自己努力不够，辜负这个时代；生怕自己能力不够，耽误事业发展。我们细致描画，耐心呵护；我们兢兢业业，如履薄冰；我们激情满怀，永不言败；我们攻坚克难，敢为人先。我们比任何人都热爱这个城市，因为这个城市与我们的成长息息相关；我们比任何人都努力，因为这个城市与我们血脉相连。一有时间，我们还会相携走遍这个城市的角角落落。我们赞美，我们批评；我们欣喜，我们失落；我们欢畅，我们彷徨；我们热爱，我们伤痛。我们用锦绣之城、一盘锦绣、魅力五色锦这样赞美之词表达热爱，也用粗俗、浅薄、张狂、暴发户这样贬损之词表达痛切与关注。但我个人还是比较喜欢用"五色锦"这个词概括城市的地域特色：绿色的芦苇一望无际，秋季芦花飘飘，特有的清香洒满城市；红色的碱蓬草如城市嫣红的胎记，令这个城市得天独厚，卓尔不凡；黄色的稻米举世闻名，河海交融孕育出的盘锦大米饱满莹白，软糯清香，享誉海内外；蓝色的海洋为渔雁先民提供初始养分，也为盘锦再次扬帆启航提供便利；黑色的石油翻滚着黑金巨浪，石油之城是这个城市永不褪色的标签。可以这样讲，智慧的碰撞加上生动的实践，产生和谐的生态盘锦；现代文明与原生文明共生，勾画出一幅秀美的画卷。

我愿意引用冯唐的四个维度说法总结城市感受。第一是时间，时间上的丰富是指建筑的历史跨度。冯唐的理想是，同一个城市里，方圆十几里，最好要有几百年前坐看美女如云的酒馆，还要有昨天才为青藏线建成的火车站和洗手间。这样的标准当然比较高，但也不是完全不能实现的，每一个城市都有自己的前世今生，秦砖汉瓦与现代建筑共处一室的状态毫不奇怪。在盘锦，你可以立在城市边缘看湿地，一面红滩绿荡，鹤舞鸥翔，另一面高楼林立，霓虹闪烁，生态文明与现代文明完美融合让人更感震撼。当然，要想就近亲近湿地，我们还可以泛一叶小舟，穿行于红滩苇荡之间，呼吸贴心润肺的清新空气，眼观嫣红的海滩延伸在水天交界处，成群的水鸟嬉戏其间，不时地"晴空一鹤排云上"，于是，诗情画意追随着起起落落的心田畅然而出。在心驰荡漾间，一边听着老人娓娓讲述古渔雁文化，一边哼唱着"当丹顶鹤飞过红海滩——"那惬意与舒适让你忘掉众人向往的北京、上海等超大城市，被脚下城市不经意的温柔深深打动，从而产生择一城终老的自豪感。

第二是空间，空间的丰富是指建筑的多态性。冯唐认为，一个城市，形式上，古今中外，不要全部大屋顶建筑，外墙上贴石膏花瓶，也不要全是后现代极简主义，一门一窗一墙。功能上，不要全是食街水煮鱼，也不要全是洗浴桑拿。盘锦多态性的建筑几乎是一夜之间建起来的。仅仅几年前，它还是一副丑小鸭模样，如今现代化盘锦早已华丽转身，标志性建筑层出不穷，现代化都市范儿十足，最最可取的是，城市功能完备，原先在大城市可以享受到的服务，这里都有。在疲惫的时候，我们可以选择去泡一泡湿地温泉，外面是天寒地冻，天空飘着白色的雪花，我们在热热的汤屋里惬意地舒展与回味；在烦闷的时候，我们去湿地公园漫步，感受辽河扑面而来的清新味道，洗涤内心的烦闷与忧伤；在感到腹内饥肠辘辘的时候，我们可以去美食一条街尝尝新出菜品，像清蒸河蟹、盐卤对虾、肉炖鲜海蜇、葱炒文蛤、干煎河刀等，保你吃得唇齿留香，恨不得咽下自己的舌头。

第三是时间上空间的集中度。要有细密的城市路网，让人能在最短的时间到达最丰富的空间，寄情人卡、买猪头肉，走路十几分钟或者最多骑车半个小时内全都解决。盘锦交通四通八达，路网密集，生活精致方便。盘锦人有智慧，他们总是把衣食住行都安排得紧凑且张弛有度，像买把葱都得开车几里地的状况在这里绝不会出现。密集的小吃一条街，捎带经营着副食品、农贸商品，等你吃饱喝足，再把明天早上的菜买回去。去买电脑显卡，顺带把熟食捎回去。买一件小装饰和钥匙扣，几乎在每条街都能达成心愿。这样的方便时时伴你同行。在这里，只要你想得到，都能在短短时段得到满足，便捷得让你发自内心感到城市路网带来生活的顺畅。

第四是人，即人的丰富程度。用冯唐的话来说，是指五方杂处，万邦来朝，清华理科生和地铁歌手，刘翔和刘罗锅，百花齐放，万紫千红。盘锦的人倒是五方杂处，但还没达到万邦来朝的境地。但身边的人形形色色，只要你愿意走近，就会发现一个五彩缤纷的世界。每天傍晚，伴着广场飘来的悠扬乐曲，穿过熙熙攘攘的晚市，看看各种招徕客户的小贩，品品香味诱人的小吃，然后信步来到湿地公园听听辽河的声音，跳跳操、跑跑步、和新交旧识唠唠家常，让辽河的风吹散一天的烦恼。在这里，没有士农工商，只有快乐与富足；没有高低贵贱，只有惬意与关怀。盘锦的男人女人热情豪爽，天生一副侠义心肠，既会路见不平一声吼，也会婉转贴心、感同身受。三五个朋友聚会，几杯佳酿下肚，立即八拜结交，誓同生死。朋友遇到困难，立马挺身而出，出钱出力，不计得失。一旦朋友渡过难关，再云淡风轻地一笑而过，洒脱得不带走一片云彩。

我欣喜于城市的变化，也在变化中安享城市发展红利。渐渐地，我发现自己跟不上它发展的脚步了。它身姿矫健，以黑马之姿驰骋向前；我开始步履蹒跚被甩在后面。早先，我俩同步成长，并肩前行；如今，我只能望着它的背影慨叹。蓦地，想起千年前横槊赋诗的曹操来，此刻，虽壮心不已，却怎及它风华正茂。

稻作人家四季歌

杨春风

21岁那年我离开了家乡，此后好多年再也不曾目睹过乡村的四季。2020年初我取消了春节出行的计划，于正月初二蜗居到了荣兴。在这里，走过了2020年，我得以重温了乡村的四季。

春·寂寥中的生机

我来的时候天仍寒，地仍冻，树的枝丫干枯得脆脆的，一刮就断。春节的样子也还是有的，拐入荣兴主街即可见街路两侧挂满了红灯笼，转入稻作人家民俗村后还要更密集些，几十栋民宿的木制院门上也都张贴了醒目的对联和福字，同样是红彤彤的。只是已没了春节的气氛，早在半个月前就订妥的订单已全部取消，映入眼帘的稻作人家就是空荡荡的了，再于心下略略想想往年的此刻景象，越觉空旷。

按理说这样的空旷不该对我产生影响，毕竟我惯常的状态就是宅在屋里，守在案前，很多时候还要远远地躲着热闹。此次则很是不同，我在这空旷里感受到了寥落，还伴着越来越甚的担忧。我的周围静得能听清铅笔的划纸声，内心却止不住地翻江倒海。

恰在此时，我所尊敬的一位远方的老师发来消息，说他争取去外地采访的申请被拒了。他很沮丧。我裹着棉服转悠在稻作人家空旷的园区里，说不清心里的滋味。

那些天的每次餐后，我都会在园区里这么走上一圈，有时两圈。园区里有很多果树，苹果树、樱桃树、桑树、枣树、梨树、杏树、李子树、海棠树等，都有。我一边闲闲地走着，一边观察着它们的变化，日复一日地，它们终于慢慢现了生机：先是枝条渐渐变韧，继而泛绿，随后就在枝节处拱出了苞芽，再逐日壮大，再缓缓着色，有的深红，有的浅粉，有的纯白。我发现最迟吐露生机的是枣树，迟到别的果树都已满枝绚烂了，它才刚刚想起来发芽。

至于草，我是在一栋民宿向阳处的墙根下抢先发现的，有一根一根的，也有一簇一簇的。至今我还记得初见它们之际的惊喜，似乎那预示着事态的转机。我想在生机与转机之间，定然存在着某种神秘的关联，虽不可破解，却令人期待。

果然，当春意渐浓的时候，有人已经迫不及待地走向外面的世界。

夏·无线网络以及蛙鸣

大连古建的工程队是在一个傍晚进园的，浩荡百十来人，个个提着行李，行色匆匆而醒觉，显然还没有完全放松下来。他们在我住所后面的两栋房子里安顿下来，雇了个荣兴当地的女人来做饭，我的后窗自此就有了浓厚的烟火味。那个惯穿皮裤的女人每天傍晚都会在厨房窗下蒸馒头，乳白的蒸汽腾腾升起，揭了锅，就见了又胖又大的白馒头，都是长条形的。

随着天气渐渐变暖，工人们开始端着饭盒在院里吃，吃罢就纷纷凑到我家的后墙根来，找块砖头坐上不动。起初我不解其意，直到听见他们与家人的视频始才恍然，他们是在"蹭网"呢。那时我家无线网络还没设密码，后来添了个监控，联网须置密码，才设了一个，我力求简单，并及时告诉了他们。他们都想家呢。

他们是来扩建荣兴博物馆的，那是荣兴人的"家庙"，原初的规模嫌小了，就在后面又续建一部分。工程就在我的宅院之南展开，使我得以见识了从画线到打地基，再从浇筑到上房盖等一应建筑流程。两个月过后，"钢筋混凝土结构"在我脑海里已不再是一个空洞的概念，而变得鲜活充实了。

这头利落了，他们就转战到了园区中部，在道路东侧的那片稻田里铺设木栈道。施工期间我几乎每晚都会转过去，看着那一条条栈道在草木越来越繁茂的土地上一点点延展。

这个时候的绿色已是大面积的了，四处散落跳跃的鸟儿也越来越多。

当5月中旬栈道全面铺就，插秧机就紧着开进了下面的田地，将其逐块插上了秧苗。在接下来的整个夏天，我又得以见识了水稻的成长，也听见了来自稻田里的蛙鸣，还一天比一天密集。"听取蛙声一片"的词句，由此时常活泛在我的脑海。我以为蛙鸣是稻田的标配，直到辽中一位专事蛙稻种植的企业家来了，方知只有不用农药的稻田才有青蛙；我以为不用农药的稻田就能产出纯粹的生态稻米，然而听一位近来热衷于稻米研究的领导讲了，方知事情并没有这么简单。

无论如何，我在荣兴见到了水稻的整个生产过程，包括收割与脱粒。这是我在家乡不曾见过的。我的家乡盛产小麦、大豆，还有土豆和甜菜。唯独没有水稻。

秋·欢腾的色彩

如果一定要从四季当中选一个最爱，我想在迟疑一会儿之后，我还是会选择秋季的，因为它饱满而又丰盈，尤其多彩。我喜欢色彩，越斑斓越好。

我清楚荣兴的色彩都欢腾在哪里。

金黄在荣兴主街的两侧，那里都是银杏树，它们用树叶织就了两条金色的彩带。

土黄在荣兴博物馆门前，那里有一个方形池塘，还横亘着一条带状水渠，塘里和渠边都有芦苇，至秋准黄，黄得沉静。我曾拾起一片苇叶拿去稻作人家中部的民族文化宫去比对，确定了这座建筑的房檐果然与这苇叶黄是一个色调，这种呼应特别令人满意。

在池塘与水渠之间有一条小路，路旁是柳树，已繁茂得可以遮阴，这就是稻作人家最具韵味的浓绿所在了。稻作人家最多的树就是柳树，尽管是不起眼的乡土树，却已成了令人印象深刻的景观树。我知道整个园区里哪棵柳树最茂实最漂亮，就像知道哪棵枣树的果子最大、哪棵樱桃树的果子最甜一样确定。在今年之前，我只能通过果实来确定树种，此后想来就不必了，因为我已在季节演进的过程中，尽可能记牢了它们的各自模样。

我对这条小路的偏爱，源于它的落叶最为丰富。虽然园区工作人员每天上午都会清扫，却总是没用，次日晨起我仍会在这儿撞见最多彩的落叶，最多的是柳树叶，还有不少我叫不上名来的落叶，或暗绿或明黄，或枣红或半绿半黄。轻轻地蹚着这些落叶，或者看着它们被秋风缓缓地吹散或疾疾地卷起，我总能感受到世界的美好，还会矫情地感动于大自然的造化。

年初的愁绪，此时也已被这绚烂的色彩大面积地涤荡了，往昔的生机在日甚一日地呈现，到9月下旬"庆丰收·奔小康"的农民丰收节盛大启动，整个园区就沸腾了，就像那欢腾的色彩一样蓬勃。当十一黄金周接踵而至，稻作人家已彻底恢复往日的繁华了。

是的，阴霾总会消散的，只需耐心等着时间慢慢过去。

冬·烤肉的味道与乡愁

稻作人家的前身是个自然屯，叫"圈里"，提及的时候荣兴人总会把"圈"说成"圈儿"，亲昵之情油然而生。几年前，圈里的村民陆续乔迁了新居，住进了向海明珠小区的楼房，由此闲置下来几十栋民宅。这些宅院大多建于20世纪80年代，也就是中国农民改善居住条件的第一个时代，至今虽历40年光阴，却仍大多完好。加之此屯紧邻荣兴主街区，供暖供水等基础设施相对容易配置，这些民宅便被陆续改造为民宿，进而以"稻作人家"之名冠之，成了东北三省规模最大的一个公有制民俗文化村。

稻作人家的问世，拯救了那些怀揣乡愁的人。

乡愁不是愁，只是一种引人忧思的情绪，孕育于那些有了点儿年纪的人群当中，有过农村生活经历的人对此尤其缺乏免疫力。当乡愁寻踪而至，心下就会憧憬宁静，还有田园。同时却又没法尽释繁华，于是在乡下小憩一个周末，就成了很多人得以缓释乡愁的良好途径。稻作人家就是因为这些人诞生的，无论有意还是无意。

每一栋民宿都有厨房，厨具完备，但利用率似乎并不高，反倒是那些烧烤器具成了宠儿。人们会在院里围炉而坐，然后在烟气缭绕中推杯换盏。一缕缕焦香的烤肉味，就随着那烟气袅袅地在园区飘散开去。路人闻了，宛如见了儿时村里的炊烟，心下也不禁泛起了乡愁。

不惧寒风的喜鹊，也在这隐约的烟气中频频腾跳，拖着自个儿黑白分明的身影，浅浅地划出一条条翅膀的翔痕。这个时候，荣兴东侧的大辽河，以及西侧的辽东湾，应该就要再度冰封了，然后会以整整一冬的孕育，去催生下一个蓬勃的春天。这一点与我的家乡是一致的，我的家乡也有河，名叫"乌裕尔"。

稻香蟹肥的得胜村

张艳荣

中国作协组织2020年"中国一日，美好小康——中国作家在行动"全国作家联动大型文学主题实践活动，我作为辽宁省作家参加了此项活动。11月3日，晴空万里，秋高气爽，我来到了盘锦得胜村。在进得胜村的路上，首先映入眼帘的是开阔的稻田地，尽管水稻已经收割，但那一望无际的辽阔仍然震撼人心。

得胜村在乡村振兴战略实施中迈出了坚实的步伐，现代农业发展提速增效，与国内知名企业组建盘锦大米、盘锦河蟹产业联盟，形成产业示范区、专业合作社、旅游企业、农家乐的发展联动模式。实现龙头企业加盟、土地规模经营、优良品种推广和农民增收的一举多赢。得胜村成为全国率先实现乡村振兴奔小康的示范村。得胜村党支部正是通过积极发挥战斗堡垒作用，把党支部锻造成为农村经济社会发展的旗帜和引擎，从而带领全村党员群众走上乡村振兴的幸福路。

得胜村早已经实现了认养稻田和认养果树的美景。认养水稻的城市人可以通过互联网，观看到自己认养稻田里河蟹和水稻的长势。景色是这样呈现的，稻花飞扬，河蟹在稻田里攀爬。真是情景喜人，绿色的稻田里爬着螃蟹，这叫一地双收。稻农在稻田地里劳作，在和煦的阳光下侍弄水稻。得胜村只是把部分水稻种植换了一种种植方式，田园牧歌便变成了一种稻作文化。认养稻田步入正轨后，品尝到得胜村大米的人觉得好吃，人们口口相传，每年的认养稻田供不应求。更多的人觉得这件事挺有情趣，既能吃到放心的绿色大米，又能间接地参与到水稻的种植中。认养果树也一样，认养几棵苹果树，或者认养一片苹果树，都可行。从春天开花，到秋天结果，都尽收眼底。一棵树保底结多少斤苹果，不够的斤数，给认养人补齐。认养果树的人，就等着秋天收获果实。苹果的销路更是不成问题，附近的批发商，都知道得胜村苹果已经形成了规模，果实收获的时候，批发商开着大汽车到村里来收购。得胜村不光有苹果园，还有桃园和草莓园。得胜村在种植业得到了长足发展的同时，养殖业也得到了有规模、有效率的发展，如特色养牛场、养鹿场和养鸡养鸭场，这又增加了农民的另一份经济收入。

得胜村的优质大米、新鲜河蟹和绿色水果，有的以电子商务为突破口，利用互联网加速与外界的沟通，优化村企业。目前得胜村人要的是信息和速度。以前犯愁河蟹上市了，怎么能让客户及时吃上新鲜河蟹。现在好了，网上订单雪片般飘来，通过物流几个小时就能将新鲜河蟹运往全国各地，直接送到大酒店的餐桌上。大米也一样，因为得胜村有了自己的大米加工厂，大米品种更加多了，满足不同的消费需求，都能在网上展出。线下，得胜村农产品参加乡里市里的农产品博览会，在博览会上与客户直接签订单。

得胜村走的是一条农业与乡村旅游业并进的路子。

得胜村因得胜碑而得名。提到得胜碑，就得往远处说了，遥远到历史深处，文雅到人文情怀。村里屹立一座具有1400余年历史的大碑，名为得胜碑。据说是唐王东征时在此立下的碑，抚摸碑身，仿佛能听见当年战马嘶鸣、战旗猎猎的声音。更令人珍惜的是村里还有明代土夯长城。历史悠久，便有灿烂文化。深厚文化底蕴，来自历史和地域。正是"唐王征东传千古，得胜立碑美名扬"。

走进得胜村村委会，给人的感觉是，井然有序，窗明几净。正面是得胜村村民委员会和村党支部委员会办公室，右面是"得胜村大舞台"，屏幕上滚动着时事新闻。这个大舞台预示着得胜人心有多大，舞台就有多宽阔。

村委会后面是文化活动中心，这里有巾帼学堂、老年活动协会和农家书屋。巾帼学堂是妇女儿童业余时间学习和活动的欢乐之家，受到辽宁省妇联的表彰。老年活动协会被盘锦市确定为"养老助老示范单位"。在日趋老龄化的社会，得胜人走在了时代前列。农家书屋不大，但书墨飘香，书籍题材和内容，可以用琳琅满目、涉猎广泛来形容。这个农家书屋的建立，在电子工具浅阅读的风气中，无疑为社会注入一股"读好书"的墨香清泉。

走进得胜村庄严的党史馆，真是让人震惊的同时又耳目一新，不禁赞叹，一个村子，建有自己的村党史馆，是何等的理想信念支撑，激励得胜人砥砺前行。提到村党史馆，那就要提到义务讲解员陆万长，大家都亲切地叫他陆老师。他是谁？他是年近七旬的退休教师，他是服务群众的好党员，他是盘锦好人，他还是全市优秀共产党员。大多数时间是陆老师讲解。随着陆老师声情并茂的讲解，游客能身临其境，感受过去的峥嵘岁月。党史馆由七个部分组成：硝烟烈火、探索前行、春潮之歌、得胜新姿、薪火相传、如沐春风、再展辉煌。有效生动地衔接，展现得胜村70多年跨度的党建历程和辉煌的革命成果，使之成为红色教育基地。每年都吸引数万人前来党史馆参观学习，最多的时候一天就要接待五批参观学习者。

特色农家乐饭店，是农民在自己的村里开的饭店。食材基本都是就地取材，蔬菜是自己家园子里种的，鱼是自己家水塘里养的。就说前段时间吧，十一小长假，正是稻香蟹肥的时间。游客慕名而来，农家乐旁边就是稻田地，地里爬着河蟹。游客可以自己去稻田地里抓螃蟹，吃的大米也是自家地里产的不打农药的大米。

盘锦有大米、河蟹、芦苇荡、红海滩、丹顶鹤，这先不必说，得胜村给我们徐徐揭开盘锦另一面神秘、富饶而别具一格的文化乡村的面纱。

去年我到得胜村来，正是金秋十月。千亩苹果园一望无际，硕果累累，郁金香葡萄已经爬满藤架，丰收的喜悦如花儿一样在金秋里绽放。这几片苹果园，春季赏花，秋季摘果。每年得胜村都在9月底10

月初举办特色采摘节。何为特色？以文化为主题，以民风民俗为铺陈。得胜村有非物质文化遗产皮影戏，村里的皮影戏传承人传承了老戏的同时，也创新新戏，得到了人民群众的喜爱。特别在暑假期间，学生们在老师和家长的带领下，走进得胜村，贴近农村生活的同时，还可以亲自表演皮影戏。得胜村有得胜碑唐王征东古老传说，有明长城遗址……这些说古论今、名胜古迹，融进采摘节里，是何等的意味深长，领略了大自然风光，也见识和了解了历史文化元素。真应验了那句话，绿水青山就是金山银山。推开农家院的木门，咯吱，曾经熟悉的推门声离我们已经是那么久远了，如今耳闻却那样触动心弦，因为久违，唤醒了儿时的记忆。推门的瞬间，仿佛看见小时候的自己，忽闻母亲喊你回家吃饭。城市钢筋水泥的高楼大厦桎梏了我们的视线和思绪，阻碍了我们贴近泥土的呼吸，使我们忘记了乡愁。如果你想逃离喧嚣，如果你想重温乡愁，那就来得胜村民俗民风的农家小院吧，可作为短暂休憩的驿站，在小院的月亮下，数着星星，可小酌几杯，全算作陶冶情操。月亮门，小庭院，墙上爬满了倭瓜秧。园子里长着小葱、辣椒和小白菜，粉红色的指甲花开满了一溜墙根，两棵茂密的桃树遮住了西屋的窗户，毛桃已经压弯了枝头，风吹过，熟过头的毛桃散落一地。掰开一颗毛桃，入口酸甜，绝不是嫁接培植桃的味道，小时候的味道油然而生。可用燃气，也可自己抱柴做饭，西屋是床，东屋是炕，住床和炕都由你做主。到了得胜村，触景生情，每一棵芦苇和每一株稻穗都令人激动不已。让你有种热烈拥抱的冲动，拥抱什么呢？拥抱天空，拥抱大地和大地上的芦苇花。细想来，把生活过成诗和远方，是那么奢侈又那么简单。放眼得胜村的苹果园、芦苇荡和稻田地，是于繁华喧嚣中的精神回归，是禁锢的眼泪肆意地流淌。

徜徉在得胜村的乡间，芦苇的浩荡，白杨的挺拔，果实的丰硕，阳光灿烂，小桥流水。村里的人们在希望的田野上劳动着，他们脸上洋溢着幸福的笑容，生活像芝麻开花节节高。这样喜悦的情景怎不令人怦然心动，人物与乡间风景交相辉映，蓦然回首，哪一道才是最亮丽的美景呢？

得胜村也曾是我定点深入生活的地方。每一次到得胜村来，村里都有新的变化和新的发展。经过近两年的深入生活和潜心创作，2020年我的长篇小说《繁花似锦》终于出版。《繁花似锦》入选2018年中国作家协会定点深入生活项目；入选中宣部"2020年主题出版重点出版物"，2020年辽宁省作家协会"金芦苇"重点推介作品，2020年《中国出版传媒商报》助力全面建成小康社会主题图书，文学好书榜2020年6月书单，2020年8月文艺联合书单。

长篇小说《繁花似锦》主要以具有典型性的东北基层乡村得胜村为背景和蓝本，以展示新时代农村面貌为切入点，回顾了改革开放以来迄今，得胜村逐步实现小康，生活繁花似锦的经历。故事分为三个层次：一、新时代农村繁花似锦的新气象。二、以知青周铁铁、秋叮叮以及当地青年范潇典为代表的中坚力量，满怀着对黑土地的挚爱，或在返城后心系奋斗过的农村，又重新回到曾经播撒希望的土地，为理想继续奉献，或在改革开放时期进城务工，学习到了先进的技术和理念之后反哺故乡。他们这批先行者，在改革浪潮的冲击下，抓住时机，奋斗不息，带领全村走上共同富裕的道路。三、新时代以来，新一代年轻大学生党员，自觉接过前辈的接力棒，在乡村振兴战略的指引下，生态兴农，科技兴农。他们全面开发种植、养殖等领域的新产品，建成生态产业示范区，并且与专业合作社、旅游农家乐等发展联动模式，采用互联网认养稻田、手机抖音宣传、线上直销等新技术手段，将家乡的健康有机产品介绍到全国。得胜村的以老一辈为代表的建设新农村的"摆渡人"和新一代大学生党员"接力人"共同努力，在乡村振兴战略的指引下，带领全村人民群众，走上了乡村振兴的幸福路。

迎风飘摆的桃树枝和苹果枝仿佛预演着春华秋实，让人豁然文思泉涌。诗和远方离我们多远？只隔一片稻田地，只隔一片苹果园，触手可及。辽河的支脉绕阳河在村边流淌，风吹过绕阳河，仿佛飘来了稻花香和苹果香。行走在稻田地，还有些收割的稻子成堆地堆在地里，向人们呈现着沉甸甸的丰收。这样的山乡巨变和新乡村的美景，怎不令人心潮澎湃，诗和远方离我们并不远哪。绕阳河从宽阔的稻田地蜿蜒流过，稻花飘香辽河岸边，千顷稻浪和源远流长的辽河载着人们的目光，抒写着希望田野上的诗句。大地飘散着泥土的芳香。

新时代，新经验，新征程。得胜村正用广阔天地谱写一部现实主义题材的鸿篇巨制，太阳照耀在得胜村的绕阳河上，河水滋润着万亩稻田，在浩渺的天地间，如水墨画，描绘、展现一片一片田园风光。得胜村在保留古朴民风的基础上焕然一新，俨然走在社会主义新农村的康庄大道上，任重而道远。

锦绣荣兴

李　筝

辽东湾辽河入海口，这片美丽的湿地，拥有广袤的苇塘、沼泽，拥有黑嘴鸥、丹顶鹤等众多候鸟。还是多民族同胞聚居之地，其居民多来源于大量涌入的移民，从明代戍边官兵及其随迁家属，到清代的"闯关东"，伪满"开拓团"迁朝鲜人入殖，新中国成立后的垦荒大军以及来自全国各地的石油人，使盘锦这座年轻的城市，拥有朝鲜族、回族、壮族、苗族、瑶族、彝族、藏族、黎族、侗族、白族、蒙古族、锡伯族、土家族、布依族、鄂伦春族、达斡尔族、裕固族、俄罗斯族、维吾尔族等二十几个少数民族。如今年轻一代的少数民族和汉族一样，不论语言文化、服装服饰、饮食习惯、风俗习俗都与汉族有了较大程度的融合，民族在某种程度上已经变成一个符号，各个民族共同融合在中华民族这个大家庭里，感受着浓浓的友爱。

荣兴朝鲜族村落则显得与众不同。荣兴境内的朝鲜族人，大多是日本"开拓团"从朝鲜移民过来的。抗战胜利以后，一些人定居在这里，成为中国的朝鲜族，他们聚居在一个村落，使用本民族语言，经历了半个多世纪的沧桑巨变，仍然维系着自己生活的小圈子，恪守着自己的民族传统，至今完整地保留着传统的文化、艺术、礼仪、饮食、服饰、节日等民族特色。丰富多彩的生活习俗，喜庆的婚俗，感人至深的花甲宴，爱意浓浓的抓周，情浓似酒、意味悠长的回婚礼，激烈隆重而又古风淳朴的民俗体育活动传承至今。风味独特的冷面、狗肉、打糕、泡菜等几十种朝鲜族美食美名远播，独特优美的民谣，传统的歌舞，特色的民居，亮丽的服饰，都渗透着朝鲜族浓厚的文化底蕴。龙鼓舞、象帽舞、背架舞、长鼓舞等十几种民间舞蹈广为流传，既展示着古老的民俗风韵，又洋溢着朝鲜族人对美好现实生活的无比热爱，展现朝鲜族文明礼让、恭敬谦卑的民族品格。朝鲜族风情成为荣兴街道少数民族特色的一张地域名片。

荣兴稻作人家民俗村，完全按照朝鲜族居住特点，房前均有走廊，进屋时把鞋靴脱在走廊上，推开屋门，光脚进入一米多宽的洁净过道。具有民族特色的榻榻米随处可以席地坐卧，体验地道的朝鲜族生活。旅馆为游客提供打糕、米酒、狗肉汤等传统饮食，服务人员穿着朝鲜族传统服饰，营造出家庭式的温馨氛围。室外保持乡村田园风尚，朴拙，简洁，大方，设计者从《诗经》和汉诗中择取诗句为简朴的居所命名，青青子衿，青青子佩，清闲小居，花香馥郁，品茶茗香，一个个清雅的名字带给人别样的感受。虽为民宿，所有房屋均高标准配备，宁静、清新、怡人、安逸，美到极致，无可挑剔。清新优雅的园林景观，舒适、雅致、温馨的农家居室，轻轻推开一扇木门，小轩窗，正梳妆，久别的稻作文化气息扑面而至，让人倍感亲切。

荣兴境内，来自朝鲜半岛的老一代朝鲜族人已经所剩无几，绝大多数是他们的后代，虽然他们早把自己看成是中华大家庭中的一个少数民族，但内心深处依然会泛起当年祖父辈背井离乡之痛。建一条朝鲜族风格的街道，重新唤起朝鲜民族群体的历史记忆，引导朝鲜族人民挖掘自己的传统文化，展示朝鲜族人民的智慧和创造力，增强自信心和自豪感，激发他们对自身文化的珍爱，同时，促使许多濒临失传的物质文明和传统精神在时代大潮的触动下得以复苏。荣兴长白街两侧被改造成具有浓郁朝鲜族风情的商业一条街。入口建造一个特色通道，结合朝鲜族传统民族建筑特色造型，对沿街现有的民宅进行改造，整体风格以朝鲜族民居风格为主，融入现代元素，形成既古朴典雅又现代亮丽的景观建筑，修缮区域内街道、景观、公共设施，展现浓郁的朝鲜族民族特色，同时，结合实际发展朝鲜族商品展示和贸易，以韩式烧烤、朝鲜族狗肉为特点，建设成为集韩式餐馆、酒馆、茶道、咖啡店、礼品店、韩服店等具有浓郁朝鲜族特色的商业街。每家店铺的招牌用汉、朝两种文字，或者全是朝鲜族文字。所有店铺经营者集体着民族服装，行民族礼仪，不论自身还是观者，都如临其境，深度体验朝鲜族的民俗民风，充分领略到原汁原味的朝鲜族文化风情。

百年农垦、百年荣兴，荣兴的农垦文化底蕴深厚。自1906年设厅建制以来，荣兴人垦荒图治，将荒蛮的盐碱地改造成米粮川。荣兴是东北三省最早的水稻种植区域，1928年成立营田公司，在这里开创了东北地区农业生产机械化的先河。荣兴作为东北三省国营农场的摇篮，历史悠久，拥有百年农垦诸多的文物，见证了百年农垦丰富的史实，记录了盘锦"百年成一稻"历史中的多个第一。荣兴是盘锦第一个大面积开发水田、第一个兴建系统排灌工程、第一个使用拖拉机耕种水稻、第一个建立大型磨米加工厂、第一个大规模营建标准水稻条田的地方，同时也是盘锦第一批国营农场之一。20世纪70年代，荣兴国营农场也像其他许多地方一样，建有青年点，一批来自城市的知识青年在荣兴劳动，"接受贫下中农再教育"。2010年，荣兴在三抽泵站附近修建了"农垦荣兴纪念馆"，这是东三省第一家乡镇级农垦博物馆，记录了荣兴乃至盘锦农垦的发展历史。

在农垦纪念馆，那些珍贵的老照片，那些陈旧的摆设，亲切的老物件，曾经住过的熟悉的茅草房，土炕，苇席，草帘子，割稻的镰刀，打场的木锨，挂鱼的网，还有当年威风八面的拖拉机，它们陈旧了，生锈了，曾经的光鲜与她们靓丽的容颜一道成为历史，它提醒人们，在那个年代，一群年轻人怀着革命理想主义，从城市插队到遥远偏僻的农村，在这块热土上挥汗如雨，辛勤耕耘，知青经历是他们血管里永远的精神珍藏。如今，记忆的热炕头，还有一望无际的稻田，荣兴的万亩平原水库碧波荡漾，连绵不绝的苇海直达遥远的天边。这里没有城市的喧嚣，没有车水马龙的纷杂，只有果园里成熟的果实如孩子天真饱满的笑脸，沉甸甸挂在树枝之间，那是丰收的甜蜜和喜悦。锦绣荣兴已经成为辽河口湿地上的一颗璀璨的明珠！

一河润两城，往事汇成歌

关洪禄

岁月悠悠，往事如歌。人生经历中的一件件往事，不经意间定格成如歌岁月中的佳美篇章，令人眷恋回味，时常追忆在心。

在我的人生中，有许多关于盘锦这座新兴的滨海城市，与一河之隔的邻市营口的诸多往事与回忆：营口的钢琴、营口的造纸、营口的纺织业、营口的防盗门、营口的卷烟、营口的火柴和大酱。凡此种种，不一而足。但令我至今深情难忘和缅怀在心的，还是记忆之中的那一本本，至今在两座城市间，散发着浓郁地域特色芬芳的文学季刊——《香稻诗报》，还有那两位隔河而居，曾经在漫长的岁月时光里，用大半生心血和精力，操劳奔波于营口和盘锦两市间，为两地的文学事业的普及、扶持和发展付出心血，有口皆碑的文学长者——雁翎老师和阎默林老师（均为全国著名诗人、省文化系统先进个人、优秀党员、文艺界德艺双馨标兵）。两位老师当年为营口市和盘锦市基层作者呕心沥血打造出的全国著名基层群众文学品牌创作辅导刊物《香稻诗报》，今天仍绽放在中国诗歌界的百花园中。

时光荏苒，物是人非。在近半个世纪的历史长河中，一河相隔的营口和盘锦，两座城市的文学爱好者，不忘初心，志存高远，在共同追求诗歌创作的清纯与高雅的岁月中，文学情愫日臻厚重致远，让一篇篇诗歌佳作，像一颗颗耀眼的星星，闪烁在中国诗歌界的璀璨星空。

20世纪70年代初，我从祖国钢都鞍山，下乡到与营口市一河之隔的当时的盘锦垦区。那时大辽河河面上，还没有眼下这架气势如虹、横空出世般飞架南北两岸的著名的辽河大桥。我和知青们出工过许多水利工程和农田建设工程，几乎都是在与营口市一河之隔的北岸，这样我就有了诸多借口过河，去营口地界上几个不同公社大队的青年点，会一会下乡在那儿的昔日同窗同学。有一次，我们十几个知青，按照一本发黄的老旧县志上的记载，按图索骥找到20世纪30年代曾闻名世界的营口地区"坠龙"事件发生地的那片大苇荡，以满足猎奇的心理需求。今天，伴随着"巨龙"一同昂首腾飞了半个多世纪的岁月，那块曾经的"坠龙"之地，营口河北辽滨苇场那片大苇荡，已在翻天覆地、飞跃发展的新时代，被打造成为一个为营口和盘锦两市人民带来共同发展契机和美好福祉的新兴滨海城区——辽东湾新区。

都说远亲不如近邻。大辽河南北两岸，同是一片神奇而深情厚重的土地，同是两岸人民温馨共享的和谐家园。

在时光如梭的记忆隧道中，两城市间有许多令人温馨难忘的经历与回忆。这些难忘的经历与回忆，在令人心存温暖的同时，也让人更加感怀岁月如歌的壮阔与雄伟。20世纪60年代末，营口和盘锦两市人民同心同德，共同投身到中国第三大油田——辽河油田的开发建设之中，共同携手并肩，铸起中国石油的血肉长城，共同战胜百年不遇的特大洪水的袭击；两市还共同开展和举办过数不清次数的大型群众文艺会演赛事活动，特别是持续不断地开展了极具两地地域特色和人文情怀的文学创作活动，团结和扶持了两座城市中的一大批专业和业余的文学作者。这些活动几乎都是由一河之隔的营口和盘锦两座城市共同策划、联合举办的。两市人民互相学习，互惠互利。那是两座城市间一次次真正接地气、文化惠民、造福于民，当之无愧的群众性文学艺术创作和展演活动。无论是乘船渡河，还是绕道前往，大家心中总是激情满怀，收获多多，同时也心存依恋，不约而同地在心中希冀和企盼着下一次的跨河相聚，以文会友。

20世纪80年代中期，经国务院批准，盘锦建市。300名营口地方干部整装"过河"。他们带着党和人民的希望与重托，为一河之隔的新兴石油城市盘锦的发展建设，抛家舍业，呕心沥血，为年轻的石油城市的腾飞发展，打下了坚实牢靠的组织基础，也为新兴的滨海城市日新月异和突飞猛进，做出了有口皆碑的不朽业绩与贡献。

金秋时节，我有幸随摄影家朋友，乘坐一架小型飞机，在营口和盘锦两座城市间那条玉带般奔腾不息的大辽河上空往返盘旋，饱览大河两岸的营口和盘锦两座城市广袤大地上神奇如画的地理地貌，不由得热血沸腾，心潮起伏。这是我一生中唯一凌空俯视两座城市间的同一条母亲河：两岸广袤无垠，如镶金嵌银般的锦绣大地上，那条如明镜和玉带般闪烁着璀璨耀眼波光的大辽河，穿越两城而过，向辽东湾奔腾而泻，给相邻相望的两座城市，注入浩荡的祥瑞之气和勃勃生机。心潮激荡的我心中顿生景仰与敬畏，真想为两岸的城市和人民，凌空放声高歌。

这些年，随着营口和盘锦两座城市各项工作在改革开放大潮中不断同频共振、高歌猛进、飞速发展，以及一往情深的情谊、家国情怀和地域情缘使然，两座城市通过有形和无形的交融与贯通，使生活在两座城市中的人民，同样处在改革开放、日新月异的城市生活变化中，共同享受着同样满满的幸福感、获得感和安全感。

随着时代的变迁和城市突飞猛进的发展变化，在老一辈开拓创业和奉献精神的鼓舞带动下，走进新时代的年轻人，在充分享受和开发两城资源，共建两城美好明天的同时，在两座城市间，紧张忙碌着、辛勤奔波着。他们是新一代的城市开拓创业者。他们或求学或创业，为两座城市美好的明天，矢志不渝地拼搏奋斗着。在这个过程中，无数的年轻人真正过上了一河之隔、曼妙浪漫的"双城生活"。

在当下令全世界瞩目的中华民族春节回家过年的迁徙大军中，一河之隔的营口和盘锦两城地域上，年复一年仍不断地演绎着中国年俗中的期盼与团聚。这是浩瀚神州大地上，营口和盘锦两座城市的人民共享和接继不断的跨地域、暖心暖情、充满民族传统文化色彩的节日"迁徙"，感受一河之隔，两片相邻土地上，节日里所特有的亲情，以及那份永远难以忘怀的浓郁乡愁。

我的人生中参与过的每一次营口与盘锦两地联合举办的各种文学创作与艺术展演活动，我都会时常在心底追忆和回味。还有那一次次，两城诗人作家艺术家，文学与艺术交流，为我带来的高品位的滋养与洗礼。

营口—盘锦，祖国东北辽南大地上，并蒂绽放的两朵奇葩；盘锦—营口，中国新时代两座大有作为的姊妹城市。同样的历史悠久，同样的文脉相承，同是两城人民共同守望的精神家园。在憧憬明天、向往未来、有梦共圆的新时代大潮中，两城人民的情更深，谊更浓！

不辩的深情

孙　萍

摇曳的，是月光，还是河水，或者是奉命在路口探看的我——那迷蒙的眼光。

已经是晚上8点多了，父亲的身影还没有出现。这都是饿着肚子的我第四次出来望风了，看样子，他今晚一定又要挨母亲的"训"了，我在心里想。

今夜的月光如银，芦花飞雪。依稀记得上一次父亲挨"训"，是在一个真正飘雪的中午，那北风一阵紧似一阵地吹着哨子，在半空打着旋儿，卷起的雪烟直眯眼睛。

"老孙哪，我跟你说过的，这件呢子是你最好的一件衣服，准备过年让你串老乡时穿的……"母亲激动的声音带着火星子味。当时在里屋写作业的我悄悄伸出头，只见父亲满襟油污，像个犯了错的孩子，站在门口一声不吭，脸上却带着讨好的笑容。我缩回头去，以为在父亲的好态度中一切风平浪静了。可安静持续不到半分钟，母亲更为激动的声音劈头盖脸地响起来："你是咋弄的，手都破成这样了，还流血呢……"听那气势汹汹之中仿佛还拖着哭腔，我们姐弟几个便一窝蜂冲出来，拿药酒、拿药棉、拿纱布、剪刀，然后帮着母亲心疼而忙碌地为父亲包扎伤口，看着父亲左手食指在母亲的手里痛得一直微微颤抖着……

父亲是个沉默寡言的人，尤其是在我的印象里，更甚。他是当过兵的，在部队是个优秀的班长，连里的先进标兵，20世纪70年代初转业后就成了石油大军中的一员，会战时领导曾表扬他说："老孙是个实诚人，是个有着军人素质，有着铁人干劲儿的好同志。"那时，父亲一年只在探亲时才能回家一次，每次最多待上十天半个月。为此，作为长女的我从出生一直长到6岁，还不大记得他的模样。

蓝莹莹的晴空下透着水晶绿，那是1976年仲春，在成片黄灿灿的油菜花开满田野时，父亲把我们从湖北老家接到辽河油田来。虽然我们家住着四处漏风的帐篷，但是放弃了护士工作机会的母亲很开心，结婚7年，追随3000多里，一家人总算聚齐了。我们姐弟几个也慢慢和父亲熟悉起来，亲热起来……然而我们父女之间的独处几乎是无言的。"你爸不是不喜欢你。"母亲多次说，而我却不信。多年以后我才明白这说法，那是因为我们父女之间6年的空白在作梗。想必这也是一心忙着打油井的父亲，一生都无法言说的遗憾吧。

起初我来辽河时，父亲是在作业一线工作，年年都满心欢喜地拿回标着"新长征突击手""先进生产者"字样的饭盒、茶缸等奖励。后来，父亲在一次作业启油管时，被工友误伤了小腿，没法在需要出力气的作业队干活了，组织关心他，给他调到厂里的冷库工作。我们家也搬到了油田的大本营——前进，住进了砖房。

没想到，在二线上班后，父亲一线的工作作风没有变。

"老孙哪，还没换工服哇，正好，咱冷库那台老爷机器又不玩活啦，别人都没辙，就得你回去救驾了！"下午下班那会儿，父亲刚回到家里，还没坐稳，冷库兼雪糕厂厂长潘叔叔就尾随而来。于是妈妈口中"实心眼"的父亲就一去不回了。

虽说是个副厂长，但父亲在班上却顶顶重要，因为哪个岗位他都能上手，人送外号"满厂飞"。用母亲揶揄的话来说是："平时从没见有什么特殊待遇，就是在修机器、搞搬运、跑采购，有急活、累活、难干的活时，大家都离不开老孙，只是累不累坏没有人管！"听着母亲明显走味的话，我真想上前分辩几句。对此，父亲从无回言。

我们的家就住在挨着小河的那排房里——三栋二号。而今晚，是一年一度有月饼吃的中秋节，按惯例这是家家户户团聚的夜晚，古诗云"海上生明月，天涯共此时"嘛！母亲也早早准备了一桌上好的菜肴，单等父亲回来，全家人就团坐开饭。

可是左等右等，没见父亲的影儿，桌上的菜已凉透。于是，母亲就派我到路口探信儿。我的任务是，"只要看到你爸的影儿，就赶快跑回来告诉我热菜"。

知道父亲忙，又不能不盼望。这是母亲在父亲踏入家门前，为了让疲惫的他和眼巴巴等了半晚上的我们，最早进入吃饭状态而做出的努力。

远山青翠近却无。以前，天天和父亲在一起，我竟不懂得无言的父亲也有理由，也有委屈，也有疼痛，但他为什么就不辩呢？我想，现在我明白了。一定是父亲感受到母亲那率真的"训"，来自殷切的关心，来自质朴的心疼，来自对搞石油的丈夫忘我忙碌无法拒绝的烦忧。而父亲呢，既不想让相濡以沫的妻子伤心，也不能改变自己对工作真诚付出的态度，就这样在顾大家舍小家的矛盾与奉献中，不辩！不变！

"满月飞明镜，归心折大刀。"那晚，就在我第四次来河边的路口张望时，终于见到父亲归来的高大身影。其实，父亲心里也是有我们、有这个家的，他也喜欢闻厨房的菜香，也喜欢看我们嬉闹，也喜欢听母亲诉乡情念亲人，只是在单位遇到困难和问题时，他总是选择了不顾一切冲上去。

桃李含笑，杨柳笼烟，日渐温润的天空里，雁阵书写着人字的方向。而今，弟弟已经连连进步，成为单位的顶梁柱，我的工作状态也是历久弥新。虽然父亲离开这美好人世间已经3年了，但他30年前不辩的深情，却越来越清晰地蔓延到我们的血脉中，渗透到我们的工作生活中，就像眼前又随春风脉脉醒来的春水，滋润心田！

辽河口观鸟

宋玉秋

对于繁花似锦的江南来说，春天是热闹而拥挤的，细雨微风庭院，各种花儿争奇斗艳。而此时的盘锦，春天还在低调地沉睡。盘锦的春天鸟信先于花信。当冰澌河开，各种候鸟争相归来，聚集在辽河口，形成一种奇观，吸引了无数摄影爱好者扛着摄像头前去拍摄精美的瞬间。我不是摄友，但是对鸟有一种天然的敬畏和喜爱，于是也加入了观鸟的行列。

天空有一层薄云，像笼着一层轻纱，透出来的蓝有点儿灰灰的，却清净深远。河口的冰刚刚融化，就像被拘禁了许久的筋骨，有点儿木讷。在河口的岸边，遥遥看去，就像黑金筑成两面坚实的墙壁，映着午后的阳光，折射一点一点的光斑。我特意把车速放慢，不想这机动车的噪音打破了大自然的宁静。接近河口了，仍然没有看见大雁和灰天鹅，也没有看见飞翔的白鹭和黑嘴鸥等。我有点儿纳闷，难道今天来得不是时候，那些鸟都转移了？我停好车，打开车门下车，可能是我关车门的声音过于突兀，忽然看见一大群黑色的鸟冲天而起，黑压压的一大片，遮云蔽日而去，虽然飞得迅疾，却没有丝毫慌乱，那凌空而去的风姿，就像一个个跳舞的精灵，轻盈灵动。鸟儿在空中盘旋，形成了一个很漂亮的队形，久久不去。我用手机拍照拉近距离，可惜仍然只是一个个小小的黑点儿，看不清楚它们的羽毛。我沿着河口的路慢慢前行，小心翼翼地不再发出声音，然后站到了距离对岸很近的河岸处，远远地看着。

　　风很轻，阳光很暖。水很静，鸟儿很多。我就像天地间一个多余的元素，隔着和谐远远地看着，岁月静好。那些鸟飞越了万里关山，衔着一根小小的树枝，迎着风雪，与盘锦的春天一起归来，这是多大的意志力，这是多大的勇气和决心。飞起来的那些鸟又慢慢落下来，一批又一批，就像战场上那些威武的勇士，用自己的阵法与可能存在的危险保持对立。这时我又看见了一群白色的鸟飞过来，这次离得很近，是体型很大的白色的鸟，有几只俯冲下来，把喙扎进水面，可惜没有看到它们叼着鱼出来。我急忙打开录像，录下来一段珍贵的记忆。

　　又来了一辆车，这次对岸的鸟又飞起了一些，但是没有我来的时候那么多。都说动物对危险的感知是敏锐的，可能刚才的鸟飞起来观察了一圈，发现我这个外来生物对它们并没有恶意，不会捕杀它们，所以它们在保持着警惕的同时，稍稍放宽了心，闲闲地挤在一起，叙着家常，说着去年离别后各自的际遇，还有这次归来途中遇到的新鲜事。可惜我不懂鸟语，但是看它们三五成群、叽叽喳喳的样子，一定是有很多新奇的故事在交流吧。新来的车里下来三个人，一看就是专业摄影师，都扛着专业的设备，有专业拍鸟的长焦镜头。他们选了半天位置，然后立好三脚架，调试镜头，寻找最好的摄影角度。他们相互之间也没有说话，全神贯注地观察着对面的鸟群。虽然我很想看看他选取的目标，但是我也知道这个时候不宜打扰，就这样静静地与对面的鸟站成一幅风景画吧，留在这个春天里。可能是我的目光太急切，那个年纪较大的先生向我招招手，我蹑手蹑脚地走过去，生怕自己有声音惊扰了他们。那个先生把拍好的照片给我看，那些细细的羽毛，那呆萌的模样，还有那几只特别调皮的鸟，每一张都极有神韵。我忽然在里面发现了两只白天鹅，深情地对望着，仿佛天地间只有它们，那柔情似水的样子就像一对热恋的情侣。摄影者告诉我，白天鹅也是至真至性的鸟类，它们对爱情忠贞不渝。这些年他拍摄了很多白天鹅，也很伤心有几对白天鹅已经双双故去，我惊讶于他的跟拍，而且还能记得住。他说只要你用生命去热爱一件事，你就会发现这个世界上有很多事情都有共同的一面。他的话很哀伤，他说他的摄影就是行走的文字，定格的瞬间。忽然那两只白天鹅飞了起来，在空中翻飞，那两只翅膀缓缓扇动，可能是我骨子里对忠于爱情的一切美好都有着不可动摇的执念，我用相机拍下了这个瞬间。

对面的那群大雁完全漠视了我们的存在，它们威风凛凛，就像一队队雄兵。我很想知道它们聚在一起聊着什么，有没有对大自然的忧虑，有没有人类这样的梦想。我想一定有吧，不然为什么它们都喜欢回到盘锦的河口来，为什么喜欢栖息在盘锦的湿地，为什么不惧怕摄影者的流连。因为它们知道在盘锦湿地，有保护它们的人，有珍惜它们的人，有给它们提供生态环境的盘锦人。这里能给它们一个安详、自在、幸福的环境，所以它们喜欢万里归来，送来春的信息，所以它们能与人类和谐共处，送给我们美妙的鸟之曲，也送给我们美好的鸟类记忆。

天渐渐黑了，那些鸟又飞了起来，这次是四处散开，我不知道它们要去做什么，难道和我们一样要去准备晚炊吗？也许是吧。我也发动车踏上归程，与那些鸟儿一起，为创造美好的生活而努力。

今日盘锦的斑海豹

绿转春回，冰融雪消，又到了斑海豹回来探亲的季节。我很早就约了朋友，计划与斑海豹来一次亲密接触，把那些停留在照片中、文字里的融融温情，延伸到亲眼所见，亲耳所闻。

今年的春天来得很急，和煦的春风，温暖的阳光让入海口的冰排很早就开始消融。伴随着那些归来的候鸟，斑海豹也溯流而上，约着亲朋好友，带着希望与憧憬，回辽河入海口栖息、觅食，嬉逐打闹，给小海豹一个温馨的环境快乐成长，也给大海豹一个温暖的港湾，休憩养膘。很多人连斑海豹的名字都没有听过，而盘锦人却非常幸运地与斑海豹生活在同一片海域，同一片天空下。

辽东湾斑海豹属国家二级保护动物，是唯一能在中国海域繁殖的鳍足类动物，被列入中国"生物名片"和辽宁省标志性候选物种，是盘锦生物资源的代表标志。多年来，盘锦人致力于保护斑海豹，先后救助了几十只受困和落单的斑海豹，送它们回归大海的怀抱，继续漂游。盘锦人应该还记得2019年斑海豹"狗剩"临行时把头深深埋进海水里，向救助的渔民和工作人员三鞠躬谢恩的情景。岂独人才有情，万物皆有情，斑海豹那三鞠躬就是对救助它的盘锦人最诚挚的谢意，最深切的感恩。就在2020年的3月17日16时，在辽宁省盘锦市的南小河海域，渔民肖玉山、肖建国父子俩发现了一只误入渔网的斑海豹幼崽。赶落潮收网的肖家父子将这只小斑海豹解救出来，并报告给盘锦湿地保护协会。在协会专家指导下，确认了小斑海豹没有受伤后，肖家父子将它放归大海。这只是盘锦人救助斑海豹的一个镜头，也是盘锦人与斑海豹亲密接触、和谐共处的一个片段。作为盘锦人，我们有责任有义务爱护斑海豹；作为盘锦人，我们对栖息在盘锦的一切生物都有一份深深的关爱之情。

我们到达辽河口的时候，刚好起风了。风很大，波涛汹涌，能看到的斑海豹很少。有的把身子埋进浪涛里，露出一颗圆滚滚的小脑袋，小眼睛叽里咕噜地到处乱看，像极了一个正在沐浴的美人，欲笑还颦，倩兮盼兮。有三只趴在耸起来的冰排上，懒洋洋地抱着冰排，那一身斑点的皮装时尚又帅气，那副慵懒的样子像极了美人春困。还有几只时而浮出水面，时而又游到岸边，用好奇的眼光打量着我们，没有一丝畏惧，像极了侦察兵，谨慎而理性，而后可能确定了我们是友非敌，便沉着地离开了。我用手机抢拍了几个镜头，那漫不经心的样子，实在是让人喜欢得紧，就像拿了一根羽毛轻轻滑过心口，痒痒的，却又有着窃窃的欣喜。

这几年由于全球气候的原因，斑海豹生存的自然环境越来越恶劣，导致斑海豹的数量逐年减少。如我们这样近距离地看着它们嬉戏，看着它们卖萌，可以拿起相机、手机记录与它们彼此互望的瞬间，是万分幸运的事。我还记得一个朋友为了写《斑海豹赋》翻阅了大量资料，连篇累牍地阅读，寻找点点滴滴，却始终没有亲眼一见。今年他又错过了与斑海豹的千里之约，很是遗憾。我把自己录下来的片段传给他，让他有身临其境之感，感受辽河口的自然风光，感受斑海豹与盘锦人的不解情缘，也希望会有更多人与我们一起关注斑海豹，保护斑海豹。

大自然赋予我们太多的惊喜，如盘锦的芦苇荡，让我们体会湿地的赠予；如盘锦的红海滩，让我们领略大自然的鬼斧神工；如辽河口的斑海豹，让我们体会人与动物的和谐共处，让我们因为想保护斑海豹而滋生出自豪与责任心，让我们因为喜欢而沉淀下浓郁怜惜，让我们因为不舍而精心剪裁美好片段。斑海豹，辽河口就是你们的繁衍之地，就是你们的家园，就是你们的桃花源。

谁解卤蟹其中味

孙培用

辽河蟹学名中华绒螯蟹，肉质鲜嫩，风味独特，营养丰富，有与南方的大闸蟹不同的味道。

> 铁甲长戈死未忘，堆盘色相喜先尝。
> 螯封嫩玉双双满，壳凸红脂块块香。
> 多肉更怜卿八足，助情谁劝我千觞。
> 对兹佳品酬佳节，桂拂清风菊带霜。

《红楼梦》中林黛玉的一首咏蟹诗，算是金秋时节赏蟹品蟹场景的最佳写照了。"佳品酬佳节，清风菊带霜。"相信一般人是很难抵御"螯封嫩玉双双满，壳凸红脂块块香"的诱惑的。

纪录片《天时·戊戌志》由六组导演和摄影师以二十四节气为时间标尺，历时4年完成拍摄制作。2020年12月21日，上线腾讯视频。2021年1月18日，《盘锦"张海涛河蟹"》与观众见面。纪录片《天时》被列为国家重点项目，以新时代盛行、更加让观众接受的方式——电影，来诠释中国传统文化中的二十四节气。《天时》展现出中国六个具有浓厚地方特色的区域剪影：二十四节气的发源地河南洛阳、江浙沪交会的超小康农村苏南江村、社会主义新农村辽宁盘锦胡家镇、被誉为"世外桃源"的浙江天台山、福建泉州以及高度重视节气文化的四川成都。六个地区，是各个方位农耕文明的一个缩影。

"张海涛卤河蟹"是在盘锦市河蟹养殖规模不断扩大、人民群众对河蟹产品需求不断增加的基础上应运而生的。其手工制作技艺始于清朝咸丰年间。卤河蟹制作技艺传承到张海涛一代已有160多年历史。

一

据张氏宗族家谱记载：清乾隆五十五年（1790），河北省乐亭县人张兆和张岩哥俩儿因生计所迫，闯关东到盘山县（当时属广宁县）胡家镇张家村，距今已有230余年历史。后来张兆在张家村娶妻生子。张兆曾孙张太出生于清朝咸丰年间。

张太一家种植高粱，生活贫困，勉强维持生活。不过到了夏天，张太就有了新收获，这里沟渠、河流众多，打鱼摸虾成了每年6月到10月近5个月的一部分生活内容。鱼虾为一家人餐桌增添了佐餐。

张太每次捕鱼，都会捉到数量可观的螃蟹，螃蟹一多，也就不当回事了。一次，张太突发奇想，像腌渍河鱼一样腌渍一下螃蟹不知道行不行。他就试着把河蟹放在盆里，放上水，放上适量咸盐，没有其他作料。两天以后，张太一尝，没想到味道鲜美。而且这样腌渍的螃蟹几天不坏，张太很高兴，家里人多，这样就可以顿顿有菜吃了。

从那以后，再捉到螃蟹，张太就用自己的发明腌渍起来。张太会送给左邻右舍一些。开始送给邻居吃这些螃蟹的时候，大家还不知道咋回事，经过张太讲解吃法，大家一尝，纷纷叫好。张家村人一传十、十传百，纷纷到张太家请教腌渍河蟹的做法。经过大家的口口相传，就把"腌渍螃蟹"变成了"卤螃蟹"。可是毕竟手法不同，经验不同，用心不同，大家卤制的河蟹往往味道不同，互相一比较，谁家的也没有张太家卤制的好，而且保质期也没有张家的长。

后来，张太的孙子张普生在西沙河下海，去渤海湾出海捕鱼养家糊口，每次都带着自己卤制的河蟹。后来卤河蟹便成了船员们的下酒菜，大家对张普生的手艺赞不绝口。

二

到20世纪90年代，由于自然环境、生态原因，河蟹成了"大雅之堂"上的"贵客"了。20世纪90年代初，盘山县人工养殖河蟹成功，胡家镇的农民靠人工养蟹在盘锦农民中率先富起来。富起来的蟹农盖起楼房，建起大院落，买了汽车，拿起手机，活得很潇洒。

张海涛1989年毕业后回村。当年，正赶上盘山县胡家镇二夹村农民养殖扣蟹成功，在全市乃至全省引起巨大反响。当时，张海涛非常羡慕，也暗生养殖扣蟹的心思。他从十几亩地几千元投资开始，逐渐取得成功。他又在全村带头开始实施稻田养蟹，蟹田种稻，一水两用。他把自己蟹田种植的大米注册了"张海涛"品牌。从1995年开始，张海涛根据多年来河蟹集中上市、集中销售与河蟹肥满度不足和中秋、国庆两节期间货源严重短缺的实际状况，不断研发，建成盘锦第一家工厂化育肥室。工厂化河蟹育肥新模式填补了中国北方该项技术的空白，实现了盘锦河蟹史上的首创，打开了河蟹人工养殖另一道崭新的大门。

三

1995年，张海涛正式向父亲张德志学习卤河蟹。张海涛小时候吃父亲做的卤河蟹，父亲也手把手教过他卤河蟹的步骤、手法、注意事项等。他心里一直有个想法：一定要把张家祖传的卤河蟹发扬光大。

海涛卤蟹制作为张氏家族世传手艺，虽然制作程序并不复杂，但制作技艺讲究，配料严格，因其优质、配方独特而使得卤河蟹味道鲜美。

过去人们见过的卤河蟹一般个头较小，张海涛卤制的河蟹在个头、作料、卤汁等方面下功夫，先前的步骤和盘锦本地卤河蟹方法基本差不多，但他卤河蟹重要的在气温。因为个头大，卤制时间较长，时间一长，就可能变质、变坏，所以，张海涛就在温度上下功夫。他开始探索在冷藏室和冷冻室卤河蟹。他把卤河蟹放置于冷藏室，气温在0摄氏度，这样卤汁、河蟹就可以保鲜，卤至72个小时，就可食用。之后，卤河蟹置于冷冻室，气温在-20摄氏度。卤汁、河蟹冰冻，可以长时间保鲜、保存，食用味道更美。他将卤河蟹送给亲戚、朋友品尝，大受欢迎。之后他又尝试卤了几百斤，被听闻的人们"一抢而空"。

经过近十年的尝试，经历了无数次试验，打磨到十拿九稳。2014年上半年，张海涛申请注册了"张海涛卤河蟹"品牌。2015年，申请食品生产许可。当时全国暂时没有卤河蟹生产标准。省、市相关部门专家进行多次论证，多项指标经过省、市食药监部门的检测合格，并通过了省专家验收组的现场检测，颁发了全国第一张卤河蟹食品生产许可证。

因为之前没有标准，"张海涛卤河蟹"也成为全国第一个生产标准，省、市专家组将张海涛卤河蟹生产标准作为全省乃至全国卤河蟹加工生产的重要参考标准。

2016年，他的卤河蟹制作手艺申请了传统手工工艺市级非物质文化遗产，成为盘锦地区的"辽河口渔家菜"之一，是辽河流域最具代表性的手工工艺之一。2018年，"张海涛卤河蟹"被评为"辽宁礼物"。

四

张海涛卤河蟹传承至今已160多年历史，流传下来的传说、故事、习俗，得到了人们前所未有的关注，给盘山县乃至盘锦市农民群众在生产、生活、娱乐、饮食等方面带来了一定影响，为后人研究相关领域的知识提供参考依据。这是卤河蟹文化价值。

发掘、抢救、保护卤河蟹制作手艺的过程，不仅仅保住了盘锦的一个品牌，更重要的是保住了年代久远的记忆，保住了一些人灵魂深处的"念想"，对盘锦的精神文明建设，丰富群众的文化生活，提高人民群众的道德素质，构建社会主义核心价值观都将产生积极的作用。

这是卤河蟹社会价值。

卤河蟹产业吸收专业从事河蟹养殖的农民参加，扩展河蟹养殖面积。卤制配料中的胡萝卜、香菜可变成味道鲜美的咸菜，在张海涛卤河蟹的带动下，全市出现多家卤河蟹品牌，推动了市场的有序竞争。这是卤河蟹经济价值。

盘锦市河蟹养殖的大发展，同时引发了盘锦"蟹文化"的大普及。黄金产业带动，盘锦河蟹文化系列活动中，"蟹王争霸""中国河蟹发展论坛""南北河蟹经纪人对话"等活动好戏连台；盘锦市又有"中国蟹都"等诸多美誉，"中国河蟹之乡"胡家镇已成为中国北方最大的河蟹养殖基地与集散中心，吸引着国内乃至世界的目光与脚步。

张海涛卤河蟹中的蟹文化，也是历久弥新。卤河蟹销售到全国各地，线上线下皆受欢迎；卤河蟹的注册及产品包装，都形成了独特的文化信息；张海涛养蟹、卤蟹事迹多次被辽宁电视台、《辽宁日报》、《光明日报》等媒体采访报道；被中央电视台《螃蟹的征途》等栏目定点采访……成为盘山县、盘锦市的一张闪亮名片；卤河蟹的一系列成果所展示的河蟹深加工增值的广阔前景，在河蟹产业品牌打造上，历经艰难曲折与风雨沧桑，品味艰苦卓绝及喜怒哀乐，由此铸就了绚丽多姿的蟹文化……

粲然灯火映星汉

王　红

　　夜幕降临后，走进辽河湿地公园国际灯展的正门，瞬间即沐浴在一片通明的灯火中。那璀璨的广场灯，深邃的长廊灯，航行的大船灯，神秘的主题园灯，如云彩升起，似霓虹变幻无穷。灯火的魅力，被幽深静谧的辽河水面彰显得璀璨夺目。那密匝高耸的树干一般清晰的灯杆夹道入口两侧，上面金黄的稻穗互相照耀，像这个金秋季节一样成熟饱满，让人一入园便体会到了射人眼眸的热烈。这河水的水面就是一面巨大的映镜，将岸上粲然灯火汇聚在河中，照向天河星汉，明亮了整座城市，更照彻了我的心灵。

　　将灯火架燃在夜晚的水面上，是利用两者的明暗对比，收世间万物不及的强烈刺激奇效。此时，天空中无夺其光辉的霞光霓彩，四周的夜幕连同波澜不惊的水面，正足显其光芒。水中灯的光影，比那真实的灯火更光滑、更剔透、更水润泽被，水淋淋、湿润润地亲人、可人。

　　我敛神凝注河面上的波光粼粼，思绪的帆翼驰出很远、很远。我想到了此处架灯的这条大河——辽河，她可是我们的母亲河。她从久远的年代走来，与黄河、长江一样是中华文明发端和成长的摇篮。她流淌着文化，追寻着航向，在风雨如磐中跋涉岁月，奔腾不息。她从历史深处的灯火阑珊处走来，逐步形成密布燎原之势，并于黑暗极处迎来破晓的光华万丈奔涌。

灯火是开启。有考古表明，盘锦五千年前即有红山文化的先民来此渔樵耕猎，点燃了文明火种。此后，历朝历代都有移民"筚路蓝缕，以启山林"，开发创业，走出了"其大道满霞光"。今夜，我身临其境，一盏落地的长信宫灯开启了从青铜时代到盛唐时代的一条深邃的历史长廊，灯组设计突出了代表性的历史人物和繁华街市盛景，花鸟虫鱼中国画的剔透、金色云纹装饰的缤纷等精心的制作和巧妙的梳理打扮，带我穿越那段艰难漫长的岁月，迎来了铸就历史辉煌的晨光。

灯火是指引。行走间，我的心灯被慢慢点亮，那是我对灯火艺术的倾心和对悠长岁月的钟情。我知道了人们为何如此期待灯光，因为有一盏灯凝聚时代风雨点亮心中的光明，让人们在黑暗中得以坚定。正如《跟着共产党走》歌中所唱，"你是灯塔，照耀着黎明前的海洋，你是舵手，掌握着航行的方向……"抗日战争末期，中国共产党贯彻"向北发展，向南防御"方针，派出大批的部队和干部进驻东北，组建了中共盘山县工作委员会——中国共产党地方党组织，盘锦历史从此才揭开了崭新的篇章。是这些共产党人奋不顾身流血牺牲，撕破了浓重的夜幕包裹，迎来新中国的黎明曙光普照这个孤零荒僻的小小县城。

灯火是见证。新街广场正对的河面上，一艘红色游船赫然入目，南昌起义、遵义会议、井冈山会师等多个决战决胜时刻，香港回归、神舟飞天、北京奥运等世界瞩目的壮举，都是建党百年的自豪与辉煌。而盘锦的百年，同样是刀耕火种到精耕细作再到现代化种植的百年，是共产党带领盘锦人民前赴后继在这片土地上打拼生活和崛起的百年。农耕稻作建起了辽宁的南大仓，石油开采建成了第三大油田，生态保护完好了世界第一大芦苇荡，盘锦与共和国一道共同筑起了今日的鼎盛与未来的复兴梦想。

灯火是希冀。走出历史长廊便来到了新时代的鳞次栉比。一座珠围翠绕的凤冠做背景幕框的舞台巨屏闪烁着光芒。景德镇非遗瓷器展、特色饮食一条街游人如织。最热情似火的是孩子们哪，他们头戴一闪一闪的灯光头饰，手拿甜蜜的非遗手作小糖人，像一团团的小火苗，从恐龙园跳跃到熊猫园，从熊猫园跳跃到河豚园，尽情地欢笑着，让人倍感生命之蓬勃与未来的希望。

灯火是未来。各种灯火晶莹炫目，疏密错落，琼林玉树明暗相间，显示了制作者精湛绝伦的手艺。同时，全部光源都是 LED 的节能光源，并且每间隔一段距离草坪中就会出现生态、环保、价值观的宣传彩灯，这不正是讲述地方文明和地域文化的火种吗？正是对传承文明和传播文化的火种的热爱和坚守，才使得盘锦能在未来的东北老工业基地振兴中成为先行城市，在谋求资源型城市转型出路、建设蒙东最近的出海口，开拓出巨大的发展空间和美好未来。

夜水涟滟，满目辉煌。辽河湿地公园的粲然灯火烛照盘锦的历史与现实，并引导我们奔向光明的未来。

拉拉屯火车站

侯玉微

我的家住在拉拉屯火车站南边，小时候经常去废弃的火车道上数枕木，1，2，3，4……一直数到100根，然后再往回数。又从一根、两根数到1000根，随着数的数量越来越多，我也就慢慢地长大了。

那个时候，拉拉屯火车站都是绿皮火车（慢车）。从这里坐车可以去沈阳，还可以去盘山。记得有一次，父亲带我进城，就是坐火车去的。那个时候我还没有上小学，穿着母亲刚做好的笨棉袄和一双千层底的棉布鞋，坐上父亲骑的二八自行车去车站。到了车站，父亲花了一块钱把自行车存在车棚里，然后带着我走进候车室。

候车室很简陋，也很冷，就是一间大屋子。屋顶好高哇，四周靠墙摆放着整整齐齐的木头板凳，墙角处有一个大水桶，桶上写着免费热水。我跟父亲走到售票窗口，我的头刚好和窗台平齐，根本看不见里面，就靠着墙根等父亲。

"去哪儿啊?"

"渤海，一张票，孩子不用买票吧?"父亲看了一下旁边的我，对售票员说。

"没到一米不用买票。"

我顺着声音踮起脚往售票口上方看了一眼，看到一位比父亲年龄还大的人，探出头看了我一眼，就把车票递给了父亲，然后我们就坐在凳子上候车。

候车室里的人很多，下棋的、听电匣子的、打扑克的，还有卖报纸和茶叶蛋的。我干巴巴地坐在那里，真的是太没意思了，于是就让父亲带着我去进站口的栏杆外面，一边看来往的火车一边等待检票。

呜——呜——呜呜呜——从远处传来了火车的汽笛声。

"是不是咱坐的火车来了。"我望着父亲。

"没呢，这是货车，装货的火车，你吃完手里的饼，咱坐的火车就来了。"

我一边吃饼一边数着火车的车厢。

"45 节。"我大声地喊道。

"货车厉害还是火车厉害啊？"

"它俩的功能不一样，火车分为两种，一种是运输货物的，一种是载人的，咱坐的火车差不多 10 节车厢吧。"父亲耐心地说。

等到太阳升到电线杆子高的时候，铃声响了，开始检票。父亲拉着我的手排着队。来到了检票口，一位阿姨咔嚓一下在车票上剪了一下，我俩就着急忙慌地走上了站台，站在站牌的旁边。

"中间的字念拉拉屯，左边念西四，右边念新开。"父亲指着白色的站牌说，"一会儿咱们上车要经过新开、新立，然后到渤海站咱俩下车。"

"那西四那边是啥地方。"

"牛庄。"

"嘿嘿，总吃爷爷买的牛庄冰棍，那牛庄那边是啥地方。"

"中小。"

"那中小那边呢？"

"西柳。"

"那西柳那边呢……"

就这样，我的问题就一直问，问到了沈阳的那边，就到了渤海站。

每当回想起来，都是满眼泪水，回忆总是一幕一幕地出现。如今的拉拉屯火车站已经改为货运站了。在它的旁边修建了高铁站。以前坐车去渤海需要 40 分钟，现在，这个时间坐高铁都能到沈阳了。

30多年过去了，如今的盘锦，有动车、高铁还有高速公路，交通十分发达。由于盘锦地处辽河口，在这块古老的湿地上诞生的这座年轻城市也创造了一个又一个举世瞩目的奇迹，全国卫生城、文明城、生态城、园林城等，盘锦当之无愧，作为盘锦人，我们感到自豪。我也在兴隆台有了工作，回老家也不需要坐火车了，开车一会儿就到家了。但每次经过拉拉屯火车站，我还是会想起从前……

拉拉屯大集

西宁堡，明时为军事要地，入清后，因为在牛庄之西，遂改名"西牛堡"，清军撤防后，改为"西牛堡城子"，民国时又改成"西牛古城子"，到新中国成立后正式改名为"古城子"至今。

明时，"西宁堡官军381名。堡东布花堡可屯兵，堡西河湾空可按伏，高墩空铺通贼道路海州城兵马可为策应"。西宁堡是辽东边墙沿线的重要军堡之一，所领边墩、边台（烽火台）9座，为"高墩台，清房台，袁家庄台，河湾台，王家庄台，珠子河台，燕子窝台，镇房台，西宁台"。边堡和边墩一样，均属"镇武堡游击地方"的卫戍设施。1982年全国第二次文物普查时，发现古城子村内的一处高地就是城址，早年尚存石刻一幅，上书"西宁堡灵远门"，今已不存，并发现抱鼓石、石门墩、拴马桩等。二普期间还发现夹信子村有一处"尹家堡遗址"，并出土金代、元代文物标本。三普复查后，又采集到辽代、金代瓷器的残片，将尹家堡遗址修正为一处辽金元时期的人类聚落址。我的家就住在尹家堡遗址附近。

古城子历史悠久，拉拉屯是镇中心。因早期人烟稀少，所以叫拉拉屯，就是稀稀拉拉的意思。清顺治八年（1651），山东和河北的穷苦老百姓纷纷来此定居，拉拉屯的炊烟就再也不"拉拉"了。闯关东的人们来到了大辽河右岸居住，不仅推动了农垦，还发展了经济。每逢佳节，尤其是过大年，牛庄和驾掌寺（今东风镇）、田庄台都是赶集的好去处。新中国成立后，拉拉屯也形成了"大集"。我就是集混子，就是啥都不买还总去集上逛游的人。"王老大"是我大姑父,在生产队赶了半辈子大马车,生产队解散后,他托人在田庄台买了一头小毛驴,也做起了买卖,在集上卖冻豆腐。每次套完驴车就喊我去。一来是为了有个伴,二来也是让我帮忙看摊儿。我就坐在"副驾驶"配合着赶车,小毛驴很听话,走起路来一点儿都不颠,从那以后我就学会了赶车的口令,"嘚儿、驾、喔、吁、稍","嘚儿"是起步,"驾"是前进或加快,"喔喔喔"是向右,"吁吁吁"是向左,"稍"是倒车,长声"吁——"就是刹车的意思。

其实集市就是定期在固定的地点上交易的市场。拉拉屯的集是每个月的逢1、4、7日,沙岭和坝墙子分别是2、5、8和3、6、9日。集能体现出强烈的本土的特色文化。比如在拉拉屯大集就有卖牛庄馅饼、糕点和烧鸡的,但在田庄台这些早已是几百年的老字号了;拉拉屯大集有咸菜疙瘩、腌黄瓜,荣兴大集就有朝鲜特色辣白菜;拉拉屯大集卖鱼,二界沟就卖毛虾、海货、晒鱼干;拉拉屯大集卖大豆腐,甜水的大集上就喊着沟帮子干豆腐。总之,想了解一方水土人,先去大集上逛游几趟就明白了。

现在农村的社会结构在不断变化,打工的收入已经超过了种地收入。外出务工人数越来越多,"集"在逐渐消失。就算没有电商的冲击,人口越来越少的农村,赶集文化还能存在多久,让我们共同关注吧,大集正在慢慢地蜕变。

苇 客

黄桂云

在盘锦辽河口处，有一片浩瀚的芦苇荡，每到深冬，有不计其数的人从四面八方来到这里割芦苇，赚取或多或少的辛苦钱。他们人人手里握着一把明晃晃的大镰刀，人称"刀客"。

有一个叫黄三爷的外乡人，每年都在这里承包割苇子的活，成了这里的熟人，很多刀客都认识他，他也认识很多刀客。这年冬天，寒风刺骨，隔三岔五天上就飘起雪花，要多冷有多冷，黄三爷又领着二十几个身强力壮的人来了。他带着刀客们在风雪中收割，一天也不歇息，大伙都想在年前把活干完，好回家过个团圆年。

收割芦苇是用专门的绳子打捆，苇捆大小一致，刀客们自己割好的芦苇都自己垛着，最后按捆算钱。他们白天干活，晚上躺在芦苇搭的窝棚里睡觉，有时冻得实在睡不着觉，大伙就起来接着割，割一会儿暖和过来再睡。黄三爷时不时地拿着"冰镩子"去芦苇荡的周边破冰，打点儿鱼虾和螃蟹回来给刀客们改善伙食。刀客们想，能摊上这样的工头不容易，辛苦点儿心里也舒服。

这天大清早，有一个刀客起来撒尿，无意间向自己的苇垛看了一眼，发现变了样，到跟前一查看少了几捆芦苇，就大喊起来："我的芦苇丢了，我的芦苇丢了！"刀客们听见喊声都跑出来，果真见那规规整整的苇垛出了一个大豁口，明显是被人动过了，就都警觉起来，纷纷跑到自己的苇垛去查看。不看不知道，一看吓一跳，好多人的苇捆都被偷了，接着四处响起了叫喊声："我的也少一捆。"

"我的也缺两捆。"

"我这里也少了三捆……"

每捆芦苇都是刀客用血汗换来的，谁丢谁心疼。有人马上把黄三爷找来问怎么办。黄三爷围着苇垛转了几圈，仔细看了地上的脚印，顺着脚印的方向看去，心里有了数。他打了个手势，大伙围拢过来。黄三爷和大伙嘀咕几句，大伙听了黄三爷的话，都不再嚷嚷了。没过几天，刀客们又发现芦苇少了，黄三爷二话没说，带着刀客直奔相邻的苇场走去。

离黄三爷这片苇场不远，也有一伙割芦苇的刀客，其中有一个人叫张虎，是出了名的懒汉，一天割不上几捆，照他的割法，连吃饭的钱都挣不回来，但他每年都来。谁都知道这个人手脚不老实，经常干些偷偷摸摸不劳而获的勾当，苇捆丢了，黄三爷第一个想到的就是他干的，今天要新账老账一起算。

刀客们把张虎的苇垛围了起来，张虎双手叉腰站在苇垛前问道："你们要干什么?"

黄三爷的刀客说："我们的苇捆丢了，来搜查搜查。"

张虎冷笑道："你们的苇捆丢了凭什么搜查我的苇垛，再说了，都是一样的芦苇，凭什么说就是你们的，难道你们的芦苇都长了花不成?"

一个刀客底气十足地告诉张虎："我们的芦苇虽然没长花，但每个苇捆里都藏着一张纸条，苇捆里有纸条，就是我们的，说别的没用!"

张虎语气软了下来："你们丢了多少捆芦苇?"

"不多不少，正好二十捆。"黄三爷的刀客心里都在说，今天叫你心服口服，怎么吃进去的就怎么吐出来。

张虎有些无可奈何："搜查可以，但咱们把丑话说在前头，搜不出来怎么办?"谁看不出来，他在虚张声势。

黄三爷向前走一步，掷地有声地说："如果搜不出来，我每天赔你二十捆!"

"此话当真?"

"君子一言，驷马难追！"

张虎不得不让开了身。黄三爷使了个眼色，几个刀客立刻爬上了张虎的苇垛，马上就有人大声喊道："找到了，找到了！"一捆一捆芦苇从苇垛上扔了下来，每捆腰间都掖着一张纸条，可扔着扔着就都停下了手，因为他们发现张虎的芦苇几乎每捆都藏着纸条，自己只丢了二十捆，也不能说一垛芦苇都是张虎偷的呀，黄三爷的刀客都像霜打的茄子一样——蔫了。

黄三爷看个明明白白，瞠目结舌，叫大家把张虎的芦苇重新垛起来，要垛得和原来一模一样。张虎阴阳怪气地说："三爷，我的芦苇也丢过，也在苇捆里藏了纸条，我还想上你们苇垛里找一找，看看有没有我的苇捆呢。"

黄三爷双手抱拳："张虎兄弟，多有冒犯。"

张虎狡黠一笑，"冒犯谈不上，只是，我们有言在先……"

"吐口唾沫都是钉，决不食言！"

第一次丢苇捆时，黄三爷让大家在苇捆里都掖一条抽烟纸，为的是"抓贼拿赃"，没有想到"道高一尺魔高一丈"，黄鼠狼没打到，反惹了一身骚。刀客们低头耷脑，个个心里堵得慌。回到自己苇场，黄三爷跟大伙说，你们丢的苇捆我给你们补上，钱照样给你们开，每天赔给张虎的二十捆芦苇和你们没关系，我答应的就由我负责，不能言而无信。那以后，黄三爷每天都给张虎送去二十捆芦苇，分毫不差，张虎每天不费一点儿力气就能白得二十捆芦苇。刀客们那个气呀，恨不能把张虎剥皮生吃了。

为了防止芦苇再次丢失，黄三爷安排刀客们轮流值班看护苇垛。一天晚上，黄三爷看刀客们实在累得厉害，就让大家都去休息，他一个人值夜班。半夜里，他突然看到隔壁苇场那边有一片火光，心里一惊，大声喊道："着火了，着火了，大伙快起来去救火！"刀客们听到喊声都跑出窝棚，拎着水桶端着饭盆奔到了火场，定睛一看，着火的正是张虎的窝棚。火苗子蹿出老高，在窝棚不远的地方就是他的苇垛，一旦大火烧到了苇垛，他这一年就算是白干了，如果再蔓延到别人的苇垛就更惨了，他砸锅卖铁都赔不起。张虎头发被烧卷了一片，围着大火哭天喊地，磕头作揖求大家帮他灭火。此时黄三爷的刀客们心里别提多解恨了，谁也不想帮助一个坑过自己的小人，掉头就走，要回去接着睡觉，黄三爷急忙拦住他们说："弟兄们，咱们生气归生气，水火无情，不能见死不救哇！就算我姓黄的求你们了。"

看在黄三爷的面子上，刀客们停住了脚步，砸开了一个冰窟窿，桶盆并用，一阵奋战，总算把大火扑灭了，苇垛保住了。张虎跪在黄三爷面前，一把鼻涕一把眼泪，连连扇自己耳光："谢谢黄三爷，谢谢兄弟们，我张虎是畜生，我张虎不是人！"

原来，张虎也绝非善类，他是个惯偷，为了方便偷东西，自己搭了一个窝棚自己住。他精明得很，偷黄三爷芦苇时发现了纸条，就知道是黄三爷他们做的记号，为预防被找上门来"拿赃"，来了个"将计就计"，也把一条条的抽烟纸掖在芦苇捆里，还装腔作势演了一出戏，不但叫黄三爷一伙人灰头土脸，还每天得到二十捆芦苇的"赔偿"。他沾沾自喜，得意忘形，动不动就喝得云山雾罩稀里糊涂。昨天晚上又喝得酩酊大醉，把烟头扔在了地上，引燃了芦苇也不知道，直到窝棚着起火来，烧焦了眉毛头发才从美梦里惊醒过来，差一点儿酿成大祸。

黄三爷宽宏大量，扶起张虎，说："起来吧！知错就改善莫大焉，我早就知道了其中必有蹊跷，没想到哈哈哈……"

腊月二十七，刀客们终于赶在年前完成了任务。黄三爷给刀客们发完工钱，大家都高高兴兴，正准备启程回家，一个刀客手里拿着信封跑进来。他说他是张虎的同乡，张虎家里有事，没等结算工钱就提前走了，临走时交代，发工钱后把这些钱给他们。三爷打开信封，里面除了一沓钱还有一张纸条，上面歪歪扭扭地写着："这钱是您的芦苇钱，请三爷收下，祝好人一生平安！"

广漠的苇场上，有一行行刀客向远方走去，迎接每个人的是一个欢乐团圆的新年。

幸福的日子红彤彤

王桂芹

　　在美丽的绕阳河畔有一个和谐、丰饶的小村落，这里春种秋收，蟹肥水美，风景如画。它是广袤而富裕的辽河之滨非常绚丽的一角，每当秋天来临的时节，辽阔的田野就会变成一片金黄。此时大地上稻香飘逸，空气中传来一阵阵沁人心脾的清香。如果你有诗人的雅兴和情怀，站在高高的眺望塔上俯瞰眼前的世界，那份成熟和辽阔瞬间会尽收眼底，让你仿佛置身在画廊之中，自己也成为秋天的一部分。

　　曾经这是一片荒凉的土地，方圆数十里不见人烟，被当地人称为南大荒。在这个人迹罕至的地方，一年四季杂草丛生，菖蒲遍野，芦苇连绵，沟渠、水泡散发着杂草腐烂的气息。

　　辽河移民文化的兴起带动了南大荒发展的步伐，人们从四面八方涌向了这块黑土地，有的拖家带口，有的扶老携幼，像提闸的洪水一般鱼贯而入，在广阔的辽河腹地上安家落户，把根深深地植入这块充满希望的沃土。他们的到来为古老的辽河注入了新鲜的血液，也为这块神圣的土地带来了生机与活力。

　　随着人口数量的增加，大片荒地都被陆续开垦出来，一望无际的苇塘已不见了踪迹，取而代之的是绿油油的稻田和人们对美好生活的希冀。当地政府带领人民开始了向市场化经济转型的探索，上级领导结合当地的实际情况和市场分析，觉得棚室栽培有很好的发展空间，并集体出工为农民扣起了几十栋大棚。对农户进行技术下乡指导和去外地参观考察等，调动起农民种植棚菜的积极性。

从开始的几十栋大棚慢慢发展成为上百栋，让人们从稻作生产转换成为棚菜生产。当地领导干部们率先带队，为贫困家庭的棚户筹集贷款，急人民之所急，想人民之所想，给众多的大棚户大开方便之门，为他们战胜贫困增添了无穷的勇气和信心。

最初人们敞草帘子的时候，大棚上面的人用绳子拽，下面的人用竹竿顶，六十几米的大棚打开得需要将近一个小时的时间，一栋棚下来两个人早已经累得满头大汗了，接着就要到棚里去干活。种植出来的甘蓝、柿子、芹菜、茄子等各种作物，各家的男人需要半夜里骑着车子运送到离家十多公里的盘山市场去批发，行情好的时候会很快出售一空，因此，农民们的生产积极性也得到了很大的提升。

在生产生活中经过长期艰苦的实践、摸索、更新，棚户发现种植小柿子有极大的市场空间，而且冬春两季价格不菲，比种植其他作物多出一倍的效益，许多棚户的试验证明了这一点。于是，大家摩拳擦掌表示要抓住时机大干一场。

人们的腰包逐渐鼓起来的同时，他们已经不满足于小温室大棚的种植。当地领导看到了农民种植棚菜的积极性在日夜飙升，于是向上级反映了情况，并得到了乡镇领导的大力支持，在北面靠近村子的地方建设起了棚菜种植园。种植园占地面积达到1000多亩，十几台挖沟机进行不间断作业，历时三个半月的时间，一座科技化、规模化、标准化的棚菜种植园正式修建而成。它的建成体现了各级领导的审时度势，大胆规划，也体现着党和政府对人民生活的热切关怀和期待。

现在，各个大棚早已经安装上了卷帘机，大大提高了棚户们的劳动效率。大棚拱架从原来的竹架换成了钢架结构，里面宽敞，明亮，透光性强。过去棚架低矮，人们在里面需要弓着腰，低着头，现在人在里面可以直起腰来劳动，无论缩秧、打叉、施肥、浇水、摘果都行动自如，小心谨慎行走的时代已经一去不复返了。而且，这种大棚种植出来的果实因为阳光充足，表面有光泽，非常受消费者的喜爱。

因为盘锦处于沿海地带，偏于盐碱化的土质种植出来的作物有它独特的味道，就这一点让新村大棚的小柿子远近闻名。走进大棚，到处都是生机盎然的景象，柿子秧一垄垄、一行行整齐地排列着，两条垄之间都留出来一条道，供人管理棚菜果实专用。棚户们为了很好地利用有效空间，把大棚后墙根也栽满了柿子秧，由于透气性好，不拥挤，长势比里面的秧苗更茁壮，果形更正，色泽更好。

大棚里的泥土味伴着果实的芳香迎面扑来，沁人心脾。放眼望去，眼前到处都像悬挂着小红灯笼，泛着诱人的光芒，让你不自觉地陶醉其中，不能自拔。在翠绿色的叶子掩映之下，一串串光滑亮丽的小柿子探出头来吸引着你的目光，看它们红的似火，黄的剔透，绿的晶莹，一个个甜润可口，吃到嘴里顿时让你口舌生津。

自从新村大棚形成了一定规模化的管理，也就吸引了各地的棚菜经销商。他们纷纷从外地赶来与本地的合作商联手，包下几处库房定点收购。棚户们不用再自己跑市场，只需把小柿子采摘下来拿去卖，而且价格和市场持平，这样省时省力的事棚户们何乐而不为呢？

互联网经济的快速发展，激起了新时代农民的创业梦想。他们每个人都有自己的朋友圈，把红彤彤的小柿子发到网上，吸引外地人纷纷下单采购，因此开辟了一条崭新的销售渠道，也从此开启了网上销售的新模式。通过互联网的大力宣传，借助高科技的神奇力量，棚户把新村小柿子发往祖国的四面八方，让更多的人了解了盘锦这片黑土地，了解在黑土地上祖祖辈辈辛勤耕耘的人们。

村民的生活发生了翻天覆地的变化，不但盖起了青砖红瓦的房舍，全村购买的大小车辆更是数不胜数，轿车不再是普通人望尘莫及的奢侈品。生活质量的提高，使人们有了足够的信心和资金投入对子女的教育，让一只只彩凤飞出了村庄，飞向了碧蓝而辽阔的天空。

时光匆匆，星移斗转，40年如白驹过隙。乡亲们在党和政府的大力支持和引导下，一举摘掉了贫穷和落后的帽子，勤劳智慧的盘锦父老终于走出了一条别具特色的致富之路。人们的生活水平已正式走上了快车道，昔日的贫瘠之地已转变成富裕之乡。人们以后的日子，也会像这满棚的小柿子一样变得红红火火，前方的路也会越走越宽广。

美丽的红地毯

——辽河口国家级自然保护区

秦卫华

　　大家都知道，红地毯代表着高贵、庄严，或者浪漫，通常被用在特殊场合。但是你能想到，当你漫步于一片无边无际的"红地毯"上，是一种怎样的心灵感受吗？在我国渤海湾盘锦市和锦州市交界的辽河入海口位置，这里的滩涂在每年的5月至10月间，都会变成一块巨型的"红地毯"，蔚为壮观。由于具有重要的生态保护价值，这里早在1985年就被划建为自然保护区。我在2006年春季第一次来到这里，开展自然保护区外来入侵物种的实地调查，当时的名称叫作双台河口自然保护区。这漫无边际的红色海滩深深地震撼了我，可惜的是当年拍

摄的照片不幸全部遗失。直到2014年夏季，当我第二次来到这里时，壮观的红海滩依旧是那样红，而保护区已经更名为辽河口国家级自然保护区。原因是2011年辽宁省人民政府将原来的"双台子河"更名为"辽河"，为保持一致性，保护区也随之更名。直到不久前在生态环境部2018年9月的例行新闻发布会上，偶然看到了辽河口保护区的消息，勾起了尘封在我脑海深处关于红海滩的回忆，特撰写本文，向读者简单科普一下这个独特而美丽的自然保护区。

滨海湿地，生物多样

原生态滨海湿地辽河口保护区位于渤海辽东湾的顶部、辽河三角洲中心区域，涉及辽宁省盘锦市和锦州市，是辽河、大凌河、小凌河等诸多河流汇流入海之地，发育了大面积的河口冲积湿地。这里生态环境类型多样，既有浅海滩涂和河流水域，也有由芦苇、盐地碱蓬等湿地植物组成的大面积沼泽，是国内保存最好的河口湿地生态系统之一，具有极其重要的生态保护价值。自1985年被划建为市级保护区后，1988年经国务院批准晋升为国家级保护区，总面积8万公顷，以丹顶鹤、黑嘴鸥等珍稀水禽及滨海湿地生态系统为主要保护对象。2004年被湿地国际批准列入《国际重要湿地名录》，2005年被《中国国家地理》杂志评选为"中国最美丽的六大湿地之一"。辽河口保护区也为众多的野生动物提供了理想的栖息地、越冬地和迁徙停歇地，是东亚—澳大利西亚候鸟迁徙路线上重要的中途停歇站和能量补给站。每年迁徙季节，多达几十万只的鸻鹬类鸟儿从丹东鸭绿江口湿地保护区向南迁飞，经过辽河口时都会停歇补充能量，包括珍贵的丹顶鹤、白鹤、东方白鹳等大型保护鸟类。这里还是全球最大的黑嘴鸥繁殖地，盘锦市也因此获得了"黑嘴鸥之乡"的称号。为什么有如此众多的鸟儿都选择在辽河口保护区停留、休息，甚至安家落户呢？所有的这一切都归功于红海滩的缔造者，一种名叫盐地碱蓬的神奇植物。盐地碱蓬又名碱蒿、盐蒿、盐荒菜或荒碱菜，是藜科的一年生肉质草本植物。

其分布范围十分广泛，从北到南，从东部海滨到西部荒漠，只要是盐碱地，几乎都能发现它的身影。由于生性顽强，适应能力超强，能够生长在其他植物难以生存的高度盐碱"禁区"上，也是一种典型的盐碱地指示植物。研究发现，盐地碱蓬有很多有趣的习性，它不仅分布广，外貌形态也是多变的。在不同盐分的土壤中，它的个头也会发生巨大的变化。低盐度区域盐地碱蓬呈现个头大、分枝多、体态蓬松的模样，颜色也是正常的绿色居多。而在高盐度区域，如滨海的潮间带，个头变得就很矮，分枝也很少，叶片肥厚肉质，颜色也变为红色或紫红色，并且盐度越高，颜色越红。变红的原因是盐地碱蓬茎秆和叶片的细胞液泡含有大量的甜菜红素，由于盐度不同而呈现不同深浅程度的红色。辽河入海口的滩涂区域，由于盐分高，其他植物难以存活，让盐地碱蓬得以大面积生长，成为优势群落。大片单纯的盐地碱蓬密集地生长在海滩上，厚厚得如同地毯，一眼望不到尽头，真的是人世间极为壮观的自然景观。

盐地碱蓬每年4月依靠种子萌发长出地面，初为嫩红色，到9月左右变为鲜红色，后逐渐转为紫红、暗红，直到枯萎，再次将种子播撒入土，周而复始。盐地碱蓬不仅能创造奇妙的景观，还浑身是宝。大量的研究表明，盐地碱蓬是一种优质蔬菜和油料作物。早在20世纪60年代的困难时期，正是辽河口的盐地碱蓬让美丽的红海滩成为"救命滩"。附近的渔民和村民将采来的碱蓬籽、叶和茎，掺着玉米面蒸出来红草馍馍。凭着红草馍馍，无数人熬过了最艰难的岁月。当下，生长在荒野滩涂中的碱蓬草，更因为丰富的营养、鲜美的滋味以及远离污染，成了备受青睐的无污染绿色野菜。

然而，辽河口保护区中的盐地碱蓬，大自然赋予它的最大使命，并不是为了满足我们的口福，而是为滩涂生态系统中生存的各种野生动物提供食物。几乎所有滩涂生物都直接或间接地依赖盐地碱蓬而生存，小到各种螃蟹、贝类，大到鸿雁、丹顶鹤等大型候鸟，盐地碱蓬也因此成为辽河口保护区食物链的重要基础。干枯的盐地碱蓬枝条还是包括黑嘴鸥在内的多种鸟类筑巢的重要原材料，盐地碱蓬群落也是很多小型鸟的隐蔽所。毫不夸张地说，正是有了盐地碱蓬的存在，才孕育了辽河口保护区丰富的生物多样性。

苇海红毯，自然奇观

辽河口的海滩上，一株株细弱的碱蓬草，就是一个个开疆拓土的勇猛战士，顽强地扎根于荒漠一样的泥滩中，整齐划一，如同人工栽种一般，茁壮成长为成片的红色地毯，幻化为让人震惊的自然奇景。国人自古就对红色的自然景观怀有十分狂热的偏好，越是密集的红色往往越能吸引我们。正如日本人对于樱花季的疯狂追逐一样，我们也可以为了短暂的秋季红叶景观而四处奔走。辽河口的红海滩恰恰就是这样一种让人为之痴迷的密集红色。由于近年来的大力宣传，红海滩知名度不断提升，吸引了越来越多的人前来观赏。辽河口保护区内不仅拥有大片的红色盐地碱蓬群落，还拥有号称亚洲最大的滨海芦苇群落。绿色的苇海配上红色的海滩，共同构成了一幅生机盎然、雄奇浩瀚的自然画卷。地方政府依托辽河口保护区这一独特的自然奇观，沿海滩堤防公路修建了一条长度近20公里的景观道路，于2013年正式打造了红海滩国家风景廊道景区，被称为"中国最精彩的休闲廊道"和"中国最浪漫的游憩海岸线"，并被国家旅游局批准为AAAA级旅游景区，也是辽宁省优秀旅游景区。目前，景区为方便游客近距离观赏红海滩，同时也为了保护红海滩免受践踏破坏，在红海滩中修建了一些架空的木栈道和观景平台。木栈道弯弯曲曲，延伸至海滩深处，为单纯的红海滩增添了几分人文气息。游客漫步于栈道上，可以与盐地碱蓬进行亲密接触，仔细观察盐地碱蓬的外貌形态，以及滩涂上横行乱窜的小螃蟹和跳跳鱼等可爱的小动物。在辽河口保护区内还能看到一种十分有用的野生植物，分布范围广，适应能力强，数量还非常多，它就是在盐碱荒地和河岸区域常见的罗布麻，别名又叫红麻、茶叶花、红柳子，是夹竹桃科的一种落叶小灌木。看它的名字就知道，它富含优质纤维。

罗布麻纤维比苎麻细，强力比棉花大，而且柔软，是一种理想的新型天然纺织原料。罗布麻有着"野生纤维之王"的美称，用罗布麻纤维精加工而成的织品具有透气性好、吸湿性强、耐磨损、柔软、抑菌等诸多优点。罗布麻的叶片还可以制作保健茶，具有平肝安神、清热利水的功效。

在辽河口保护区内的考察发现，由于人类活动频繁，保护区内外来物种入侵的情况不容忽视，一些原产于国外的物种，被有意或无意带入，并成功"定居"，威胁到本土物种。如芒颖大麦草，又名芒麦草，外形很奇特，原产于北美洲和欧亚大陆寒温带。其名称中带有大麦两个字，也确实是大麦的亲戚，属于禾本科大麦属，因为其小花常退化为长长的芒状，所以得名。芒颖大麦草传入东北地区后，已经成为农田杂草之一，对辽河口保护区所在地著名的盘锦大米都造成了威胁。

结　语

展望未来，辽河口保护区的发展也面临了一些威胁，主要有三个方面：一是油田开发的影响。保护区部分区域与我国第三大油田辽河油田存在重叠，目前保护区内仍有部分生产采油井尚未退出，对保护区和红海滩构成威胁。二是旅游开发活动的影响。随着红海滩景区知名度的日益扩大，游客数量将越来越多。景区也正在创建 AAAAA 级景区，建造游船码头和直升机停机坪等旅游设施，这些都会对栖息的黑嘴鸥、丹顶鹤等珍稀鸟类造成威胁。三是全球气候变化的影响。近年来极端天气频发，北方地区整体旱化趋势明显，保护区内的碱蓬群落和芦苇群落的自然演替进程也相应受到影响，甚至威胁到红海滩的自然景观。

辽河口保护区拥有得天独厚的优越条件，是渤海湾和辽河三角洲滩涂湿地生物多样性最丰富的地区，不仅拥有很高的国际知名度和关注度，更具有极其重要的生态保护价值，因此，保护好这片神奇的红海滩，具有十分重要的意义。

雪　趣

苏红军

刚过去的上周末，北方多地迎来了一场超大的初雪。在未褪的秋色里，人们或游园，或访友，或恋爱，享受这难得静下心来的快乐。冬天的魅力莫过于此。今天看到朋友发来的多幅在盘锦市大洼区新立雪场游玩的照片，让我想起了小时候和伙伴们一起在冬天里快乐嬉戏的情景。

我家在辽河岸边的一个小村庄，冬天我们会约好同村的伙伴们到冰封的辽河上去玩耍。辽河离我们住的村子有多远，还真不好说，因为小时候，心里没有距离感。只是知道，我们跑一个撒欢的距离，就到了让我们欢呼雀跃、兴高采烈、流连忘返的大辽河上……

回想小时候，我们没有现在孩子们玩的那些所谓的益智玩具，但是，我们不乏冰雪带来的无限快乐。我们可以在漫天飞舞的雪花中，播种下自己深深浅浅的脚印。印上自己的手印，用树枝、树叶、杂草摆上各种自己认为最美的事物，然后学唱"小呀么小二郎，背着书包上学堂，不怕太阳晒，不怕风雨狂，只怕先生骂我懒呀，没有学问哪，无脸见爹娘……"那时候的欢快，在蹦蹦跳跳中逐渐变得热烈奔放。也是从那时候开始，我迷恋上在雪地上练习走字，练习绘画：画清风，画百花，画树木，画美好的家乡。

在结实的冰雪上，还有一种非常好玩的游戏，那就是抽冰陀螺。小时候，不知道冰陀螺的制作原理，只知道把冰陀螺放到冰面上，用麻绳做好的小鞭子抽动冰陀螺的下端，它会不停地旋转，带着我们对快乐的体验和满足感，转上好长时间……逐渐长大了，我们不再满足买现成的冰陀螺，开始自己制作冰陀螺。找一截榆木，用刀将榆木的一端削平，用刀片刻出一圈凹槽，凹槽可以用线拉动，将陀螺抖落在冰面；另一端削出圆锥体，在圆锥体的顶端倒钉上一个钉子，把钉子的帽用砖头磨掉，这样，既增加了陀螺的耐磨性，也增加了陀螺的旋转速度。现在我懂得这样做减少了陀螺与冰面摩擦时候的阻力，使冰陀螺更加充分地旋转。而我们那个时候，只是为了增加冰陀螺的耐磨性。然后，用彩色蜡笔在上面画上自己喜欢的图案，再取个响亮的名字，就大功告成了。因为拥有一个属于自己的冰陀螺是一件让人兴高采烈并且非常值得炫耀的事情……

冰天雪地里，我们还有自己制作美食的经历。我们会偷偷地从家里偷出一些小的土豆（想想那时候偷土豆的行为，就像是偷六一公公家罗汉豆的感觉）用纸包裹好，夹在腋下，再偷偷地拿上一个火柴盒。飞奔到辽河边，找一个洼凹的土坑，铺上厚厚的树叶，把土豆集合起来，放到上面，然后再堆上一些树叶树枝，大一点儿的孩子负责生火，小孩子们负责捡树枝。刚点起的火烧得不旺，有一股股的黑烟冒出，生火的伙伴会翘起屁股，鼓圆嘴巴吹火，忽地一下，火苗蹿起，伙伴会条件反射地立刻躲开，躲得慢的，也会被火烧了眉毛。但那时候的我们是不在意这些的，因为，要不了多长时间，土豆烘烤出的香味，会让我们手舞足蹈……

现在想起这些，还久久不能忘怀，这些事就好像发生在昨天一样。欢快的童年还未走远，还在心灵的某个驿站，被我们流年的记忆深深地收藏着……又是一年雪花飞舞，再次弥漫我的甜蜜和感伤，让我的心灵宁静而潮湿。

人各不同，或许有的纠结于臃肿的棉衣，有的贴上治冻疮的膏药，也有的"烹雪论茗"，用积雪"浇"花，吃下混着雪水的挂面……而关于雪趣，各有各的精彩描写，不妨钻进他们的故事里，做一场好梦。又如老舍先生说的，这样慈善的冬天，干啥还希望别的呢！

雪后的山河远阔，人间星河，无 是你，无 不是你。已经到了谢幕的时间，亦如这初雪的冬日。眼前的光阴里，不要等我变了，才说怀念以前的我。用心迎接每一个变换的季节，是对岁月最深情的款待，如果许岁月一个回眸，愿清浅的时光里，风景依旧，初心依旧。雪后的夜色四合，华灯初上，风起时，微凉，叶落处，无恙。我与春风皆过客，你携秋水揽星河！用款款深情拥抱这无限的怀想。

　　让时间

　　慢一点儿，再慢一点儿

　　让心灵跟上你的脚步

　　无论多忙碌，你都要清楚

　　活到最后，我们都是为灵魂而活

　　落下灵魂的躯体，无论外在多光鲜，不过是空架子

　　其实，这空架子也早已迷惘、早已迷失

　　早已找不到快乐的原乡

　　…………

秧歌，年的味道

沈　秋

秧歌，于我们东北人的春节来说，于我们生活在辽河口的盘锦人来说，那，是一种风俗，更是年的味道！

那震耳的鼓声，那激越的唢呐声，那头上戴着的高高的头饰，那脸上涂着的浓浓的妆容，那翻飞的流苏，那袖底的长风……

也许是那激越的唢呐声的热情，也许是那咚咚的鼓声的震撼，秧歌的开场白总是会那么轻易地打动我，让我的心、我的思绪随之飞起……

东北，秧歌的故乡。

小时，便是与秧歌一起走来的。

那时，还不懂得秧歌。只是喜欢他们穿着的色彩艳丽的服饰，红的似火，粉的似霞，白的似雪，黄的似金，绿的似玉……那种种色彩呀，在我童年的记忆中留下了多少美好，多少痴迷，多少幻想？还喜欢他们头上的饰物，流光溢彩的流苏，一步三摇的凤钗，雍容华贵的头冠……看得我眼也跳，心也动，情也摇。

那时候，每年的正月初一便会有秧歌可看。这样的情形会一直到正月十五才会逐渐少起来。在家里，听到外面鼓声响起，唢呐吹起，不管当时正在做什么，我们一群孩子便会飞出去，小燕子般跟在秧歌队的旁边，一会儿跑到前面，一会儿跟在后面。当听到下一个演出地点时，我们便会先飞到那里。

春节时的秧歌，可不是随便什么地方都演的。一般情况下，是给单位，或者是一些有声望的人家表演的，说是叫拜年（当然被拜年的人家也要拿些赏钱才是），但这并不妨碍我们看秧歌，管他给谁家拜年呢，我们看的是秧歌，心情一样是愉快的。

小时有一事不明白，就是当单位或者主人家给赏钱时，秧歌队的领队总是会喊钱。比如说，主人家给了10元（现在已经不是这个数了），他会喊1000。现在想来，可能是为了给足主人家的面子吧。可那时傻傻的我总是在想，10怎么会是1000呢？

看秧歌的，不只是我们那些小孩子，几乎所有的人都会出来看。看吧，背着孩子的小媳妇，拄着拐杖的老头老太太，出门前还要看一看哪儿不帅再捯饬捯饬的年轻人……用人山人海来形容可能是有点儿夸张，不过呢，那人群也叫熙熙攘攘啊。

我们小孩子一般是坐在演出场地的前排。大人们呢，就站在我们身后。还有的身手敏捷的孩子会爬上人家的墙头、骑在树的丫杈上、站在人家的柴火堆上、站在自行车后座上，更有些人会站在高一些的粪堆上（北方的冬天冷，粪堆也是冻上了的）。还有一些更小的孩子，他们会骑在父亲或者哥哥、爷爷的脖子上（也叫骑脖颈）。

看秧歌的人们，也是在不断地品头论足。哪个人演得好了，哪个人唱得好了。哪个秧歌队服装好，哪个秧歌队扭得好了……我们只是看热闹，看秧歌，看人群，看伙伴手里的吃食……

冻得通红的脸蛋，嘴上呼出的白气，手中举着的冰糖葫芦，衣服袋子里的花生，嘴里吐出的瓜子皮，呵呵，还有用衣袖头拭鼻涕的小伙伴……

其实，那时的我们，并不懂得欣赏什么艺术，更多的可能就是喜欢扭秧歌的那种氛围吧。

那时，我最爱看的就是压大鼓的人。一般都是那个队伍里的最漂亮的年轻的女子，而且，也一定是扭得最好的一两个女孩子。那时呀，看她们，就常想，什么时候自己长大了，也要如她们一样，穿上最漂亮的服装，比她们表演得更好（可惜呀，我现在已经40多岁了，一次也没有踩过高跷，更没有压过大鼓呀）。于是，我常常就在他们表演的场地边上，也有板有眼的，就着人家的鼓声扭上了秧歌，还自以为扭得不比他们差呀。害得别的孩子们总是喊："躲开，躲开！"现在想起来，真是有意思呀，那时的我就已经知道山寨人家的表演了。而压大鼓的女孩子就是我那时的偶像，我就是人家最忠实的粉丝，虽然那时"偶像"与"粉丝"这两个词还没有盛行。

秧歌队伍中人物造型也是叫人喜爱得不得了。常见的有孙悟空啊，八戒呀，老头哇，老太太呀……还有那个头跷，到了今天，我仍然不知为什么要是那样的一种造型。只是那时觉得他们如那个神话里的夜叉般，有种挺神秘又挺吓人的感觉罢了。

他们的表演欢快，充满着生活的气息。这是我们在那个时代所能欣赏的最近的也是最直接的艺术，一种古老的有生命力的艺术。

而这种古老的艺术在辽河的哺育下，现在焕发了生机。平日里的茶余饭后，我们经常可以看到扭秧歌的人，能听到那激越的唢呐声，震耳的锣鼓声，看到那飞扬的流苏，那五颜六色的服饰，享受着秧歌给我们带来的无限乐趣。

可于我来说，不知为什么，平日里的娱乐活动总是不能替代我记忆中的浓浓年味的秧歌，或许，只有正月里的秧歌才有年的味道吧！

秧歌，从童年到少年，到青年，再到中年，陪我走过了每一个春节，每一个年！她是我生命中美的享受，更是我生命中年的味道！

秧歌，年的味道。

我爱这片热土

侯召明

老北风、项青山、盖中华、蔡宝山，这四个人就是令盘海营伪军闻风丧胆，日寇寝食难安的辽南义勇军的四大天王。他们领导的义勇军最早成立在盘锦，以盘山为中心，发展壮大，成为抗日的一支坚强力量。

我坐在文化馆文化大课堂上，听任鸿老师讲这些革命故事和历史，让我血脉偾张。我很自豪，生活在盘锦，生活在英雄流过血的土地上。盘锦不只有黑黑的石油，还有这么多动人的革命故事；不只有石油大军，还有那些抗日的英雄。

盘锦这个年轻的城市，其实历史也很久，只不过茫茫荒荒的盐碱地，淡漠了过去的烽烟。在三国时期，这里就有城池，有百姓生活，那时候叫辽东，有县制叫房县。任鸿老师讲了，三国时期的盘锦，我仿佛看到了，在芦苇丛生的野外，那些士兵在厮杀。从三国，到明清，辽东湾这片热土，就是军事重镇。

唐王李世民征东，经过盘锦，留下盘锦河蟹搭桥的故事。这个故事代代相传，其实代表着一个民意，那就是人民希望唐王胜利，百姓都愿意过好生活。

清末甲午战争，在盘锦田庄台留下了历史的耻辱记忆，日本侵犯我们的罪证历历在目。甲午战争，是民族的耻辱，日军入侵，欠下血债，他们烧杀抢掠。中国人民生活进入非常艰难的阶段。

九一八事变后，日本人又扶植了伪满洲国。东北人民生活在水深火热之中，民不聊生。

1931年9月18日，是一个非常耻辱难忘的日子，这个民族大恨的时刻。越是民族危难时刻，人民越是团结一致，这就是我们中华民族的精神。盘锦人民团结一致，向日军开了第一枪，他们成立了义勇军。百姓们拿起武器，保卫家乡，保卫祖国。

义勇军在盘山、台安、营口一带打游击战，他们扒日军的铁路，破坏他们的运输线；攻打发电站、水源站，让城市陷入瘫痪状态，牵制了日军对全国的侵略步伐。

天上有飞机，地上有装甲车，而义勇军只有血肉之躯，他们用身体挡子弹，一次次阻止敌人进攻，一次次把敌人打垮。我听到这里，仿佛回到了那热血的年代，我仿佛看到"老北风"带领他的兄弟们向敌人冲杀。国破山河在，家没有了，亲人们都被日军杀害了，还等什么，拿起刀枪，和敌人拼命吧。

义勇军参加了热河保卫战，参加了长城保卫战……这股革命力量洒向全国。

在抗日战争中，许多人参加了反日抗战活动。我的族人也有加入抗战的，我的三大爷就是从吉林松原参加了义勇军，一直抗日到底，打到小鬼子投降，又参加了解放战争，解放了全中国，之后又参加了抗美援朝战争。他命大，胆大，一次次战役，受伤过多次，但都活了下来。我的二爷爷，在大连解放前是共产党的地下工作者，一边做着生意，一边做着情报工作，他为我国解放事业做出了卓越贡献。

那段时期，家家都有革命家史，也都有血泪故事。在抗日战争中和解放战争中，有太多的人民为之献身，他们用热血染红了这片土地，才有了我们今天的幸福生活。

老北风张海天和他的弟弟，他的儿子侄子，都为了解放全中国献出了生命。有许许多多的人奉献了自己的青春和生命，我们要珍惜今天来之不易的幸福生活。

每当国歌唱起的时候，我的心中都会激荡起那沸腾的血液，我自豪，我是中国人；我自豪，我们中国今天这么繁荣。从沧桑走向昌盛，不容易呀！

　　爱这片热土，因为有亲人为这片热土洒过热血；爱这片厚土，因为她是我们的母亲。

水润盘锦——绕阳河之万金滩

谢　刚

　　我出生在国家历史文化名城，鱼米之乡的湖北荆州，自幼喜欢各种河流湖泊。家乡是广阔千里的江汉平原腹地，沮漳河在这里汇入长江，而长江在这里蜿蜒曲折，九曲回肠。我年少离家，客居于东北盘锦，时时思念家乡。思念那里江河襟带，天光云影；思念那里星垂平野，夜涌大江；思念那里的山峰霞举，峻岭空蒙。盘锦地处辽河三角洲中心，4121平方公里的土地上，有3150平方公里的湿地。这里是河的尽头，陆的起点，海的边缘，这里是中国最北海岸线，有世界最大的辽河口苇海。由辽河、大辽河、大凌河及各条支流组成的河川水脉，将盘锦大地分割成无数块绿洲，滋润着盘锦水稻、芦苇、螃蟹、泥鳅等，成为与世界对话的载体，成为我对家乡的寄托。

　　喜欢一样东西是本能，本能是人的天性。天性是顽固的，比天性更顽固的是习惯。源于自己的经历、职业、喜好，对家乡的思念、对盘锦的热爱，我习惯在宁静的黎明和喧闹的黄昏，来到河边，固守寻找、捕捉定格、记录思考。于是，日日夜夜，清晨黄昏，夙兴夜寐，披星戴月，我一遍遍拍摄盘锦的河流湖泊，辽河、大辽河、大凌河、小柳河、旧绕阳河、一统河、太平河、绕阳河、南尼岗河和潮沟河、八一水库、红旗水库、辽河口国家级自然保护区、红海滩国家风景廊道……此一日与彼一日细微处不同，一次次被我用心记录，用镜头感知。这里候鸟经停，这里河海相汇，这里有朝阳袅袅，这里有落日余晖。眉是清浅浅的天黛，飞鸟掠过，山河远阔；眼是喜盈盈的碧波，交颈嬉戏，倒映人间烟火。河与海，潮涨与潮落，我和它们隔着长风深谷，进不得，退不舍。最后留在镜头里，陪我安常处顺，陪我颠沛流离，陪我一路又一路，陪我得到和失去。每一张照片，都有自己的情绪和讲述。它波光粼粼，它圈圈涟漪；它光影波带，它云蒸霞蔚；它彤色湛蓝，它冷暖相宜；它飞鸟盘旋，它佛照菩提；它苍茫暮合，它晨霭清晰。照片是凝固的灵魂，有永恒的生命，蓬勃且美。

我忽视人世间种种繁杂浮华，却能在大自然呈现的语言里，找到刻骨铭心的感动和最生动的表达。

历时数年，行程数万里。拍到这些，就找到了生命里无尽的感知。我以我的方式，转述大自然充盈的思想，转述人与自然的和谐，转述爱。

水是生命的源泉，河流是大地的动脉。有了河流，人类才得以生息繁衍。这些河流像一条条纽带，蜿蜒穿越盘锦大地，把五色盘锦串联在一起，描绘了盘锦作为鱼米之乡的独特自然环境，表达了盘锦人对于这片蓝天黑土的深情厚谊。天地合一，相接相吻，以河流为载体，不仅传递出盘锦的城市味道，还映射出一个充满生机的生态宜居湿地盘锦。五色盘锦，生态之城，湿地之都，人与自然和谐相处的一座城市！

你好，我的辽河、大辽河！你好，我的斑海豹、丹顶鹤！你好，花晨月夕下我的盘锦！云在天上，你在心里！

绕阳河，辽河水系重要的河流之一，位于辽宁省中部平原区的西侧，医巫闾山以东，自北向南。绕阳河中下游穿越大郑、高新、沈山、沟海铁路和沈承公路，沿途有辽河油田、华锦集团及辽宁省中部平原商品粮基地等。

绕阳河源于辽宁省阜新蒙古族自治县境内的察哈尔山，往东南流经新民、黑山、辽中、台安等县市区，在高升镇后屯入盘山县境，经大荒、胡家、太平、新生汇入辽河。总流域面积10360平方公里，河长290公里。盘锦市境内流域面积868平方公里，河段长71公里，河道宽40—700米。绕阳河是辽河下游右岸的一条支流。《辽史·地理志》称锥子河，《大明一统志》称珠子河，清代称耀英河，《奉天通志》称之为鹞鹰河，后音转为绕阳河。

在盘锦，绕阳河是仅次于辽河、大辽河的第三大河，从属于辽河，在盘锦境内有自己相对独立的水系。绕阳河一级支流是西沙河（西沙河的支流是沙子河及张家沟）、锦盘河（锦盘河的支流是月牙子河、东鸭子河、大羊河、西鸭子河）、丰屯河。这里是绕阳河的下游，蜿蜒的绕阳河在万金滩汇入辽河，河道两侧是盘锦著名景点——苇海蟹滩，鸟乐园。这里是黑金之地，这里是鱼米之乡，这里是千里苇海，这里是鸟类乐园，这里是地球之肺，这里是摄影天堂。

兴隆之光

杨明昆

　　假如，在一个风清月朗的夜晚，你从高处向兴隆台方向登高远眺，你将会看到一片奇妙无比的景象！

　　那是一片多么令人震撼的景象啊！灯海和繁星共舞，月光和灯光交融，高楼和钻塔争秀，光明和七彩联袂，组成了这流光溢彩的图画，演出了这雄壮唯美的交响！昔日的退海之地兼葭荒滩已然变成了这水晶的河，玛瑙的湖，珍珠的海！

　　也曾看过都市的夜景，也曾见过异国的灯光，但每当我一睹我们盘锦兴隆台的灯海时，一种难以言状的情愫便顿时化作一股暖流猛烈地撞击着我的心肺，穷尽了我所有的语言。啊，因为这是我梦寐以求的灯光，因为这是我几十年前想都不敢想的灯光。我用青春和全部的情感给它的命名——兴隆之光！

　　记得20世纪70年代油田会战初期，我由一个懵懵懂懂的青年学生穿上了道道服，成为一名光荣的石油工人，第一次来到了兴隆台。下车伊始，展现在我的面前的是怎样的情景啊：茫茫的天地之间，一片荒凉，几乎找不到一个高大一点儿的参照物；一条新修的却又翻浆的土路上，间或驶过一辆辆满载石油工人的敞篷解放卡车；路旁的水沟里满是一簇簇的芦苇，几个下井工人可能是渴急了，正扒开芦苇用饭盒轻轻地拨着苇叶舀水喝；一片低矮的土平房里住着瞪着疑惑的眼睛打量我们这些不速之客的老百姓；在稍高一点儿的盐碱地上矗立着一片淡绿色的板房——那就是我们的油田钻井团团部。

白天尚可，起码还有些人气，到了晚上这里除了偶尔看见几柱上井下井的值班车的灯光和我们驻地院里的大气灯，几乎就是一片黑暗，一场梦魇！尤其是那些硕大无比的蚊子和无孔不入的一种叫小咬的家伙，每到晚上（甚至于白天）疯狂地肆无忌惮地"亲吻"着我们的皮肤，热情得让我们实在无法忍受。我不明白，假如我们不来，它们是靠什么一代一代地繁衍生息？

当然，让我当时更感到困惑不解的是：这就是兴隆台？它怎么会叫兴隆台？它除了蚊子小咬兴隆，我实在看不出它的兴隆所在。

那时，我常常隔窗望月，顾影自怜，我在迷惘，我在憧憬，我在怀疑，我更在企盼。

我在企盼光明。

可是我后来才知道，其实黑暗才是光明的母亲。生下光明却需要一场撕心裂肺的阵痛！

众里寻他千百度，蓦然回首，那人却在灯火阑珊处。

朦胧中，他从灯海中向我走来。还是那腼腆的微笑，还是那拄着拐杖一瘸一拐的步履。为了点亮井架上最高的那盏红灯，他攀到井架上，不幸被滑轮生生地绞下了一条腿。我无法忘记那涌出的鲜血是怎样染红了那一根根钢丝绳，我无法忘记我和工友是怎样把他一步步背下了45米高的钻塔。他还有7天就要结婚了，结果可想而知。他就像盗火的普罗米修斯，为了那一点点的光明。

依稀间，他也从灯海中向我走来。还是那一张漂亮的娃娃脸，还是那身穿戴：一条棕绳系着那件开了花的道道服，一顶狗皮帽子上满是泥浆。我永远也忘不了他在泵房里那盏灯光下是怎样冒着零下30多摄氏度的严寒跳下泥浆池去用身体搅拌泥浆，我永远也忘不了他在井架灯光下拉"锚头"打大钳时那虎目圆睁的表情！

他终于累得吐血倒下了。一个25岁年轻的生命就这样献给了他所热爱的石油事业！虽然他是一个默默无闻的钻井工人，但是我会永远地记住他，我的小班长——3515钻井队共产党员李世星。

钻塔的灯光啊，你为什么那么鲜红？那是无数滴血汗把你染就！闪烁的油城灯海呀，你为什么那么美丽？那是无数颗鲜红的心脏在跳动！

何止一个"普罗米修斯"，何止一个李世星！君不见在那灯海里一只只焊枪在厂房里闪烁着耀眼的弧光；一个个采油站依然灯火通明；一幢幢教学楼里莘莘学子在灯光下刻苦攻读；一辆辆油罐车的车灯又照亮了新的里程！灯光里，无数吨原油正在汩汩喷涌，无数张蓝图正在铺展，无数台机床正在飞转，无数张笑脸正在绽开……

灯火家家市，笙歌处处楼。遥望灯海，我常常不能自已，垂暮之年，我常常睹物思人。

当历史的车轮已经碾进了这五光十色不夜的时代，当今的年轻人开着轿车拉着家人去灯红酒绿的灯光里潇洒，当一片不毛之地转瞬之间变成了流光溢彩的人间天堂，我，一个兴隆台变迁的见证人和亲历者，总想和无忧无虑的年轻人说点儿什么，总想和我的老队友说点儿什么，总想和我的兴隆台说点儿什么！

我想说，暗夜已经过去，无尽的光明还在前头。我想说，历史不能复制，但是记忆应当永存！

我想说，兴隆台的灯光，如果你是一个个琴键，我真想为你弹奏一首兴隆台小夜曲，如果你是一管管染料，我真想找来一支倚天巨笔为你画一幅光彩照人的图画！我想说，兴隆之光啊，你是一泓永不枯竭的光明之海，兴隆之光啊，你是希望之光，神圣之光，不灭之光，你是一片永远跳动不息的鲜红闪亮的——心灵之光！兴隆台，不，我们的盘锦，我们的祖国正在这无数个浩瀚的灯海中走向更辉煌的光明！

历史跫音

扑朔迷离的房县

李相超　刘长青

　　凡涉盘锦地域文化研究者，对境域内曾存在过的房县无不饶有兴致。它既像柏拉图在《理想国》中讲述的"亚特兰蒂斯"（古希腊沉没的史前文明）一样扑朔迷离，也像东晋陶渊明描述的"桃花源"一样让人寻不可得。不同的是，房县是实实在在的考古发现。

　　1981年进行全国文物大普查时，市县两级考古队在大洼县城与清水农场小盐滩相连的两处面积约为17万平方米的滩地上，发现了大量夹砂黑陶，粗细绳纹的泥质灰陶，混有上部堆积中的瓷碗、布纹瓦及炼铁废渣。后来现代学者孙进己、考古专家韩宝兴鉴定此地为考古界寻找多年而未得的房县。

　　秦始皇统一中国后，划全国为36郡，其中古幽州地置代郡、上古郡、渔阳郡、右北平郡、辽西郡、辽东郡等6郡。根据史料，汉代辽东郡有居民5972户、人口272539人，辖县18。赵喜声先生认为，房县在辽东18县中序列第五，有居民3110户、16252人，一县之主称县长。此有关房县人口的数量，取自辽东郡人口的平均值。

　　自西汉末年起，中国北方大地上少数民族与中原政权攻伐不断。到了东汉安帝时，房县作为辽东属国所领六县之一，成为安置乌桓族人的重点区域。中原人先进的生产力以及品种繁多的农业、手工业产品，对乌桓、鲜卑等民族具有极大的吸引力，于是，房县必然成为乌桓学习中原文化的窗口和与中原民族之间经济文化交流的平台。

孙进己先生所撰《东北历史地理》一书认为："按房县为西汉时期辽东郡境内接近大辽水（今辽河）下游的近海之县。其县名，应取源于二十八宿之房星。"根据《淮南子·天文训》和可能更早的马王堆《星占书》记载，房宿分野对应的是豫州及郑卫之地，汉代"房"显然很难对应东北地区。另外，"房"县名称来源还有两种比较符合情理的可能：（一）"房"原或为"防"字，意指"在边塞借险置关，用以阻止外敌入侵"。（二）字义或另有"防涝防水"之意，如湖北房县春秋时为"防渚（水中小洲）"，秦为"房陵"。

"废铁渣"的发现显然重要，又地处今小盐滩区域，可令人想起汉代的"盐铁专营"制度。由此我们可以获知，这座县城在汉代就曾经存在的主要产业不是大家传统认为的渔猎游牧，而是具有鲜明的中原民族文明特点。

根据韩宝兴先生的论著，房县或随同辽东属国消失于泰始十年（274）。消失的原因，孙进己先生的解释是"房县地近海渚，多遭海侵而罢废"——出现了高海面，即多有海侵发生。中国科学院南京地理与湖泊研究所的王文先生所撰《从史料记载看中国历史时期海面波动》论文，认定西汉至两晋为相对高海面时期。从古地质、地理学理论解释，每个冰期（地球两极冰帽增厚，海平面降低）、间冰期（冰帽融化，海平面增高）和亚冰期、亚间冰期，海的平面低高波动，海退和海侵也会连绵不断。

海侵是"陆地相对于海面下沉，并使海水侵入陆地的现象"。谭其骧先生认为，西汉时期，渤海湾西部发生过一次海侵；后来，人们据野外实地调查和室内资料分析证实，渤海湾在距今2000年左右确实发生过由于海面上升而引起的一次新波动。这样的海侵不可能局限于渤海湾西岸，在南岸的莱州湾平原，有人发现"前汉古遗址多被海相泥沙覆盖，泥沙厚度0.3～1米。东北面的营口、盖州等地，也有汉代墓葬被海沙侵积的例子"。虽然盘锦没有这样的调查数据，但应该是与营口、盖州一道经历了海洋整个水体的波动。

《后汉书·灵帝纪》载灵帝熹平二年（173）"六月，北海地震。东莱、北海海水溢"。古代史籍记载的"海溢",现代海洋学已明确定义为海啸,是由水下地震、火山爆发或水下塌陷和滑坡所激起的巨浪。而更多的"海溢",可能就是"风暴潮",如历史文献描述:"往者,天尝连雨,东北风,海水溢;西南出,浸数百里。"

此上史例,说明在晋泰始十年前,有大量的海退、海侵发生。我们今天所见到的房县遗址,很有可能是被海侵吞掉,又因海退而被吐了出来。因为在小盐滩房县遗址的考古发现,证实了盘锦地区早在战国至汉时就有居民于此居住、生产、生活,到了辽金元明时又有接续。而中间年代的断缺,大概即是它沉没于海底的时限。

正是在海侵与海退涨涨落落的遮蔽与敞开中,好奇的人类追求不止,如柏拉图描绘的金碧辉煌的"亚特兰蒂斯",如陶渊明描绘的落英缤纷的"桃花源",十分诱人,让全世界的文史学者们至今兴致不减。所以,房县对于不乏想象力的盘锦人来说,亦是一个值得探究不止的话题。

铝 饭 盒

杨洪琦

我这个年龄段的人，成长过程中几乎都用过饭盒。

那是一种铝制的盛具，多为长方形，没有花哨的装饰，只在盒盖上刻着生产厂家的名字和品牌标志。

最初用饭盒，是在我家搬到清水农场的十一营之后。搬到那儿我就得去三家子村上学，离家三四公里远，中午回不来，只能带午饭。午饭就用饭盒装，大小各一个，大的装米饭，小的装菜。班里像我这么跑通勤的同学有十几个。冬天，中午放学了，我们就把各自的饭盒摞到炉盖子上去，热热再开吃。我们五六个"五七大军"的子女，饭盒里装的多是大米饭。其他几个周边村屯跑通勤的同学都是高粱米粥，即使温热了，打开时也仍然成坨。

当年我曾纳闷，这成坨的米粥是咋装进饭盒里的。

多年之后，我与大连古建筑公司的董事长徐德凝成了好友。他每每回忆也总会提及他的饭盒，说他的这片江山都是背着饭盒打下来的，饭盒里装着高粱米粥，趁热乎装进去，凉凉了才盖盖儿。凉凉了的稀粥就凝成了饭坨，跟我妈熬的猪皮冻似的，放进挎包就不会洒了……闻得此言，我才恍然。

1985年，我考入了辽宁大学，就读于历史系文博专业，学期两年。在这两年当中，我对饭盒的应用达到了此生的巅峰，不仅空前，而且绝后，称得上天天饭盒不离身。不过这阶段的饭盒已不是用来带饭的，而是用米打饭的，在食堂打了饭，端到餐桌上去吃。一天三顿饭，早饭吃过了，背进教室，等吃中饭；中饭吃过了，仍背进教室，等吃晚饭。天天如此。

头一个学年我用的是从家里带去的铝饭盒，就是小时候用过的那种。这种饭盒轻巧简便，里头的四个角还都不是尖的，而是钝圆的，不藏垢，好洗刷，却也有一个不易克服的缺点，那就是烫手，每端了热饭热汤都烫得嘶嘶哈哈的。后来我在百货公司看见了一种新式饭盒，外头罩了个保温层，硬塑的，两侧带扣，不仅不烫手，而且不洒汤。买来用过才发现，这种饭盒也有缺点，那就是厚重笨拙，用起来不顺手。于是到了第二个学年，我就将饭盒换成了铝盆，换了两个，规格都挺小的，饭、菜、汤都能分开打，简单粗暴却顶方便。

在那愉快的两年里，我与抚顺的郝武华、葫芦岛的孙建军成了同学与好友，并自此成了终生的好兄弟。三个人里建军最小，且小上四五岁，我和武华兄的饭盒以及后来的饭盆，就基本上全由建军代劳背着了。三个人十来个盆，都塞进一个口袋里。口袋是文物标本的专用袋，粗帆布的材料，袋口可用布绳抽起来，建军也确实是这么抽着的，然后往肩上一搭。饭盒或饭盆里都有钢勺，随着他脚步的起落，盆哪勺哇的就叮叮当当响成一片。我们由着它响。偶尔响得不够热闹，建军还会将袋子重搭一下，打乱盆勺的阵脚，使它们再度响亮起来。

最初我们是步行奔往食堂的。后来带职上学的我和武华兄各买了一辆二八自行车，每每都骑着。建军横跨在武华兄或者我的车后座上，也是这么时常地晃荡着饭口袋，在那所大美的校园里留下了一路的叮当乱响。现在想起，都还令人心潮澎湃。

毕业后我仍回营口文化局工作，也仍要常常下乡搞些文物考察，这几个饭盆就依然是我吃饭的家什儿。我的同事申国俭不大看好我这套餐具，见到就皱眉，直到他不得不扔了饭盒，并在我的鼓动下也换成了饭盆，才罢了。

申国俭的饭盒扔得颇无奈。

申国俭从小就不吃荤腥，各种肉都不吃，各种动物油脂也不吃，这对常常在外就餐的人来说真是个麻烦事。有一回他灵机一动却也显然考虑欠周，竟跟伙房师傅谎称自己是回民，师傅听了，立马盛了一勺东西扣到了他的饭盒里，边扣边说那正好哇，今儿有羊肉汤！他当场就傻了，却又哑巴吃黄连没法吭声，默默端回来，凄然撂在我的饭盆边。他那饭盒就这么报废了。在他也如我一样地用上饭盆之后，仍遇过这事，却只需扔掉摊事的那个盆就妥了，不至于整顿饭都不得吃。直到这时，他才承认了我这套餐具的好处。

前几年征集老物件的时候，我曾期待再见大学时期短暂用过的那种带保温层的硬塑饭盒，未果，猜想它可能未等普及便下了生产线吧，毕竟用着不便。老式铝饭盒上来很多，大小都有，或方或圆，这证明无论这种饭盒如何烫手，它也是一项顶好的发明，以至于广泛流行，与中国人共同度过了一段历史。无论它被后来的科学解释出了多少缺陷与弊端，也仍是一代人甚至两代人的心中所念。

实际上这种铝饭盒至今仍被沿用着。前些日子我在田庄台的张记烧锅那儿，看见酿酒师傅全是拿这种饭盒带着中午的饭菜，忙活完了几个人把饭盒往起一凑，俨然开了一桌盛宴。我想他们不是换不起令人眼花缭乱的新型餐具，而是想不出更换的理由，无法割舍。

辽河之子刘春烺

李 玲

"辽河的水，清悠悠，哗啦啦地从我家门前流……"很多盘锦人都是哼唱着这首歌长大的。我们被辽河水滋润着，在河边逮鸟捉鱼挖野菜，快乐地嬉戏玩耍。辽河的确是一条生机勃勃的大河，滩平沙净，水流浩荡，小鱼小虾在河边戏水，大雁野鸭在河中游弋，河两岸林深草密，野鸡、野兔、狐狸等动物自由出没其间，就是一幅莽莽苍苍的天然生态景象。我时常坐在高高的岸上，呆呆地望着河水哗哗地向西南方向流去，于是懵懂无知地去问大人，那河水到哪儿去了？远方有多远？大海是啥样子？

每一条河流都有自己不同的生命曲线，也都有自己的梦想——奔向大海。它们要不断地积蓄自己的力量，不断地冲破障碍，慢慢地凝聚成一种水的精神。就像我们的生命，有的时候会是泥沙，你可能慢慢地就会像泥沙一样沉淀下去，一旦你沉淀下去了，也许你就不用再为前进而努力了，但是你永远见不到阳光了。不过，时机不到的时候，把自己的厚度积累起来，当有一天时机来临，你就能够奔腾而出，成就自己的辉煌。

河流、山川，是大自然留给地球的珍贵礼物。世界上有各种各样的河流，它们的性格就像顽皮的孩子——有的河流非常安静，每天静静地流淌着，稳定地用清澈的河水滋润着它身旁的大地和花草树木；有些河流的脾气非常暴躁，每一天都在奔腾咆哮着，如果有人触碰它，它就会用愤怒的浪涛去拍打他……

2020年10月20日，我们辽河探源小组结束了西辽河的探源活动，回到盘锦。

我们的母亲河在盘锦骄傲地奔向大海。其实，很多人对辽河入海的说法不一，源于对辽河、大辽河的认知不够。千百年来，辽河经历了"独流入海—分流入海—独流入海"的沧桑变迁，那是怎样一种欢欣与无奈？

我们不妨简要梳理一下。

郦道元在《水经注》卷十四"大辽水"条中记载："大辽水自塞外入，经襄平，"过房县西"，入于海。襄平即今辽阳市，房县，据《奉天通志》考证即今营口市。"辽"者远也，大辽水即远离中原的大水系。

据史料记载，辽河汉、唐时期在海城英城子入海。辽、金后海岸线外扩速度加快，清前在海城牛庄东南入海。清乾隆年间河口移至营口梁房口关附近（今大白庙子）。1861年，猛涨的辽河水在辽中县冷家屯瓜茄岗子下游（北至今台安县富家镇何家村，南至盘山县沙岭镇六间房村段）的右岸（盘山一侧）决口溃堤，河水顺落到圈河（今属坝墙子镇），冲入那里一条自然生成的充满海咸水的潮沟，经过烟里、孤家子、吴家、狼窝、碱堡、双台子、夹信子，奔向大海，形成一条辽河分流入海河道。1873年早春，当地数百民夫在地主乡绅等既得利益阶级势力驱使下，又将已经形成的河道出口堵死。结果，因辽河水势浩大，辽河下游又因泥沙淤积而连年泛滥，这段堤坝左右两岸接连多处决口，水漫四野，房屋倒塌，很多乡民因频遭水灾而背井离乡。

由于辽河洪灾严重，1897年7月，清政府盛京将军采纳举人刘春烺关于"挑河治水""循冷家口故道，别浚碱河"的倡议，完成了辽河分流工程。此后，辽河水便"一分为二"：一半依旧南流，汇入浑河、太子河后走营口入海；一半西流入新河入海。新河，就是"减河""双台子河"。

1958年，辽宁省政府为开发盘锦地区，种植水田，实施"浑太辽"改水工程——"导辽入双"，盘山县政府根据辽宁省政府决定，组织古城子、沙岭、棠树林子三个公社8000余民工激战三昼夜，在六间房堵死辽河南流口，辽河从此"合二为一"。在盘山县沙岭镇六间房辽河堤坝外侧，我们看到一块刻着"一九五八年省政府辽河截流处"的石碑赫然而立。这说明，当年由此南行的辽河已经不存在了，从那时起，浑河、太子河在三岔河汇合，与大辽河在营口市入海。"双台子河"由辽河支流正式成为干流且直流入海。2010年，辽宁省政府决定在辽河流经的铁岭、沈阳、鞍山、盘锦四市设立辽河保护区管理局。2011年8月，双台子河正式更名为"辽河"。

辽河河道及名称的变化与刘春烺其人至关重要。在医巫闾山中，有一处叫木叶山庄的遗址，是"辽东三才子"之一刘春烺当年的隐居之处，如今成了游人们观瞻的一处景区。"木叶"之名取自屈原《楚辞》中"袅袅兮秋风，洞庭波兮木叶下"，也算是诗人在动荡的时局中对平淡生活的一种向往。

刘春烺（1849—1906），字东阁，号丹崖，奉天府承德县新民厅南齐家窝堡（今属鞍山市台安县桑林子镇）人。据史料记载，刘春烺从小聪颖好学，博闻强记，饱读诗书。刘春烺的父亲刘福禄是一位商人，在八角台（今鞍山台安县）开粮栈、烧锅、当铺，字号永合祥，生意兴隆日进斗金，创下一份不小的家业，在当地堪称首富。不幸的是刘春烺父母早早谢世，少年的刘春烺由婶母抚养，先后跟随几位私塾先生学习。刘春烺自光绪八年（1882）中举后，屡试不第，这让才过而立之年的刘春烺遭受了沉重的打击，再无心于通过科举进入仕途。其实，这充分反映出了清末科举制的诸多弊病。刘春烺按照现在的说法应该是一个复合型的人才，不但诗文作得好，还精通医学、算术、历法、水利、军事等。1894年中日甲午战争爆发后，已萌生归隐之心的刘春烺为避世乱，举家迁居医巫闾山深处，并修建新住所取名"木叶山庄"。

1896年，辽河再次发大水。看到百姓连年遭受水害，啼饥号寒，刘春烺对此惨状深为同情。他的家乡大挑县，地处辽河下游，十年九涝，民不聊生，当年仅大挑县一段就开堤40处。清政府盛京将军依克唐阿向民间征求治策，派刘春烺携李龙石查看碱河（双台子河）。于是，他们根据民意亲笔上书清政府，提出了"挑河治水"的积极倡议。刘春烺认为辽河本流的累岁淤积与年俱增，而下游的三岔河并未加宽，这就形成了"上游之屡决，势所必至；旋溃旋堵，即旋堵旋决"，恶性循环，往复不止。他十分熟知当地的地理特点，了解水患的原因所在，便产生了在辽河上游挖一条疏浚洪水的河道的想法，"莫若循冷家口门故道，别浚碱河"，以使辽河之水由此分流经盘山入海，减少辽河主流之水势。他把自己的想法与李龙石商量，提议"修堤而不挑河，难于根治水患"。两人共同起草了《为治辽河水害倡议》和《请赐筹经费开通碱河呈文》呈报盛京，得到盛京将军嘉示。同时政府拨付库银 1.4 万两，委托刘春烺为"治河会董"主持疏浚碱河工程事宜。经实地考察，确定"以'勾股'测量绘图，命役就河心取土，抛岸成堤"的施工方案。于是，动员辽河流域 40 余村 2 万余人，动土 20 余万立方米。朝廷中的国子监助教严作霖是位大慈善家，1895 年曾经为广宁县双台子高坪镇水灾区募集银团 10 万两，这次他募集白银 2 万两用于修筑堤防。整个分流工程于 1896 年 7 月开工，次年 7 月竣工。从此，辽河水便一分为二，一半南流，汇入浑河、太子河后走营口入海，一半西流经新河入海，即由冷家口浚碱河一道，使辽河水流经双台子河入海。这样既解决了辽河本流二狼洞至三岔河一段因多年淤塞而成灾的问题，又使碱河两岸变成沃壤。

治水之后，刘春烺又参与劝抚辽河下游土匪工作，联合另外三个举人李龙石、冯绍唐、德彬，共同起草了《为设大团四乡公启》《两河同盟书》，提出办乡团招抚绿林人物是消除匪患的良策。他们一面上书请示朝廷准许办大团，一方面游说各股土匪头目弃恶从善。就这样，在刘春烺的努力下，辽河下游一带社会秩序渐渐走向正常，匪患之苦终于解除。

1905 年，刘春烺应聘赴沈绘制沿河图，寓居沈阳，后因昼夜劳瘁，疾发而逝，盘山乡民自发为刘春烺勒石记功。

在辽河流域，流传着这样一首诗：

仗义济友胜宋江，学禹治水品高尚。

忧国忧民平生事，一代英才刘春烺。

刘春烺一生创作了大量诗歌与散文。据李龙石在《李龙集》中说，仅在1900年以前两人在木叶山庄隐居时统计，就存有6000多首诗词，到目前他仅留下一部《看云听涛馆集》，在台安、海城、北镇和盘山县志上均收藏了他的诗作，但仅有160首。此外还有一些散文、呈启、奏折之类的文稿，这是他留给我们的一笔丰富的文学遗产。戊戌变法，在古老的中国刮起一阵改革的新风，兴办学堂是当时社会的一股新潮流，奉天府城在变法维新中恢复了萃升书院。奉天督抚依克唐阿与奉天府尹廷杰，聘刘春烺到奉天萃升书院任总教习，兼管辽河治水事。刘春烺欣然接受，他在办学的一份报告中写道："人才在教育，教学在学校。"立志把萃升书院改造成一所新式的大学堂，为辽沈地区培养人才大展才华。

很显然，刘春烺一生对辽河还有太多太多的未了情，可称作一位名副其实的辽河之子。

最初的灯盏

海　默

车子一拐进村路，扑面而来的，是一眼望不到尽头的林荫大道，高大的洋槐枝叶繁茂地分立两边，撑起了一道浓密的绿伞。车子在奔驰，这盛大的阵仗让人的心情也随之畅快、开阔起来。洋槐树后面，稻田在8月的阳光下，闪着绿色的光芒，一直铺陈到天边。

宁静又欣欣向荣，这是我对沙岭镇的第一印象。这里的人民生活得富足、安逸，花园一般的乡村图景让人惊叹不已。

我从稻田的绿色海洋里收回目光，向前方望过去，在视野的尽头，两排护路的洋槐归于一点，那一点的后面，大约就是沙岭镇尖台子村了吧。

我们一行人在一处民宅前停下车。普通的院落，两间坡顶的青砖瓦房，屋顶被稻草覆盖着，一簇一簇的稻草，花朵一样整整齐齐地开在旧屋顶，小巧、别致。窗户还是东北典型的木框玻璃窗，蓝色的油漆斑驳，很有年代感，勾起了小时候的记忆。现在看到这样的草房，亲切感油然而生，这是童话一般的存在。

据村主任介绍，这是新中国成立前村里大户刘纯嘏宅院五间正房的东半部，坐北朝南的房子，经过村里老一辈的村民确认，超过百年历史。

走进房间，与普通村民的房子不一样的是，这里没有锅碗瓢盆的烟火气息。房间的东墙上，挂着一面党旗，一张旧的长条木桌子放在地中间，两只长条木凳子分置两边，北墙上贴着一张宣传简报——盘锦市第一个党支部。

这样一间简陋的草房，带着一种光，辐照着这片从荒凉走向繁茂的土地。

这是我第一次来沙岭镇的第一党支部旧址参观。我努力地在那些旧痕里，寻找着最初的蛛丝马迹。斑驳的墙壁上，除了流淌的岁月，只有党旗是新鲜的，连同我的心跳也是。在这里，曾经有多少中共党员，在跳动的灯火映衬下（脑海里，昏暗而温暖的油灯光下，地下党员宣誓的场景已经定格了），庄严地举起右手，一张张坚毅而笃诚的面孔，吐出的誓言，仿佛低音区的弹奏，酝酿着雷霆之力，足以扫除一切阴霾，让信仰打开一扇门，让无数的人得到光明的指引。

这是1947年的夏季，芦苇浩荡，草木葳蕤，历经战火的洗礼，东北战局逆转，东北民主联军不断地扩大着对东北城市和乡村的控制，一村一城地建立起政权组织，发动群众自救，同时鼓励人民群众也参与到支援前线的作战中，全民皆兵，这就是中国共产党从星星之火迅速强大的原因之一。

"此时，取得东北战场的胜利已成定局。经省委、土改总团、地委三级核定，明确接收方案和各县领导班子组建方案，盘山方面组建了县工委又称'分团'共60人，于1947年12月下旬进到我军控制区海城属地高力房镇，距沙岭18华里暂驻。此间县工委在那里召开全体人员大会，宣布四项决定，其中第一项就是成立盘山机关党支部（第一个党支部），支部书记由沙岭片长（不久片改区）柳景阳兼任，这就是盘锦历史上第一个党支部。"

旧址的北墙上赫然写着，第一任党支部书记：柳景阳。下一行，委员：王石、王振海。

王振海——这个与我的父亲同名同姓的老前辈，他成为盘锦历史上第一个党支部委员的时候，我的父亲大约只有几岁，后来，父亲也成了一名党员，这算不算是一种传承呢？

在这片黑土地上，从第一党支部走出来的第一个党员叫宋桂森

（1918—2005）。出生于盘山县胡家镇的宋桂森，身世贫苦，盘山解放后，积极投入到抗联会的工作，一颗被旧制度压榨已久的心，迸发出的热情，让一个年轻人焕发了无穷的力量，他感受到了信仰的召唤。1945年10月宋桂森入党了，在幽苦中寻觅光荣和梦想，辽河岸边，他第一个举起的右手，成为一种标识。嘉兴南湖红船上的灯火，终于燃到了还处于荒僻中的辽河入海口。

到1949年，全县已拥有23个支部255名党员。他们如255棵思想的芦苇，慢慢长成了如今浩瀚的芦苇荡，郁郁葱葱地在盘锦大地上，闪耀着绿色的光芒，让她馥郁，让她富裕，让她不忘初心、牢记使命。

2019年的夏天，当我再一次来到沙岭镇，这里已经是中共盘锦市第一个支部党员教育基地，旧址得到保护和修缮，在此基础上，扩建了纪念园、纪念馆。

这座总建筑面积2544平方米的党建基地，有1351平方米的展室，一楼是党史大厅，二楼是党建大厅。四个展览大厅，梳理了从1923年第一个踏上盘锦大地的共产党员到1948年盘锦市第一个党支部成立，再到新中国成立后，这片盐碱湿地上，留下了无数共产党员与盘锦人民一起斗争、一起奋斗的历史。

一走进党建基地大门，1200平方米的党旗广场中央，一块巨石上"为人民服务"五个大字跃入眼帘，100年来，中国共产党举着信仰的旗帜，历经血雨腥风的历练，就是秉持着"为人民服务"的信念，走向今天的辉煌。

在党建纪念园，70幅红墙绘画，展现了第一个党支部在盘山沙岭镇的革命斗争历程。目光扫过每一幅画，真实而生动，想象、复原，铁马冰河而来的第一个党支部的第一任党支部书记柳景阳，在极寒的暗夜里，为盘山县推翻国民党的统治、治理匪患燃起了最初的灯盏。彼时，乡亲们口中称颂的老柳才19岁，他是党支部书记，是武工队的连长，也是沙岭区的区长，19岁的肩膀，那么坚实地带领群众扛起了反抗的大旗。曾经，他就住在了这个第一党支部的茅草房里，这栋普通的民宅，日里的炊烟成为乡愁，夜里的灯盏就是方向……

后来，第一个党支部成了县委、县政府工作地。当时的沙岭镇成为盘山县党政军首长驻地，盘山第三次解放前的革命中心。

　　仿青铜的浮雕，栩栩如生地复原了第一党支部成立时的场景。以目光抵达视觉之岸，历史的表情里，铺陈的举手投足，都是一道让人浮想联翩的风景。

　　而彼时的波诡云谲，这些先驱者，以生命做抵押，三进两出地在盘山境内与国民党反动势力来来回回地抗衡。笑到最后的，一定是心怀劳苦大众的一方。

　　世事沧桑，如云烟过眼，沉浸于此，敬仰还是怀念，转化成某种动力和荣耀。

　　而此时的特写镜头，从沙岭镇第一个党支部移开，蔓延到4000平方公里的范畴，吉祥的丹顶鹤落脚的地方，已是灯火闪耀的海洋，天上人间，璀璨的夜，唯有最初的那盏灯最亮……

老 挂 钟

赵晓林

老挂钟被蓝底白花的包袱皮紧裹着，像个襁褓中的婴儿，乖乖躺在母亲的臂弯里熟睡。客车有时颠簸起来，母亲就紧紧搂着它，宝贝似的生怕磕了碰了。我几次劝母亲把它放在脚边，母亲都坚决地摇摇头。这次回芦苇村，我是专门接母亲进城的。老屋卖了，不能拿的东西都给了乡亲。唯有这台老挂钟，无论我怎么劝，母亲就是执意带在身边。从那时起，我的心里开始对它疙疙瘩瘩起来。

我和母亲回到家，南屋已经收拾妥当。妻笑盈盈地说："妈，这屋，一年四季阳光足着呢。"母亲把老挂钟轻轻放在地板上，抱起扑过来的孙子齐齐，狠狠亲了亲。齐齐却挣脱母亲，蹲在老挂钟旁边，好奇地打开钟门，碰碰钟摆，然后仰着头问母亲，这钟为啥和家里的石英钟、维尼熊钟不一样？

"它叫老挂钟，老物件，有年头了，岁数比你爸都大。"母亲一边回答齐齐的问题，一边打量着南屋的墙。

妻心领神会，示意我把老挂钟挂上。墙上刚好安了几个膨胀螺丝，原本是准备挂几幅小一点儿的油画用来装饰墙面，现在完全打乱了我们的想法。我只好无奈地找个合适的位置，挂好老挂钟。妻端详着说："真没想到，咱家有点儿古色古香的感觉了。"妻在娘家是老大，通情达理，善解人意。齐齐刚出生那阵，母亲来伺候月子，有一次悄悄对我说，娶这媳妇，前世修来的福！这次母亲下决心进城，也是在妻的百般劝说下同意的。妻对母亲说，一家人在一起，省得孤单，还有个照应，多好。过后，妻又对我说："不是一家人，不进一家门，谁让咱俩是一家人呢。"

听了妻的话，母亲露出欣喜的笑容，高兴地打开钟门，一手扶着老挂钟，一手拿起上劲儿的钥匙，在钟盘的两个插孔里转着，吱嘎、吱嘎……劲儿上足了，母亲用手轻轻碰碰钟摆，老挂钟就嘀嗒嘀嗒走起来。齐齐忽然把手指放在嘴边，轻轻嘘一下，歪着头，将手拢在耳边。好一会儿，他才悄悄对母亲说："奶奶，老挂钟唱歌呢!"

"好听吗?"母亲问。

齐齐非常认真地点点头。

母亲又抱起齐齐，默默看着老挂钟，好长时间也没离开。

我理解母亲的心情，离开生活了50多年的故土，心里当然割舍不下，唯有这台老挂钟能给她留些念想了。可是，母亲不知道，老挂钟给我增添许多烦恼：这个家的每处细节都是我和妻精心设计的，家具和室内的摆设也都是全新的，这个破玩意儿挂在屋里多碍眼!再说了，乳胶漆墙面多了它，就像精致的绸料补块补丁，完完全全破坏了墙面的整体美感哪!那天晚上，老挂钟嘀嗒嘀嗒的声音，打破了原本静悄悄的家。更让我无法忍受的是整点和半点时，当当的报时声骤然响起，我好几次都从睡梦中惊醒，妻也是。后来妻悄声叹了口气，推我一下说，去把南屋门关上吧。我下了床，轻轻关上南屋的门。那个时候，母亲睡得正香。

母亲珍视这台老挂钟，就像照顾这个家一样精心周到。每天，母亲都要仔仔细细擦拭它，她先用拧干的抹布小心翼翼擦一遍外框，然后用干棉布擦拭老挂钟上劲儿的钥匙、固定钟门开关的铁片，还有钟摆。擦拭完了，母亲就与老挂钟默默相对。有一次，我走到她身边，她赶紧抹下眼窝，缓缓地说："你爸去世那天，老挂钟停了……唉，这老物件，懂人情呢!"父亲的去世成为母亲心底永远的伤，我接母亲进城就是为了让母亲适应城市的新生活，享受儿子给她带来的幸福。

冬天来的时候，母亲已经在新家住了三个月。这段时间里，母亲也在努力地适应新生活，每天收拾完屋子，就去市场买菜，做饭，晚饭后带着齐齐到小区后面的广场散步。日子就这么一天天过着，母亲的生活起居开始有了规律，脸色逐渐红润起来。妻说，妈有点儿胖了。我暗暗高兴，心也安稳了。我想，时间一久，母亲的那些念想也会淡忘的。也许哪一天，我和母亲商量把老挂钟扔掉，说不定她会同意的。

　　那个周日的午后，下起了冬天里的第一场雪。我们三口人从岳母家回来，母亲却不在家。齐齐眼尖，看到茶几上放着一张字条，他拿起来念道："老挂钟停了，上劲儿也不走，我去找地方修修。"齐齐念完，就急急地问妈妈，老挂钟坏了吗？老挂钟坏了吗？妻拍拍齐齐的脸蛋说，老挂钟没事，奶奶去修了，宝贝儿困了，赶快睡觉吧。齐齐噢了一声，乖乖溜进了自己的卧室。

　　这大雪天，妈到哪儿找修挂钟的？即使需要修，也得等雪停啊。妻唠叨着，语气里带着埋怨。她看了我一眼，又改口说，客厅不是还有石英钟可以看时间吗？再说了，这也不是什么急事呀！然后就催促我，快出去找找妈吧。我叹了口气说，先等等再说，也不知道妈去哪儿了。

　　窗外的雪越下越大，街上的车全都放慢速度，缓缓前行。稀稀拉拉的几个行人，低着头艰难地移动着脚步。那天，我一直站在窗前等母亲。不知为什么，我的脑海里回放起童年发生的一件事来。那应该是我七八岁的时候，有一天深夜，我来回翻身睡不着觉，总觉得屋子里安静得有些发闷。后来母亲拉亮了灯，父亲披衣起来，他一手扶着挂钟，一手打开钟门，拿起挂钟钥匙，吱嘎吱嘎给挂钟上劲儿。上足劲儿后，父亲的手轻轻碰碰钟摆，挂钟又开始嘀嗒嘀嗒走起来。"这挂钟，还真离不开，听不到打点报时声，连觉都不踏实了。这回该睡个安稳觉了。"父亲说得真对，那一夜，挂钟又开始嘀嗒嘀嗒欢快地走起来，安静的屋里再也没有沉闷的感觉，我很快就进入了梦乡……

　　傍晚时分，母亲终于披着满身雪花回来了。母亲把用塑料布裹得严严实实的老挂钟递给我说："找了好几个地方，都没人会修这老物件，好不容易才找着，修好了……"母亲进屋的时候，走路有些蹒跚。

妻扶着母亲急急地问："这是咋啦？"母亲不在意地说："路滑，摔一跤，我和老挂钟都没事，你爸保佑着呢。"

老挂钟重新挂到墙上。母亲左手扶着挂钟，右手打开钟门，准备上劲儿。这个时候，齐齐从自己的卧室里跑出来，嚷着要和母亲一起上劲儿。母亲一边说"好好好"，一边拿来椅子，让齐齐站在上面，好让他够到老挂钟。

"奶奶，老挂钟修好了吗？"

"修好了。"

"奶奶，我那天想给老挂钟上劲儿，可是……可是……我……"

"奶奶都知道，老挂钟这不修好了嘛。我们一起给它上劲儿吧。"

母亲和齐齐一起拿着挂钟钥匙，用力地在两个插孔里转着，吱嘎吱嘎……上完劲儿后，齐齐用手指轻轻碰一下钟摆，老挂钟就嘀嗒嘀嗒走起来。

"奶奶，老挂钟为啥能嘀嗒嘀嗒走哇？"

"人给它上劲儿了呗！人的劲儿给了它，它也有劲儿了。只要有劲儿，它就能走。"

"哦。那刚才我也给它上劲儿了。"

"对呀，你的劲儿给了老挂钟，你听听，它走得多欢实。"

"奶奶，我做了个梦，梦见爷爷在天上也听老挂钟唱歌呢！嘀嗒、嘀嗒，爷爷说，真好听！"

母亲紧紧抱起了齐齐，直说："好听，好听。"

我的心猛然颤了颤。

那个晚上，母亲、妻和齐齐都已进入了梦乡，我却久久没有睡意，静静听着老挂钟嘀嗒嘀嗒的走时声，静静听着清脆而响亮的当当的打点报时声，我开始了回忆——

在我的记忆里，老挂钟一直挂在老家的炕头墙上，母亲还特意在挂钟顶上搭了块红布，这样既可以作为装饰，又能遮挡灰尘。父亲去世后的第二年，有一次我回老家，母亲和我提起过老挂钟的往事。

母亲说，老挂钟是1970年夏天买的。买挂钟的那天，她和父亲都很兴奋，跟以前结婚登记似的，她和父亲一路兴冲冲地从芦苇村不停脚地走了10公里路，到了高升商店买了挂钟。她把挂钟用包袱皮裹好，装进洗得干干净净的米袋里，然后小心翼翼放进了背篓。父亲背起背篓，兴冲冲地往回走。

母亲说，父亲的脚步飞快，似乎忘记了她的存在，一会儿工夫就把她落得很远，害得她冲着父亲直喊歇歇脚。其实，她是想替换父亲背挂钟。父亲没让母亲背，就那么倔强地挂钟不离身，走走停停一直背到家。挂钟卸下来的时候，父亲的后背水洗一般，汗水透过背篓，把米袋子都浸湿了……

母亲说，自从有了挂钟，什么时间下地干活儿一分都不差，咱家的日子就过得准时了。

母亲说得是。我在老家读了九年书，每天上学写作业复习功课，都是因为有了老挂钟，才会安排得妥当而有规律。我怎么把它给忘记了呢？人都是从过去的生活走过来的，一路上亲人陪过你，亲人没了，还有亲人留下的那些东西陪你一起走过坎坎坷坷风风雨雨。其实，人和物之间本来就有着某种必然的联系，睹物思人，看到它就会感觉亲人陪在身边了，有什么苦有什么累都会过去的。

我开始暗暗责怪自己，竟然对老挂钟熟视无睹，冷落了这么一位特殊的"家人"。现在，我也应该从老挂钟上找回那些自己正在失去的念想啊！我安安静静地听着老挂钟那不知疲倦的嘀嗒声，思绪回到了从前，我正置身于芦苇村的那间老屋，老挂钟的歌声飘散在老家温暖的土炕上，萦绕在挂着柳条筐的房梁上，熨帖着我身体里的每一根神经。我感觉心底那些丢失的东西被一点一滴地捡回来了。

于是，每天我都腾出时间，与老挂钟对视一会儿。岁月的痕迹已经布满老挂钟的全身。老挂钟黑色的钟体外框没有一丝光泽，棱棱角角处已经掉了漆，露出乳黄色的线条，那是木板最初的颜色；玻璃门上面印着"巩固国防"和"跳伞"几个美术字，一个人正从飘着白云的空中跳下来，降落伞张开，宛如一只巨型的蘑菇；银白色的圆形钟盘镶嵌在发黄的木板上，钟摆也是银白色的，上面已经出现了斑斑驳驳的锈迹。

　　老挂钟老了，常常走走就停下来。那天晚上，母亲和齐齐出去散步，我发现它又停了。于是，我打开钟门，拿着老挂钟的钥匙，使足力气在转孔里转着，吱嘎、吱嘎……劲儿上足了，手轻轻碰一下钟摆，老挂钟又开始有节奏地走起来。当我准备关上钟门时，手却停住了，我又重复了刚才的所有动作。我发现手触摸的地方，老挂钟的钥匙、固定钟门开关的铁片和钟摆，那上面全都布满了一层深深的锈迹。这些锈迹我也曾经看到过，但是从来都是一扫而过，可是今天，这些锈迹凝固了我的眼神。

　　忽然之间，我明白了母亲珍视老挂钟的原因。

　　母亲看到了这些锈迹——这是手的汗液留下的印痕哪！这些印痕有父亲留下的，有母亲留下的，还有我和齐齐留下的。我们都曾经用手给老挂钟上过劲儿，它的门上、钥匙上、钟摆上……有我们家三代人融合在一起的印痕。这些印痕是我们一家人的汗水，是我们一家人每一天的日子呀！这些印痕都深深地刻在母亲心里了。

　　"人的劲儿给了老挂钟，它也有劲儿了。只要有劲儿，它就能走。"母亲说得对，只要有劲儿，一定得向前走。

　　一股深深的忏悔蒙上我的心头。

　　妻不知什么时候站在我的身后。

　　妻说："以后，我也给咱家老挂钟上劲儿！"

如花美眷

杨 松

小时候在乡下看戏，大队评剧团的演出，那唱念做打，一招一式，虽谈不上精致，可是，那粉黛罗裙和着鼓点的韵律，那一声声或豪放或婉转的唱腔，深深地留在了我记忆之中。特别是《秦香莲》里饰演秦香莲的玉秀的母亲，小蕾她三姐也就是我的三姑姥，还有光彪大舅的老闺女牡丹，她们戏里戏外的人生，不免令人唏嘘。

赶上剧团在我们学校唱戏，操场上可就热闹起来了。我们流着鼻涕，提溜着裤子，一溜小跑跟着剧团。电线扯出来，架子搭上去，戏台子搭起来，鹅黄的帷幔围起来，演员装扮起来。大灯泡周围嗡嗡地飞着蚊子、小咬，地上爬着拉拉蛄和放屁的屎壳郎。

当锣鼓敲起来，戏就开演了。热闹的人群一下静下来，人们的目光都聚集到戏台上。一台戏，伴奏的、唱戏的，都是我们村里的。

玉秀的母亲天生唱戏的好嗓子，她演《秦香莲》里的秦香莲，唱腔好像在鼻子里哼出来的，让人一听就想掉眼泪。

秦香莲一身素服，黑色夹袄下是白色罗裙，腰上系着白色孝带，脸上扑着厚厚的白脂粉，眼睛用黑笔描画成凤眼，脸蛋抹着桃花粉，鬓上一溜儿贴着朵朵茉莉花，煞是好看。她的步子不是一步一步走上来的，仿佛踏着罗盘似的两脚交错挪移过来的。她扯着白色水袖，一手拭泪，一手抖着白色的孝带，悲悲切切地唱起来。秦香莲领着两个孩子上台带着哭腔向黑脸包公告状，包公听罢气得一手端着紫蟒腰带，一手哆哆嗦嗦地捋着女人头发一样长的胡子唱起来……

戏台上，唱念做打、一招一式都是像样的，白天还拿着镰刀的手，这会儿成了拈花的手，手腕旋转之间，小姐的矜持、丫鬟的活泼、老旦的庄重、老员外的霸气都演绎得活灵活现。戏台下，忙碌了一天的村民们抽着旱烟，烟蒂火焰的光亮映着一双双渴望的眼睛，人们饶有兴致地看着这一出出戏，谁的扮相好，谁的唱腔好，谁的腰身正……

等旱烟口袋里的烟叶卷完了，戏也散场了。人们拎着板凳，牵着自家的娃儿走在黑漆漆的乡道上，天幕上蜿蜒的星河发出朦胧的光芒，几声犬吠之后乡村的夜复归于寂静。

小蕾是我最要好的小伙伴。她三姐演皇姑，按辈分我得叫三姑姥。三姑姥芳龄十八，桃腮柳眼，扮上相后，凤冠霞帔，是一种明艳富贵的美。下戏之后，我们用橡皮筋、头绳，还有院子里的姜不辣花插了满头，想成为她的样儿，可差距还是太大。她在我们眼里，就是明星。后来，明星嫁给了一个沈阳知青，那男人满脸络腮胡子，头发卷曲，高大魁梧，和明星三姐肩并肩走在我们村的小路上，让村里的女人背地里直吐舌头。在小蕾家东墙上挂着的玻璃镜框子里，有好多张三姑姥的戏照。鹅蛋脸上贴花黄，披着流苏披肩，脚上穿着绒布绣花鞋。三姑姥的每张照片都被我们用虔诚的目光膜拜了好多遍。真恨不得自己也钻进镜框子里，也那么美美的。

我们家北院，住着光彪大舅。他家的老闺女叫牡丹，生得美，是比我大不了几岁的女孩子。有一回，在外地电视台工作的老哥结婚，来了背大照相机的人。热热闹闹的婚礼中，照相机的镜头捕捉到了人群里羞涩的牡丹。她明眸皓齿，笑得像一朵盛开的牡丹花。

我和牡丹亲近，常常找她。我站在她家门口喊，牡丹！牡丹！牡丹就走出来，袅袅婷婷的样子。我们村里没有牡丹花，大舅家屋后有一大丛芍药，花色娇艳，花朵饱满。我指着盛开的芍药花对她说，牡丹花比芍药花还要好看吗？她说，可能吧，但比不上三姑姥好看。我说，是呀，三姑姥真好看，像仙女。

牡丹比我还喜欢唱戏听戏。她虽然大我几岁，可也没能加入村剧团。她常常躲在演出的帘幕后面，痴痴地听戏。

有一回，日暮时分，我和伙伴疯玩散了往家走，只听得路边小树林里传来一声婉转的唱腔：

　　咦！恰三春好处无人见。不提防沉鱼落雁鸟惊喧，则怕
得羞花闭月花愁颤！

我循声悄悄地走过去，却原来是牡丹在那儿唱着。白皙的手臂上搭着红纱巾，柔软的胳膊抬起来，花布衫子被夕阳镀上一层光晕，我被她吸引了。

只见她的旁边放着一本皱巴巴泛黄的本子，她用手指蘸了点唾沫，又唱起来：

　　原来姹紫嫣红开遍，似这般都付与断井残垣。

她的嗓音细腻柔美，有点儿像林子里鸣唱的鸟。我喊了一声，牡丹！她转过来，有些吃惊，脸颊一下子红了。我说，唱得真好！她说，唱得不好！我说，你唱的这是啥戏呢？和咱村里那个《茶瓶记》不一样。她说，这个是昆曲《牡丹亭》。我说，听都没听过，你咋会唱这几句呢？她瞅瞅周边，悄悄说，我告诉你，你不能告诉别人。我使劲点头。她趴在我耳根子，一小团热气呼过来，是李婶子。

李婶子，我知道的，我们村的外来户，应该是从城里下放过来的。牡丹说，有一天，她躲在帘幕后面看台上唱戏，看得入迷的时候，只觉得有人扯了一下她的衣角。她回头一看，却原来是剧团里扫地的李婶子。婶子问她，喜欢唱戏？她说，嗯，喜欢。想学戏？想学。李婶子看着她，就对她说，想学戏那明早去村口，婶子教你。

第二天早上，天还没亮，她就起来了，穿好衣服跑到村口小桥边。她看到站在晨光中的李婶子。婶子从裤兜里拿出一个皱巴巴的本子，说，婶子教你一出好戏《牡丹亭》。

牡丹和婶子学了几回，没过多久，婶子和丈夫都回城了。走的时候，婶子把戏本给了牡丹。我们俩躲在河堤下的小树林，一起翻看那本皱巴巴的戏本子。牡丹说，婶子走了，学不成了。我也跟着愁了，我俩托着腮帮子，暖洋洋的风吹过来，一页页翻动着戏本子。

唱戏成了牡丹的一个梦。在梦里，她化身成那个名叫杜丽娘的千金小姐，或许朦胧中还有那么一个书生摇着扇子说，在下柳梦梅……牡丹望着那满地黄花，细细的嗓子哼出那一句：是花都放了，那牡丹还早。

不知道为什么，她每次唱出这一句的时候，不像我认识的牡丹了。像谁呢？像那老旧戏本子里那个丢了魂的小姐。我用手挠她胳肢窝，我喊她，大小姐，大小姐……

日子轻风般一天天过去，我们上学、放学。村里有戏我们就一起去看。初中毕业，我考到了城里的技校，牡丹初中毕业直接回家了。我们都奔波在成长的路上，偶尔通信。在技校的收发室窗口，牡丹寄来的信是我少女时光里最期待的。

我结婚的时候，牡丹还是一个人。牡丹说，她要响应国家号召，晚婚晚育。可我心里知道，她心里有一个放不下的梦。她生得那样美，家里门槛都被媒人踢破了，可没有一个令她心动的。牡丹成了一个恨嫁的老姑娘。

我儿子10岁的时候，牡丹结婚了。结婚那天，牡丹穿着红衣裳，围着红围巾，却掩不住眼角的沧桑。我趴在她耳根说，找到你的柳梦梅啦！牡丹掐了我一把，悄悄回我一句：良辰美景奈何天，赏心乐事谁家院。她看着我，眼里涌起泪光。

一次意外，牡丹成了寡妇。出殡那天，牡丹执意要送。按我们当地的风俗，女人亡了夫若是去送，就意味着不再嫁人……

牡丹守着一个空空的院子，一个人过着孤寂的日子。偶尔路过的人能听到她站在院子里唱着：

朝飞暮卷，云霞翠轩，

111

雨丝风片，烟波画船。
锦屏人忒看的这韶光贱！

多年后，在同学孩子的婚礼上，我见到了牡丹。她的头发都花白了，我忽然想起，在老家河东边的小树林，牡丹围着红纱巾，明眸流转，在晃动的光影中，重叠，迷幻，只听得那一句：

是花都放了，那牡丹还早。

辽河口苇事

佟　伟

位于辽河口的盘锦，是驰名中外的国家生态文明建设示范区。盘锦湿地是世界上面积最大的滨海芦苇沼泽湿地，是世界上生态系统保存最好的湿地之一，芦苇总面积百余万亩，绵延百里。

然而东郭一带，在18世纪末还是一片浅海，荒无人烟。到了清代嘉庆年间，大海逐渐南退，加速了沿海滩涂成陆的过程，芦苇才开始疯长起来，很快成为一个鹤舞鸥翔、鱼鲜蟹肥、碧波万顷的苇海。从山东、直隶闯关东过来的移民也开始增多，在移民和"坐地户"不断交融、影响中，产生了靠苇吃苇的民俗，那就是苇塘民俗。

一

1912年，辽河口芦苇平均已达两米多高，沿河淡水充盈的地段甚至高达三四米。

芦苇用途广泛，不但可以做烧柴，而且可以织席编篓，建房搭棚，造纸制药。塘内还能晒盐熬碱，打鱼摸虾，猎雁捕鸭。芦苇地是"天然宝藏"。这令达官显贵们垂涎，如冯德麟、汲金纯等奉系军阀，还有境内的吴佐臣、马文扬、赵晋忱、黄向前等富豪看到这一宝贵资源后，以"跑马占荒"的方式争相向政府报领苇塘执照，纷纷占有100垧到300垧不等的芦苇地，成为一本万利的营生。

东北沦陷后，辽河口大苇塘成为日寇眼里肥美的鲜肉。日本钟渊纺绩株式会社、王子制纸株式会社等财团先后在营口三家子、锦州金城建立造纸厂，强买强占辽河口大部分芦苇地。每到芦苇收割季节，就由日伪政府出面，以强制手段在全省大批征用劳工，以县划片，以人定额，以一层压一层的形式收割芦苇。劳工们在监工皮鞭、镐把抽打下，像驴马一样高强度地劳作，住着四处漏风的窝棚，饥寒交迫，苦痛难陈，因此被称为"塘驴子"。

直到新中国成立后，辽河口大苇塘的色彩才变得亮丽起来。1951年到1963年，国家轻工业部和地方给盘锦各苇场投资500多万元，除用于部分水利设施建设和购买运输船只外，建起场房1200多间，割苇工住的塘铺多达2000余间，主要就是用于改善苇场职工工作环境和割苇工生活环境。

到20世纪70年代，到辽河口大苇塘割苇已经成为在全省统一安排部署下，人们积极投身国家经济建设的光荣行动。参加割苇会战的多以省内农村的基干民兵为出工人员，实行半军事化管理。据省造纸协会的史料载，每年冬季割苇期，约有5万民工和2000辆大车下塘。那万人千车、人欢马叫、彩旗招展的场面本身就是种激励。

尤其是当得知这里的芦苇是印刷《毛泽东选集》用凸版纸的重要原料时，这些头戴狗皮帽子，脚蹬乌拉鞋，身着大棉猴，腰扎绺棕绳的割苇工更是带着神圣的使命，争当先进，争当模范，披星戴月、顶风冒雪、争分夺秒地收割，浑身都有使不完的劲。这无边无际的"金色森林"仿佛就是自己家的。

20世纪70年代末期以后，来此割苇子的外雇劳动力增多，并逐渐成为主力。每年11月份下旬，就有民工从近一点儿的锦州、葫芦岛、朝阳，还有吉林、黑龙江、内蒙古、河北、山东来到这里，人数最多时达五六万。他们就是改革开放后的割苇工。这个时期，国家鼓励农民发家致富，在猫冬季节来辽河口割苇子可以获得一笔可观的副业收入。他们还有了一个潇洒、血性的名称——刀客（也称刀工）。而"塘驴子"这一旧时带有剥削、压迫色彩的词语则很少有人再提及了。他们的到来，让静寂的塘铺有了人气。

但时过境迁，如今用镰刀割苇子的刀客已经快成为历史。原来，为了提高工作效率，苇塘管理部门在20世纪90年代末期已经开始普及圆盘锯了，使之成为镰刀的替代品。而21世纪初，芦苇收割机又成为主力，一天能割30多吨芦苇，顶一个刀客一个月的收割量。现在只有河沟坑塘附近收割机上不去的地方才需要刀客。

二

苇塘枕河襟海，塘中河沟海汊纵横，鱼蟹资源丰富，盛产鲈鱼、刀鱼、梭鱼、捣鱼等多种海鱼，还有黑鱼、鲇鱼、鲤鱼、鲫鱼、鳝鱼等淡水鱼，包括毛虾、青虾、绒螯蟹、骚夹子（天津厚蟹）、鬼头蟹等虾蟹。对于这老天赐给苇塘人的宝贵资源，但凡身体健全的男人都有猎捕欲。家境殷实点儿的就造条小船，哥俩或爷俩出动，用起落网（棉线织制，干潮时下网，满潮时提网）、张网（又称囊状网）、须网（俗称老母猪网）、亮网、挂网、流网、推网等原始网具捕鱼。那些家里造不起船的小伙子也不甘示弱，他们徒手捕鱼个个是能手。憋上一口气，在河道中一个猛子能扎20多米远，水中的蒲苇、蒿草就是刀枪箭镞。他们能火眼金睛似的扫描到鲇鱼和黑鱼。这些鱼披着黏厚的外衣，在水中很霸道，网很难挂上来，特别是10多斤重的黑鱼在水中比人还有劲，可照样变成俘虏。鱼捕多了可以拿到集市上卖掉，也丰富了自家的餐桌。

苇塘中和周围的飞禽走兽较多。如兽类有狼、野猪、狐狸、狍子、貂子等，鸟类有白鹭、大天鹅、鸳鸯、苍鹭、鸿雁、蛎鹬、野鸭。那时的人们也没有环保意识，所以很多人靠打猎维持生计。猎捕工具先进一点儿的是射程从30米到百余米的火药枪和洋炮，传统的是扎枪、踩夹子。他们捕的鸟主要是野鸭子和大雁，这些鸟个大、肉多、味正。苇塘中的野鸭子蛋也多，妇女们没事就结伴拎筐去捡。回家用盐腌上能享用大半年。捕的兽类主要是狐狸，由于它的皮毛值钱，那时常有下屯子收兽皮的皮货贩子。

苇塘中的美食最有特色的要算卤虾酱。每年秋季，很多人就会捕回或买回大量晶莹剔透、膏籽丰腴的鲜活毛虾、糠虾。洗净捣烂后，加入大量的咸盐，再搅匀装缸密封，放于阴凉通风处发酵。半个多月后，虾酱就呈现暗紫色，变成黏稠状，酱质明亮。撇出的虾油腌制黄瓜、青椒、萝卜、芹菜，吃起来鲜香酥脆。用虾酱还能炒黄豆、咕嘟豆腐，因此卤虾酱当时是招待客人的上品。那时的当家女人如不会做卤虾酱，还会被笑话成"不是正经过日子人家"。

苇塘人爱捕鱼更爱吃鱼，最好的做法是把黑鱼、鲇鱼、鲫鱼放在一起，倒入清亮亮的塘水，用猪油（固定肉质，去土腥味）煎制后放全调料炖。这样炖出的鱼香味浓郁，肉质细嫩，入口蹿香，鲜而不腻，汤汁浓稠，回味悠长。再呼朋唤友，饮用海碗装的五六十度的高粱烧酒，吃几个用鲜苇叶包的粽子。席间谈天说地，唠些提气嗑儿，顿觉有种豪气在肠胃中升腾，常常让人不醉不休。做乱炖鱼至今还在东郭一带延续着。

三

清顺治十年（1653），由于清政府颁布了《辽东招民开垦则例》，鼓励关内向东北移民，所以大批从山东、河北等地来的移民在本境定居后，有些人就利用芦苇这一盘锦丰富的资源搞编织。

苇编技艺经口传身授，也开始世代传承。编织前，要选择粗细均匀、色泽好的芦苇。接着用苇镩子把芦苇破成2~5条，破好的苇条要喷上水，然后放在硬而平整的地上，用石头碌子来回碾轧，使其变得像皮革一般柔韧。再按苇条的长短，分成"头苇""二苇""三苇""短苇"四等，织席时，各等苇条各有用途。编出的图案有人字纹、三角纹、方块纹、十字纹等。做出的苇编制品有耐磨、易擦洗、防腐、抗折叠等特点。

渐渐，在盘锦人的眼里，生活已越来越不能缺少苇编制品了，因为它能当半个家。比如用它可以制作草帽、草鞋、鱼篓、蛋篓、米篓、提篮、坐垫，特别是编出的苇席可以铺炕、盖房、当门帘、当窗帘、搭棚子、苫货物、封粮囤顶。

到清末，由于境内连遭洪水，导致河流上游淡水急剧下泻，滩涂土壤不断淡化，反而给芦苇生长创造了有利条件，境内毗连成片的苇海终于形成了，这也为苇编大发展创造了时机。到民国初期，境内苇编已驰名东北，远销关内外。其中在田庄台、大洼、田家、东风等地，还有不少百姓靠苇编为生。据史料载，民国时期盘山每年可编织苇席2000多万片、苇芡1200万条。

苇编发展中还催生出一些文化。比如新中国成立后，女孩到了谈婚论嫁的年龄，媒人给介绍对象时，往往要问女方是否会编大席。因为在沿海沿河村屯，会苇编就是心灵手巧、本分厚道、勤俭持家女子的代言；村妇们编席时还总有唠不完的嗑，比如新电影里的动人情节、下乡戏团演员的唱腔、城里姑娘的穿戴。人们还不断推陈出新，谁要是编出新图案，还成为大家争相学习的技术模范……这些欢声笑语给原本寂寞、枯燥的苇编劳动罩上了快乐的光环。

随着时代的变迁，苇编已向特色产业、旅游业拓展，古朴典雅的芦苇画也应运而生，有影响的有"小亮沟苇编""东君信实苇艺"制作团队，还有周航、马丽娜、张守波、张晓春等苇艺大师，他们的作品成为酒店、会馆、写字楼、公寓、家庭的时髦装饰品，深受国内外消费者青睐，给盘锦人挣足了面子。小小苇编显然已做出了世界性的大文章。

苇塘民俗是历史经验的积累，是淳朴生活的沉淀，是人们智慧的彰显，作为美好的记忆将永远闪耀在时光的隧道中。

寻踪渔家号子

刘丽莹

"脚踩大河岸，纤绳拉得紧。船工号声齐呀，它排除千万难……"

海边，一艘涂着蓝漆的大型捻船上，几位花甲老汉一边升帆，一边唱和。深蓝色的长裤挽着裤管，月白色的短衣露着胸膛，衣襟随着海风有节奏地起伏。单看那一身古铜色的肌肤、脸上凌乱的海风纹，就知道这是被海风吹了几十年的老渔民。而当渔家号子声一响起，不管你是否熟悉，都会入心入肺地醉了。几声简单的唱词，愣是让他们唱得千回百转、跌宕起伏、刚柔并济、吞云吐雾。咂摸咂摸嘴，仿佛有一肚子的故事、一腔的辛酸道不尽、说不完，在大海的眼睛里跳荡起伏。

老汉们唱的正是二界沟的渔家号子。

二界沟地处辽东半岛北部，濒临渤海湾，是个天然的大渔场。往前追溯，从有驿路开始，过往此地的人就发现这片河流冲积的平原滩涂甚广。且海水、河水流到此速度就缓慢了下来，形成松软的泥滩，沉淀了很多鱼饵。海里的动物在繁殖期也有个习俗，必须得"蹭泥"、蹭滩，这样才繁殖得充分。繁殖季节当地人叫"季儿"，譬如海蜇季儿、鲅鱼季儿、梭鱼季儿，久之，便形成了鱼汛，到什么季节就有什么鱼来，这使得二界沟的海产品极其丰富。鱼巡山问海聚集而来，人也沿着辽东湾、渤海湾、莱州湾三个海岸线环着鱼群会聚而来。

二界沟开海在春季，春潮带彩，只有这个时节的潮水才能把冰排彻底拱开，船才能出海。这些远道而来的赶海者，就是为二界沟的开海捕捞而来的，他们大多来自天津、河北等地，分水、陆两条线路而来，没有固定的时间节点，一般过完年正月十五左右，走陆路的就开始徒步启程，沿途队伍不断壮大，从几人到几十人再到百余人，他们就像南来北往的雁阵，风雨兼程。久而久之，这些捕鱼人就拥有一个特别诗意的名字——渔雁，寓意为这里的渔民如鱼如雁，每年随着潮汛的更迭、季节的变化，不停地沿着沿海的水陆边缘跋涉，就像迁徙的候鸟一样，走陆路的叫"陆雁"，随船来的叫"水雁"。

这个听起来文雅诗意的称呼并不能掩盖现实生活的苦涩。无论是"陆雁"，还是"水雁"，沿途都要过几条大河，徒步的过程十分艰难，危险重重。真正能赶得上开海捕捞的大都是陆路赶来的人，他们大多是壮劳力，脚力快。沿水路来的，为安全起见通常集结十几二十条船，沿途会遭遇冰凌阻塞、水流不畅等问题，等他们的船赶到时，捕捞早已开始。坐船而来的有的是大船主，有的是只靠一条船生活的穷人，相同的是船主都带着家眷而来。

他们的到来不仅仅是人从一个地方到另一个地方这么简单，他们也把一个地方的风俗、习惯、文化带到了新的住所，尤其是语言，河北乐亭话就是这样带到这里的。因为他们原有的生活与当地不同，衣食住行都发生了变化，为适应新的生活环境，必须改变原有的生活状态、生产方式，与当地的风俗、文化相结合，这样就形成了一种特定的人群、特殊的文化群体。

渔猎生活离不开捻船，行船捕鱼离不开口号，渔家号子作为渔家一种特有的产物应运而生。

采访当地几位老渔民（最长者87岁）了解到，二界沟渔家号子是渔民根据作业实践所创造，经常唱念的有拉船号子、打橹号子、打篷号子、串跳号子、拉网号子、钻木号子几种。渔船长年在海上作业，那时候还没有先进设备，全靠体力。诸如：休渔或开海，要把船拖拽上岸或把船拉下坞道，拉拽重物过程中串动跳板，升帆（因帆与翻谐音，渔民忌讳，所以用篷字），拉网，钻木（在没有电钻的时代，修二尺厚的船底板都靠人工钻木），打樯桩（把樯桩钉到海里）。手丫子数数，这些活计都是重体力劳动，上千斤重的木桩硬生生打到海底，用脚丫子想想，那不得人和心、马和套才成。

"咋能齐刷刷一起用力呀？"

"喊号呗。"

所以二界沟的渔家号子没有什么牌子、曲目，最多算作民歌的一种，就是渔民在劳作时随着劳动的节奏即兴哼唱。虽说简单，几百年的喊唱也喊出了不少学问，发挥着巨大的社会功能。譬如按发音强弱分硬号、软号，按内容又分为节日、仪式、说今唱古、打情逗趣几种。倘若听来那只是简单的"一二三"或者"嘿哟、嘿呀"的直嗓子蛮喊，那着实是不解劳动渔民的风情、浪漫。

"啥风情？"

"内心美滋滋的祈愿、火辣辣的需求和浪丢丢的愿望呗。"

渔家号子最大的功用就是聚合力，在劳作时把大伙儿的力量凝聚在一起。一般肩上、手上、脚下凝聚重力的时候都喊硬号，调子都比较平直，不拖泥带水，其实就是一种呐喊，但号子一喊开，顿挫有力，瞬间就能让人感受到暗流涌动的苍茫和风浪撞击的力量。渔家人的沧桑、寂寞、艰难、苦楚一下子就融在一声声阳刚、豪迈的唱和里。

"铜锣一响，嘿哟嘿哟；赛金钟啊，嘿哟嘿哟；船后有舵，嘿哟嘿哟；自来风啊，嘿哟嘿哟；船头顶浪，嘿哟嘿哟；行千里呀，嘿哟嘿哟；拉网一下，嘿哟嘿哟；就成功啊，嘿哟嘿哟；头网金子，嘿哟嘿哟；二网银哪，嘿哟嘿哟；三网打个，嘿哟嘿哟，聚宝盆哪。"

这是拉网号的一段唱和。渔人不管多苦多累，肩上不管多沉多重，这一腔的唱和中，金灿灿的美好生活就呈现在眼前。这种号子的唱词一般适合在庄重的仪式或节日时用，词里的铜锣、金钟是固定模式，图个好彩头。但更多的，渔人除了歇海停船，其余时间基本都在海上度过。茫茫大海，空旷无垠，寂寞呀！有时候，来自身体的压力像一张无形的网，寂寞得令人窒息，这时候，渔人更需要放开喉咙喊一喊，唱一唱，想什么喊什么，要什么唱什么，于是就有了五花八门的内容。

渔人通过喊唱排解海上的寂寞，令这索然无味的日子有了温度、色彩，变得丰富而多情。渔人纯良、达观、大度的品质尽在于此。

肚子里有点儿文墨的老渔民也会说书、讲古，比如《穆桂英挂帅》《薛礼征东》《岳母刺字》等都能唱和成号子。

"穆柯寨呀，嘿哟嘿哟；女花容啊，嘿哟嘿哟；长枪一摆，嘿哟嘿哟；赛银龙啊，嘿哟嘿哟；两军阵前，嘿哟嘿哟；破天门哪，嘿哟嘿哟；杨家女将，嘿哟嘿哟；传美名啊……"

有的渔民看哪场样板戏不错，回头就把内容也喊成号子："威虎山哪，啊哈，啊哈；坐山雕哇，啊哈，啊哈；老九上山，啊哈，啊哈；叫胡彪哇，啊哈，啊哈；一撮毛哇，啊哈，啊哈；逃跑了呀……"

当然，渔民最大的智慧在于无论在何种艰辛的生活境遇里，他们总能找寻到自己那种不受羁绊的精神追求。插科打诨便是他们用自己的娱乐方式点亮生活的一种途径。

当地人把"插科打诨"叫"粉科""黄科""牙碜科"，唱到高潮处就围绕性展开。诸如那些男女之事呀，恋爱呀，结婚哪，生孩子呀，洞房花烛什么的，唱得起兴，听得乐和，辛劳、疲惫在笑声中也就散了。

这些诨科里，主人公常常是小六子、二柱子、张大傻子、王二丫头。领唱这类号子的也都是渔民中嗓子好、有号召力的人。他们大都活泼逗趣。最重要的一点是，他们能把生活中习以为常的人、事、物穿成一个个耳熟能详的故事，诸如"出海打鱼，跟船跑哇，想媳妇儿想得，直跺脚哇，憋得小脸，像火烤哇；蛤蛎皮呀，不扎脚哇，小六跳墙，狗不要咬哇，闺女丢了，妈不找哇……"渔民慵懒、浪漫又不羁的另一面生活与情趣，浮跃在大海上。

号子唱得久了，脑子也愈加活泛，号子随之变成一种文化。唱号的人，能力越来越强，他们触景生情，急中生智，进行即兴喊唱。他们见鱼喊鱼，看菜唱菜，看上海的人说上海的事，看天津的船说天津的滩，如"上海滩哪，有三宝哇，鼓楼炮台，连根搞哇……""天津卫呀，有两宝哇，包子麻花，能造饱哇"。除了娱乐，渔家号子也紧跟时代，与时俱进，"太阳出来，亮堂堂啊，毛泽东思想，放光芒啊，照到哪里，哪里亮啊……"改革开放40年之际，有人这样唱："伙计们哪，齐齐心哪，提口气那么长长神哪，新时代呀，捻新船哪，撸起袖子他就加油干哪……"

渔家号子丰富多彩的内容是渔人生存状态的最好诠释，也唱出了学问和内涵。二界沟渔家号子伴着渔民这一声声喊唱，一唱就是几十年、几百年。

鬓染秋霜，乡音不改。二界沟的号子喊过了几百年，这号子至今仍带着点儿天津、唐山等地的味，也带着当地的一股子艮劲。

如今，二界沟渔家号子作为渔雁文化的精髓，承载着渔民美好的理想，寄托了渔民内心的期盼，成为这片土地上的一笔精神财富。2018年10月，它代表辽宁省参加中国民间文艺山花奖赛事。参赛的10个人中，最小的是领号人杨秀光，也是69岁的老人了。当他们拉起纤绳，那古铜色的脸庞就像岁月的钟表盘，弯曲的身体就像青铜色的龙骨。

如今，这号子声依旧铿锵嘹亮，摄人心魄，成了辽河口文化的"老宝贝"。这里说的老，是指岁月的久远。正像李子元老人（时年87岁）说的那样，"号子就是渔民的命令，没有号声，人就没了冲劲，日子就没了味道"。

朱元璋圣谕中的沙岭仓

杨绍永

　　洪武二十八年（1395）四月，朱元璋给驻守辽东广宁（今辽宁北镇市）的武定侯郭英发了一道诏书《诏停造辽王宫室，敕武定侯郭英》：

　　　　辽东军务物情，来者多言其艰苦况，边境营缮朕尝为卿言，不宜尽力以困之，今役作军士皆强悍勇力善战之人，劳苦过多心必怀叛，故往往逃伏草野、山泽间，乘间劫掠。……今辽东乏粮，军士饥困，傥不即发沙岭仓粮赈之，必启高丽招诱逋逃之心，非至计也。使高丽出二十万人，以相惊诸军，何以应之？今营缮造作暂宜停止，且令立营屋以居，十年之后再为之。古人有言：人劳乃易乱之源，深可念也。

　　这份诏书，后来被收录于《明实录·太祖实录》之中，是《明实录》中最早出现沙岭这个地名，而且是出现在朱元璋的圣谕里。两年半以后的洪武三十年十月，朱元璋在给户部大臣的圣谕中，又一次提及沙岭仓。

　　　　谕户部臣曰：辽东海运连岁不绝，近闻彼处军饷颇有盈余，今后不须转运，止令本处军人屯田自给。其三十一年海运粮米，可于太仓、镇海、苏州三卫仓收贮，乃令左军都督府移文辽东都司知之。其沙岭粮储，发军护守，次第运至辽东城中、海州卫仓储之。

那么，是什么原因导致朱元璋不到三年的时间里两次在圣谕之中提到沙岭仓呢？

明初，明军只控制着辽河以东地区，并没有控制辽河以西的土地。这一状况一直持续到洪武十九年年底，朱元璋才决定北伐辽西北。洪武二十年元月，朱元璋命宋国公冯胜率领明军北征，至这一年的闰六月，冯胜的大军胜利后，辽西的开发才被提到日程上来，洪武二十年七月，朱元璋命左军都督府设立山海关到辽东都指挥使司（辽阳城）的十四站马驿，这里面就有沙岭驿。沙岭驿作为辽阳至山海关驿路，跨过辽河西岸以后的第一个驿站，与其当时所处地理位置的优越条件是分不开的。沙岭在今天的盘山县沙岭镇，这里紧临的外辽河就是当年的辽河故道，其下游30里就是著名的三岔河，过了三岔河东行15里就是牛庄驿，牛庄驿往东即可连接辽南驿路的节点海州城（今辽宁海城）。沙岭临辽河又地势高阜，因此既便于水运，又可避水患，是储运军需物资的理想处所。

《燕行录》卷一曾记载，洪武二十二年八月，朝鲜使臣权近路过辽东时记录有"过沙岭驿时遇总兵官帅海船数百只运钱粮给辽东军士"，还为此写了一首诗："朝发女家庄（就是牛庄驿），近岸樯如束；荡荡千步场，斩草营垒壁；云是总兵官，渡海输钱帛；赏赉戍辽军，以报征北绩……"这首诗描写了明朝舟师往辽东运送物资时的壮观场景：三岔河里舟师的海船桅杆密布，舟师的操舟将士，则在三岔河岸边斩草平地，搭建营帐休息，等待往沙岭卸货。从朝鲜使臣的记载中，我们可以得知，明初时，满载军需粮草的海运重船，是可以沿着辽河逆流而上，在三岔河这里转入辽河（此时期三岔河上并没有浮桥），再沿着辽河河道一直抵达沙岭驿码头的。自然，位于辽河西岸的沙岭，也

124

就成为洪武后期明军开拓辽西诸地的物资补给基地。

实际上，沙岭仓的建设可能比沙岭驿站的设置还要早，因为洪武初期，三岔河上并没有搭建浮桥，主要是以三岔河为天然屏障，保证河东地区牛庄军需码头的安全。洪武十九年年底到次年年初，为配合冯胜北征，金州卫指挥使何浩奉命集结金、复、盖三卫明军，越过三岔河，到辽西十三山屯守。明军跨过三岔河，进军辽西，这就需要在河西岸建立后勤补给基地，用以囤积军需物资。这样海运船只可以直达三岔河对岸卸货补给军需。否则，就需要从牛庄倒船往河对岸运输物资。这个河西新基地的位置，自然非沙岭莫属。

沙岭海运码头以及军需仓的建立，使明朝的海运重船的航线，得以从三岔河继续往北，向内陆延伸了30多里水路，从江苏太仓、山东登州跨海而来的海运船只，借着潮水可以直达沙岭卸货，送入沙岭仓内贮存。这对大宗物资的运输来讲，无疑节省了不少的运输成本。沙岭仓所囤海运而来的各种军需物资，向西可以经陆路转运到广宁、义州（今辽宁义县）等地，向北，沿着辽河可以用平底的漕运船只逆流而上，把物资一直由水路转运到开原城西的老米湾卸货，使海运物资可以顺利通达辽北。

据《明实录·太祖实录》记载，洪武二十年七月，辽河以西地区便开始了大规模的基础设施建设。

二十一年八月置锦州卫。同月又置义州卫，以在十三山屯戍的何浩统领原金、复、盖三卫军马充之，并设五千户所。

洪武二十三年五月，又置广宁卫。

洪武二十六年正月，再置广宁中、左、右、前、后五卫，及右屯、后屯、前屯三卫，共计八个卫。

与此同时，卫王朱植被改封辽王，就藩广宁。同年九月广宁城内开始建造辽王府（在今北镇万紫山）。洪武二十七年十月，朱元璋将武定侯郭英（朱元璋的内弟）的女儿册封给辽王朱植做王妃，这一亲上加亲的决定，令郭英非常得意，他驻扎广宁，亲自督造辽王府，盼望自己的女儿和女婿早日入住王府，调集了辽东各卫所大量的军士前往广宁筑城修王府，日夜不息。这些人员的粮食供应，基本上全靠辽河西岸的沙岭仓供给。以至于影响到辽河以东地区卫戍明军的军粮供应。洪武二十八年四月，朱元璋在阅览辽东来的奏疏以及听了从辽东回来的官员描述后，敏锐地觉察到危机的存在，于是在敕谕中，要求武定候郭英暂停浩大的广宁城和辽王府的基建工程，转而用沙岭仓储存的粮食，赈济辽东守军。从中我们可以了解到两个情况，一是沙岭仓为广宁城以及城内辽王府的大规模建设提供了粮食保障，二是沙岭仓的屯粮规模还是相当大的。在洪武末年，沙岭仓很可能是用来囤积海运辽东的大部分粮食的一个重要后勤补给基地。根据洪武三十年朱元璋的圣谕提到"其沙岭粮储，发军护守，次第运至辽东城中、海州卫仓储之"，可以判断出沙岭仓里的粮食储量，能够分储到辽东（辽阳）城和海州城两个大型的粮仓之中，足见当时沙岭仓的规模。

风华时代

记忆与眷恋

关洪禄

作为一个远离故乡，在盘锦这块充满历练与机遇的土地上，一晃生活了半个多世纪的外乡人，我在心中一直有种骄傲和自豪。"此心安处是吾乡。"盘锦这块热土是我人生的第二故乡。盘锦建市30多年的历史，印证了盘锦这座城市昨天的沧桑和今天突飞猛进的发展与壮大。我与这座如同父母之邦一样至亲至爱的城市，一年年同步发展和收获。我是盘锦这座新兴滨海城市文化设施建设起步发展至今的亲历者、见证者和受益者。

20世纪70年代初，我由祖国钢城鞍山下乡到当时盘锦垦区盘山区（今盘锦市盘山县）的沙岭公社。一个偶然的机会，公社主抓知青工作的一个革委会副主任，派我到区"知青办"去为他跑一趟腿。用贫下中农当时的话讲，这可是我下乡后，干到的唯一的"好活儿"。也就是这个"好活儿"，让我的人生发生变化，阴差阳错地把自己的后半生，毫无反转地客留他乡。人生的"第二故乡"盘锦，成为我终生热恋的一片热土。

当我的双脚破天荒地踏上这片认知中全新的盘山区的街道时，正午的阳光里，在比较老旧破败的城市街道那个一度赫赫有名的"迎春饭店"的墙面上，我倏然看到一张令我感到熟悉、亲切，但内容绝对异于"文革"时期的红色海报宣传单，纪念伟大领袖毛主席《在延安文艺座谈会上的讲话》发表30周年活动的征文启事，落款为盘山区文化馆创作组。

当时我的目光痴情地定格在那张红色海报宣传单上，左一遍右一遍地阅读其中的内容，心中就像燃烧的火炉陡然泼进一盆汽油，一下子熊熊燃烧起来。在当时的那个年代，一个知青身份的文学青年，总会怀揣一腔的热血和向往的激情，甚至有些自作多情地觉得，世上总会有种天赐的机缘，在那儿像专门为自己创造，等待着自己似的。在我下乡前，我有一篇时尚文体发表在专版上，从此，我觉得自己比同龄人的文笔神奇而忘乎所以，一时间竟有了一种盲目的恃才傲物的心理。当时心里自然而然地滋生出一个不切合实际、天真且荒唐的远大理想——当一名作家，并且十二分幼稚和可笑地要为它去奋斗一生……

顺着那张红色海报上的地址指向，心中怀着一种难抑的激情，我急三火四地来到当时人民影院斜对过的那栋老式平房中的盘山区文化馆。今天想起仍历历在目。那是一处在盘山历史沿革进程中，几乎在每个不同时期与阶段，都与政治时事及历史文化息息相关的一栋院落式的红砖灰瓦房。在新中国成立初期，它曾做过农民识字夜校和"扫盲班"的校舍，也做过控诉地主阶级压迫剥削农民的"血泪史"展览馆；"文革"时期，又做过阶级斗争新动向"阶级教育宣传馆"，也是盘锦垦区"毛泽东思想宣传馆"所在地。此时，它是盘山区综合性的群众文化活动创作辅导中心——盘山区文化馆。

舞台小舞台，人生大舞台。10多年后，随着对人生理想的不懈追求与奋斗，我的人生命运发生了向好的转变。在一次偶然的"抽调帮办"中，命运像是最终非要还我一个曾经的承诺似的，把我从当时工作的省直机关驻盘锦的一个事业单位编制岗位上，因所谓的文学爱好与特长，一下子被错爱般地引进盘山县文化馆大门。成全我终身职业的那个理由是：抽调具有一定写作能力的人才，完成辽宁省社会科学院分配给盘山县政府的指令性研究项目——"辽宁省民间文学集成"盘山资料的收集、整理和编撰出版工作。

我很轻松地用我的人事档案，换来一张令自己激动不已的老红色工作证。从此以后，我成了中国最北海岸线，大辽河入海口这座新兴的滨海城市城乡群众文化事业发展建设的参与者和盘锦建市30多年文化设施建设的亲历者、见证者和受益者。

80年代中期，随着经济的发展和城区的不断建设，在当年那片显得低矮、逼仄和破烂不堪的盘山县文化馆的馆舍里，全馆业务干部听到一个振奋人心的好消息：国务院已经批准成立盘锦市。紧接着，刚刚组建不久的盘锦市文化局，在双台子区中心地带，开始筹建市群众艺术馆办公大楼。那是一栋造型新颖、结构典雅别致的亮丽大楼。具有"垦荒牛"精神，那些时时用一腔热血和奉献精神为盘锦这块古老而深厚土地的文化艺术事业奋斗牺牲的第一代人是盘锦群众文化事业的开拓创业者，他们在盘锦市群众艺术馆大楼竣工前，就有计划地先期抽调一大批经得起考验的业务骨干，在省和兄弟城市的同行们的关怀和帮助下，争分夺秒地开始用他们自己手中不断提高的业务专长的笔和一颗对盘锦市群众文化事业执着与向往的炽热之心，设计规划和实施打造盘锦群众文化事业中的一个个宏伟工程，描绘出一张张里程碑式的盘锦城乡群众文化事业的发展蓝图。

冬去春来，两年的时间转瞬过去了。那时，我正抓紧每周一、三、五每晚的有限时间，和一些市内新结识的文学青年一起，在还没有完全竣工使用的盘锦市群众艺术馆大楼二层多功能大厅进行业余文学沙龙活动。因为本来参加的人数就不多，采取的又是自发与自愿相结合的原则，所以，我们当时就把那个文学沙龙很形象地叫作"三五文学社"。如今已没有几个人还能清楚地记得曾经的日子，在那栋还没有完全竣工的盘锦市群众艺术馆大楼二层，曾经有过那么一个文学沙龙，靠着文学自身的魅力，将文学创作研讨活动足足坚持进行了两年之多。盘锦市群众艺术馆最初的艺术档案资料里，至今仍有着关于它的翔实记载。值得提及的是，当时正是全省文学青年积极投身参加辽宁省作家协会主办的《鸭绿江》函授中心学习的高潮时期，那时走出的一批文学作者，成了日后盘锦文学创作队伍的先行者和骨干力量。同时，也为方兴未艾的盘锦市群众文化工作的开展与引领，聚集了一批实用的专业人才。

几年后，已由盘山县文化馆调到盘山县文化局工作的我，一心二用地把盘山县文联的那块有名无实的牌子，让机关干部一头雾水地挂在了县文化局大门上方。此时，几年前曾经对我许过"愿"的一位老领导，终于帮我实现了我人生理想和事业中，一个靠我个人绝对难以企及的愿望：调进心仪已久、每天路过时心中都会肃然起敬的市群众艺术馆大楼，而且一步到位地让我从事自己心爱的文学创作和编辑出版工作。情系全市城乡人民的《盘锦文化》综合刊物，也由当初的复印小报，发展成为每期64页内文的省内外交流季刊。

盘锦这座新兴的滨海城市，年轻而充满朝气，她时时以崭新的姿态和步伐，与时俱进地向前飞速前进。这座胸怀宽厚和包容性极强的城市，给许多像我这样的外乡人以诸多的追求空间和发展机遇。每当我面对电脑屏幕写作或校勘时，都会在不经意间，在屏幕的光影中，瞥见自己那张已非昨日的面孔，心中总会荡起一段段曾经的创业历程和努力奋斗后的充实与慰藉。群众文化事业的发展、个人业务的成长与收获——盘锦这座历史悠久的城市，始终像一位慈母和严父，给予我丰富的哺育之恩和厚爱之情。

在这片滋养我的第二故乡的土地上，至今留有我人生中一串歪歪扭扭的前行脚印。我用自己生命的记忆与情怀，年年岁岁地收获着盘锦这座故乡一样倍感亲切的城市日新月异和突飞猛进的发展与壮大；我用自己置身工作生活50年的人生空间与事业发展历程，印证和记忆着盘锦这座新兴的滨海城市群众文化事业的从弱到强和日益壮大与腾飞。

"请君莫奏前朝曲，听唱新翻杨柳枝。"当年那个曾经无声地记录下盘锦这方水土群众文化事业开创与发展经历的盘山县文化馆馆舍，让人十分缅怀地消失了，一夜间无声地消失在刚刚崛起的双台子区东风农贸市场大片商业网点的楼群之中；双台子区北岗那栋还没来得及给我们留下更多更深记忆的辉煌了20多年、马上在双台子老区城区改造建设中面临拆迁命运的盘锦市群众艺术馆大楼，也已成为过眼云烟。再去最后看上一眼吧：一个陌生面孔的打更老人，正不分白天黑夜地瞌睡在大门处那个被停了水电、封闭了卫生间大楼的一层打更房里，准备最后的撤离。这座20世纪80年代初期发展壮大的群众艺术馆大楼，见证了盘锦这座新兴的滨海城市日新月异崛起并做得风生水起的城乡群众文化工作。

省内外的同行们都说，群众文化工作是一项艰辛的创业工程。我却深有感触地说，盘锦市的群众文化工作，从建市那天起，就得天独厚地繁荣和兴旺，30多年里，得到盘锦市各级领导和相关部门踏实与有力的重视和鼎力支助。特别是在历年全市的文化设施建设的投入上，他们高瞻远瞩，出手不凡；年年有目标，岁岁上台阶。

回忆过去微不足道，展望未来任重道远。作为一名立志终生坚守在群众文化工作岗位上的老群众文化工作者，我对脚下这片养育了我的热地，常怀感恩之心。回望这座故乡一样亲切的城市与自己共同发展前行半个世纪的时光，我心情激荡，感慨颇多：生活在盘锦这座包容的城市中，怀才得遇，有志得展。作为一名文化工作者和一个文学爱好者，我时常反思和砥砺自己：生活在盘锦这座朝气蓬勃、与时俱进的新兴滨海城市中，"海阔凭鱼跃，天高任鸟飞"。作为一个有良知的文化人，应该在自己的思想深处，时常怀有对这座城市由衷的感恩与敬畏。

当我在办公室的电脑上，敲打这篇有感而发的文稿时，午后的金色斜阳，刚好穿过敞开通风走廊的高大北窗，明亮而温馨地照射在朝阳曾留下余温的宽大南窗上。告别了双台子老区那幢有气势的市群众艺术馆大楼，作为全市群众文化工作龙头单位的群众艺术馆，在市委市政府领导的关怀和重视下，在2000年年初，隆重地进驻了兴隆台区向海大道东侧令全市广大群众文化工作者欢欣鼓舞的新宅大院。盘锦"文化大院"至此实至名归。

盘锦市文化大院中的盘锦市群众艺术馆办公大楼，规模空前，一切内置设施完备齐全，人文环境现代大气，整体空间与艺术氛围浓郁而浪漫；新的盘锦市群众艺术馆，办公、辅导环境及其他公益设施，专业到位。全新的工作环境为盘锦市群众艺术馆全体业务干部营造出一种厚重浓郁的专业性与个性化的氛围。前所未有的空间与格局，为不断提升全馆每一位业务干部的业务素质，为铺展开新世纪无限美好的群众文化工作的宏伟前程，创造了充分的条件。

年年岁岁花相似，岁岁年年人不同。"人不同"，是因为人在时间鞭策前进的同时，与时俱进，开创未来。相信投身盘锦这座新兴的滨海城市中的每一位群众文化工作者，在憧憬和展望美好的群众文化工作灿烂明天的同时，都会奋发向上，守土尽责，用一腔热血，用自己的才华与追求，把自己深情热爱的群众文化工作，不断发扬光大，牢记使命，不改初心，尽心竭力地描绘出一幅前程无比辉煌的群众文化事业的蓝图。

"潮平两岸阔，风正一帆悬。"祝愿盘锦市群众文化事业的建设与发展，百尺竿头，更进一步！

评剧伉俪夕阳情

——访评剧演员赵香梅和著名琴师李润泽先生

李福林

辛丑年二月初九，是个春光明媚的日子。我有幸叩开了李润泽先生和赵香梅女士的家门，拜访了这对年逾八旬的评剧伉俪。

一

李润泽 1939 年 12 月出生在盘山县古城子乡（今古城子镇）夹信子村的一个民间鼓乐世家。父亲李国安是远近闻名的"李鼓乐"，自小在古镇田庄台鼓乐坊子跟着师傅张文生学艺，16 岁便开始上"活计"。他聪明伶俐，一点就透，很快成为张家鼓乐班里的主力。由于他能吹、能卡、能拉、能打，既能演奏鼓乐曲子、秧歌曲子，也跟过影箱子，住过戏园子，吹过地方戏，是个文武双全的民间鼓乐艺人。李润泽在父亲的熏陶下，从小就喜欢吹打弹拉，自小跟着父亲上"活计"，在鼓乐班子里拉嗡子、打小镲、敲梆子，是一个难得的小帮手。

后来他在田庄台中学读书时，吹打弹拉的文艺特长得到发挥，成为学校文工队的队长。

1958 年盘山县评剧团成立不久，县文教局的熊维成科长以及评剧团团长张东军、副团长王乃斌来田庄台招生，李润泽顺利通过考试，进入盘山县评剧团乐队。起初他在团里拉二胡，由于他的演奏基础较好，后来团里就培养他拉板胡。为了尽快提高技艺，李润泽拜著名琴师李尚志为师。这位评剧界著名琴师，虽是民间艺人，但他曾在辽宁省戏校进修，经过科班学习，技艺有了跨越式进步，毕业后成为评剧大师花淑兰的琴师。李润泽在李尚志老师的培养下，演奏水平大大提高。恰在此时，著名评剧演员赵艳霞从沈阳调到盘山县评剧团，她的先生赵廷相也跟着调了过来。这位赵先生是辽宁省戏曲学校乐队（文武场）的器乐老师，能拉能打，精通文武场。在赵先生的带动与指导下，盘山县评剧团乐队的文武场的乐手们全都起早贪黑刻苦练习，仅仅几年时间，乐队的演奏就达到了全省县级剧团的最高水平。李润泽不但勤奋学习板胡，对武场的打击乐也刻苦钻研，因为这门技术对于拉主弦的琴师来说是必修之课。常言道：艺多不压身。后来盘锦垦区组建歌舞团，开始排演京剧样板戏，乐队正好缺少打大锣的乐手，李润泽自告奋勇，解决了当时京剧队最头痛的难题，团里人都亲切地称他为乐队的"李大锣"。盘锦垦区撤销后，原盘锦地区评剧团与营口市评剧团合并，李润泽在营口市评剧团继续拉板胡。时隔不久，盘山县组建评剧团，他被组织上抽调回来，仍然担任板胡演奏员。

二

评剧彩旦演员赵香梅，是盘锦市家喻户晓的名角儿，她一生在评剧舞台上塑造了几十个深受观众喜欢的彩旦角色。赵香梅1943年出生于辽阳县（现为辽阳市灯塔市）华子矿区的一个工人家庭，自小喜欢唱歌跳舞，是学校里的文艺骨干。她能够登上评剧舞台，是受她的三姨王素琴和老姨王素云的影响，这两个姨母都是沈阳市宏声评剧团的演员。每当周日放假回家，她们俩就一起到华子煤矿旁边的平顶山上练功、吊嗓子。正在读小学的赵香梅每次都跟着去学习，一来二去，小香梅学会了不少评剧唱段，两个姨母见她唱、念、做、打有模有样的，就不断地夸奖和鼓励她。每当学校举办联欢会，赵香梅就把学来的唱段唱给老师和同学们听，得到师生的一致称赞，自此，小香梅在心中便产生了当演员的念头。

1957年8月，昌图县评剧团来辽阳演出，高小即将毕业的赵香梅恰是豆蔻年华，正想找个理想的工作，若能进剧团里深造，那是她梦寐以求的事情。那一天，性格开朗、胆大心细的赵香梅，只身来到剧团演出的华子剧场，见到团长就说："团长，我想参加你们的剧团，当一名评剧演员。"团长曲长利看着眼前这位身材苗条，长相端庄，彬彬有礼，说起话来有板有眼，一看就是个演员坯子的少女，问道："你叫什么名字？唱过评剧唱段吗？""我叫赵香梅，和我的两个姨母学习过几个评剧唱段。"曲团长听了，当场找来团里的几个老演员说："那你就当着大家的面唱一段吧。"赵香梅一听团长让她唱戏，高兴极了，随口就唱了一段评剧《孟姜女》中"逛花园"。那甜美的声音，加上声情并茂的表演，还真有些专业范儿，顿时赢得大家的热烈掌声。曲团长当场拍板说："赵香梅，你被本团录取了。不过我还得试你一场戏，今晚你就化上装饰演《孟姜女》中的小丫鬟。"当晚，赵香梅粉墨登场，面对剧场里黑压压的观众演唱了"逛花园"选段，首次演出就赢得观众和团里同行的一致好评。从此，她告别了家乡和父母亲人，步入梨园行里，跟着剧团出发了。

1960年5月，花淑兰团长带领沈阳评剧院的演员们来昌图与县剧团交流演出。沈阳评剧院主要演出花淑兰的代表作《茶瓶记》等剧目。县剧团的演员们场场都去观摩，也协助他们做些台前幕后的工作，十几天的共同演出和交流，让赵香梅这些青年演员大开眼界。那时，花淑兰正在辽宁省戏曲学校担任客座教授，临行时曲长利团长就向花淑兰团长提出为昌图县评剧团代培几个演员的想法，花团长爽快地答应了。经研究考核，当即带去了赵香梅、邹桂芝、王凤文、苗桂清四位女演员。戏校不但生活待遇非常优厚，教学上也安排得十分紧凑，赵香梅和姐妹们如鱼得水，起早贪黑刻苦练功，什么压腿、踢腿、下腰、拿大顶、跑圆场、走台步、打把子，手眼身法步，唱念做打舞，还有刀枪棍棒叉这些"把子功"也全面开课。更为荣幸的是赵香梅得到花淑兰老师单独为她"开小灶"，亲传了《茶瓶记》中的春红、《三节烈》

中的张秋莲等花旦角色。经过一年来的学习,赵香梅的演技大大提高,在同行姐妹的眼里,她就是评剧舞台上一位年轻的花旦名角儿。

事有凑巧,就在赵香梅学业结束回家休息期间,正逢盘山县评剧团去辽阳市演出,她在观看演出时,偶然遇见原来昌图县评剧团的舞美师傅刘喜。此时刘师傅已经是盘山县评剧团的舞美画师,得知赵香梅学习结束,就劝她说:"香梅,以你现在的条件,不如到盘山县评剧团来,这里正缺少像样的花旦演员,进团后你一定会成为主力演员。"说完,就把赵香梅领到团长张东军面前。张团长听了赵香梅演唱的《茶瓶记》中"报喜"一段,当场表态收下了她。这一天,剧团正在演出古装评剧《红楼梦》,饰演紫鹃的赵春珠得了眼病,不能登场,张团长试探地说:"赵香梅同志,救戏如救火,本场就劳你去钻锅(指当替角)了。"赵香梅果断地答应下来,她先让赵春珠为她说戏,随后就去化装,这一场竟然演出成功了。

俗话说,头三脚难踢。刚来盘山县评剧团,赵香梅先后演出了《茶瓶记》《打金枝》《三节烈》《小姑贤》等剧目,一举成功。这头三脚还真的踢开了,她在盘山县评剧团火了。那时盘山县的生活条件还很差,她有些不适应,一度想离开盘山县评剧团,此时的盘锦农垦局评剧团又在暗地里想挖走她。这下团长张东军可慌了神,便偷偷地派人看着她,不让她单独离开剧团。为了让她安心在剧团工作,激发她的工作积极性,团里特意给她们几位优秀演员多晋一级工资。领导的鼓励,同志们的信任,广大人民群众对她的认可,深深地打动了她,自此,赵香梅决定扎根盘山。时隔不久,她与时任县剧团团支部书记、板胡琴师李润泽结为夫妻。从此,这对评剧伉俪妇唱夫拉,共同演绎着美好的戏剧人生。

赵香梅在盘山县评剧团排演的几十出古装和现代评剧中饰演了很多出色的角色。在古装戏《茶瓶记》《打金枝》《三节烈》《小姑贤》《小姑不贤》《人面桃花》《奇冤义胆》《张羽煮海》《秦香莲》《梅香》《借妻》等剧目中饰演了主要彩旦和花旦角色。在现代戏《小女婿》中饰演了陈快腿,《夺印》中饰演烂菜花,《向阳商店》中饰演了傅桂香,

《斧影》中饰演了黄米兰。《斧影》1982年11月参加营口市现代戏创作调演荣获二等奖。1986年,赵香梅还参加了电视剧《托起夕阳的牛》排演工作,成功地扮演了其中一个人物形象。

三

1999年之后,李润泽和赵香梅夫妇相继退休。在评剧舞台上工作了一生的他们,本该安度晚年,好好休息一下了,可是他们不甘寂寞,眷恋评剧艺术的情结始终未了,于是夫妻俩找来当年的几位老伙伴,成立了一支以中老年人为成员的夕阳红评剧演唱队。其中专业演职人员有闫春芳、纪维汉、吴广田、马同礼;吸收的一批评剧票友有张玉凤、孙月云、郝翠霞、张海云、李秀梅、潘彬、何广良、历国刚、冯长珍、温景中、李文斌、李春阁、杨鹏斌、陆保国、梁振国、张翠珍、李淑琴、杨冬梅、王红丽、王艳荣等20余人。他们坚持每周活动两个半天,同时还经常参与有关部门组织的各种演出,也应邀到社区、学校、社团和乡村去演出。由于广大群众对评剧的喜爱,每场演出都受到热烈的欢迎。

2003年,赵香梅由演出队和各级部门推荐,代表盘锦市去沈阳参加辽宁电视台举办的《戏苑景观》戏迷擂台赛,她一路过关斩将,最终获得擂主荣誉称号,为盘锦市争得了荣誉。2004年12月27日,在盘锦市文联和文化局举办、盘锦市群众艺术馆承办的《盘锦冬韵》"夕阳美老年文艺汇演"中,赵香梅带领她的团队踊跃参加,一举夺魁!

2012年,盘锦市老年大学组建评剧队,李润泽和赵香梅的队伍被领导选中。他们在老年大学活动的三年时间,一边培养学员,一边示范演出,为活跃老干部的文化生活做出了积极贡献。

2015年4月29日,盘锦市老年大学国学班组织学员赴北镇市医巫闾山梨花节开展文学采风活动,李润泽和赵香梅带领他们的夕阳红评剧演唱队参与演出了现代评剧折子戏《夺印》中的"水乡三月"一折。评剧票友唐秉林饰演党支部书记何文进,他演唱了著名唱段"水乡三

月风光好":

> 水乡三月风光好，
> 风车吱吱把臂摇。
> 沿途庄稼长得好，
> 风吹麦浪涌波涛。
> 党派我到陈庄当支书，
> 千斤重担肩上挑。
> 落后村面貌要改变，
> 党的指示要记牢。

唐秉林作为评剧票友，对于这一段唱腔拿捏得非常得体，演唱得字正腔圆。台下观众边拍手边跟着哼唱，场面十分热烈。赵香梅饰演烂菜花一角儿，演技不减当年，她演唱的"何书记吃元宵"一段，妙趣横生。

> （白）哎呀，我的何书记呀，原来您在这儿啊，把我找得
> 好苦哇。
> …………
> 哎呀呀，我的何书记，
> 哎哟喂，我的书记哟，
> 干这样累的活儿，
> 你怎么能够吃得消哇？
> 吃不消哇，吃不消哇，
> 我给您搓了一碗大个儿的元宵，
> 擦擦汗，您就歇歇脚吧，
> 您看看这是一碗又热又黏又香又甜，
> 滴溜溜的圆的，团团转的，
> 黏米面的，白糖馅儿的大个儿的元宵。

赵香梅不但道白说得哏儿，表演泼辣娴熟，唱腔更是诙谐有趣，观众和学员们都报以热烈掌声。在观众之中，有一位重要人物，他就是木叶山庄农家院饭店老板何友成，20世纪60年代他曾担任北镇县富屯公社龙岗子大队党支部书记。此刻听了赵香梅与唐秉林演唱的两段唱腔倍感亲切，他们同为何支书，与何文进相比，何友成也毫不逊色，几乎就是何文进的原型，是当年本地赫赫有名的省级劳动模范，大家学习的榜样。听着这些唱段，何友成心里美滋滋的，他好像一下子回到了当初。老年大学的学员们，都是那一时期社会生活的亲历者，对于《夺印》这出戏，更是耳熟能详，尤其是对那个火红年代社会主义建设时期蓬勃向上的政治氛围和农民们劳动生活的景象更是印象深刻。为此，台上台下演员和观众的思绪融为一体，艺术与生活高度吻合，气氛达到了最高潮。

就在这一年6月，李润泽和赵香梅的夕阳红评剧演唱队还参加了市里组织的文化广场演出，除了票友们争相登场，赵香梅还与曹瑞兰一起演出了古装评剧《梅香》一折。曹瑞兰反串二公子，赵香梅饰演小梅香，两位虽然都是60岁开外的老年人，却把才华横溢风流倜傥的二公子和多愁善感花容月貌的小梅香演绎得活灵活现。她们的唱腔时而高亢激越，时而凄楚缠绵，短短几十分钟的一段折子戏，把那段千古流传的凄美爱情故事演绎得淋漓尽致，演出获得圆满成功。

20多年来，李润泽和赵香梅的夕阳红评剧演唱队，走南闯北先后演出了200多场，为传承评剧艺术、活跃盘锦市城乡人民的文化生活做出了积极贡献。

"老牛亦解韶光贵，不待扬鞭自奋蹄。"如今李润泽与赵香梅尽管已至耄耋之年，可是，他们传承评剧艺术的初心不改，依然为广大人民群众演唱着。

情系大湿地
——油画大湿地系列作品《红海滩》创作感悟

赵世杰

　　茫茫无垠的芦苇荡，沉寂无声的盐碱滩……不知何人、何时，将盘锦叫作"南大荒"，这恰如其分的称谓，皆缘于这方热土的蛮荒凄凉。而自从这里发现了石油，迎来了来自五湖四海、乐于创业奉献的石油人之后，"南大荒"的色调变了。

　　1973年随父母从大连来到盘锦支援辽河石油大会战，如今我已在这里工作、生活了50个年头。作为一个美术工作者，这些年我一直在思考一个问题，从地质时间计算形成的石油和石油人发生碰撞，究竟意味着什么？遥远的不可触摸的地质年代与当代人结合了，它超越了社会，而在这种环境中的人是那么从容不迫，那么自信，表现了人的一种巨大的力量，一种不可战胜的精神和气魄。从一片荒凉的大苇荡，到如今的现代化绿色石油城，是30万石油人改变了盘锦这片湿地的经济结构，同时也构建了石油人勇于奉献的钢铁精神。

　　改革开放后，淳朴厚重的百万盘锦人民，用自己勤劳的双手努力建设着美丽的赖以生存的大湿地，红色海滩、绿色苇荡、黄色稻田、黑色石油和蓝色海洋，这张盘锦人民引以为傲的"五色"名片，注定拥有了诗的属性和画的特质。盘锦之红，闻名遐迩。每当看到红海滩，我心中即充溢了极大的喜悦和创作冲动。这种喜悦和冲动具有饱满的纯度，更充满激情，红海滩的红色与我身体的血液相融。火热的岁月，火热的激情，在风吹雨打的过程中，没有被吞噬和磨灭，而是在锤炼中更加炉火纯青。正如我画的《红海滩》，她是我沉淀升华的灵魂生命。生长在红海滩大湿地里的碱蓬草，在极其艰苦的环境中顽强地生长，她外表热情、柔美，内在却是那样坚忍、勇毅，这正是我内心世界的真实写照。

当我的画笔蘸满盘锦之红运行在画布上，我的心彻底被点燃了，彰显生命张力的创作热情喷涌而出。绘画是主观表现，不是客观再现，不是眼睛所见，而是心灵所梦。正是养育我的这片热土，滋养了我的艺术生命。在创作油画《红海滩》的过程中，我没有过分关注它的外在形象，更多的是把自己的亲身经历和感受融汇到画面里。艺术先于哲学，作为一个艺术家更要努力地去发现。红海滩蕴含着辽河口文化的神韵，我创作的《红海滩》表达它的气度恢宏、它的深邃壮美，给人以力量的碰撞、心灵的震撼。这种力量不是局部的，而是凝聚的合力，表达热情，充满隽永绵长的生命力。这些年，我创作了数十幅《红海滩》，并在全国大展中屡获殊荣，多幅作品被北京人民大会堂、多家美术馆及企事业单位永久性收藏。我沉醉眷恋于广袤大苇荡中的钻塔，更心仪迷恋于这片红色的海滩和池塘里的残荷。每当自然气韵与我情感交融时，我纵情忘技，一任挥洒宣泄，我在大自然的怀抱里畅享那份难言的激动。我用整个身心去追求艺术生命。在心灵中，是这种追求在鞭策着我，把坎坷的青葱岁月融入这火热的生活之中，用多彩的画笔描绘讴歌这片多情的土地和在这片土地上改天换地的人们。

感谢这方蕴含生机活力的退海之地，感恩那些有着很多故事的人们。是辽河平原这片骏黑的热土、广袤的大湿地把我稚嫩的心灵变得更加深沉、坚毅、刚强。岁月使我心中涌起了反哺心绪、感恩情怀和责任担当，对大千世界和芸芸众生有了更深的感触和领悟，我将用我的画笔在画布上宣泄自己对社会、对人生、对哺育我成长的这片湿地的真诚与爱，传递真善美。我的心不能离开石油人，更不能离开这片湿地，我的艺术生命包括我的整个生命都在这里，强烈的责任感和使命感驱使我到湿地中去，到石油人中去，是他们给我的创作注入了灵感，他们是我的艺术源泉，我的根就在这里。

艺术家就是深入表现真善美的存在，这绿色的湿地、红色的海滩、黑色的石油正是这片土地的骄傲，正是一百多万盘锦人民的所爱。我们要敬畏天地之尊，我们要热爱自然之美，我们要维护自然之公，我们要为自然挥毫泼墨，我们要呼唤环保意识。是大自然赋予我们人类永远生存的空间，是大自然赋予我们盘锦人民这片赖以生存的湿地，我们应该懂得珍惜它，保护它，这是我们生存的家园。

是大海让我懂得了海纳百川的胸怀；是大湿地让我懂得了什么是坚忍和包容；是石油人勇于奉献的精神，让我懂得了什么是力量、阳光与担当。我深知艺术是无止境的，我愿意永远依偎在大湿地的怀抱，用这片红色的海滩浸润着我的生命。

红色海滩不仅彰显希望和生机，同时又是我们的中国红。进入新时代，红海滩又以它崭新的风采铸就着新时代的高级红。

一生赤诚跟党走

周晓伟　安普忠　乔振友

已过古稀之年，仍对学习传播党的创新理论孜孜不倦；

身在民营企业，却把党组织建设作为企业安身立命之本；

虽然已经退休，仍秉承"创业不忘党恩、创业回报社会"的理念，投身国防建设和公益事业。

问及缘何，老兵说："这是一个共产党员的初心使然。"这名老兵，就是辽宁省盘锦军分区原政治部主任徐恩惠。

受党培育的恩情永不忘——
老兵甘做一名精神播火者

老兵徐恩惠对理论学习的"痴迷"，始于1969年。当时，他带领战士在黑龙江鹤岗为原沈阳军区某部农场架设电话线时，一名战士不慎从电线杆上跌落牺牲。徐恩惠一面带领大家排查隐患，确保安全，一面组织连队学习毛主席的重要论述，学习解放战争年代官兵不怕牺牲、勇敢战斗的英雄故事，引导大家重新振作士气，圆满完成了任务。

打那以后，徐恩惠几十年如一日，学习传播党的创新理论，他说："虽然我已退休，但忠诚于党、看齐追随的誓言永不变！"

走进盘锦某公司大院，首先映入眼帘的是徐恩惠设计制作的"习近平新时代中国特色社会主义思想百米长卷图片展"。

"百米长卷由18个章节、104个小节组成。2018年8月制作完成，至今已在党政军机关、企事业单位和学校、社区巡展100余场次，观众累计达6万余人……"谈起自己的得意之作，徐恩惠兴奋之情溢于言表。

走进公司党史馆，一块块通俗易懂的展板，搭配一件件历史文物，让人耳目一新。"这些都是我多年搜集的文物和学习体会。"徐恩惠介绍说，公司成立之初，他便申请成立了党支部，并建起党员活动室。这个名不见经传的党建馆，如今已吸引全国各地400多家党政机关、企事业单位前来参观。

居中的长方形展台上，摆放着一摞摞不同历史时期的理论书籍，两摞一尺多高的打印材料吸引了记者的注意。

"这些都是习主席公开发表的重要讲话。"徐恩惠解释说，"习主席每次发表重要讲话，我不仅当天收听收看新闻，第二天还打印出来逐字逐句深入学习。"

"别看徐老这把年纪了，他可是名副其实的'学习达人'，每天都要登录'学习强国'学习。"盘锦军分区司令员张庆国佩服地说。

徐恩惠不仅自己学，还带动更多人学。一次，几家企业请徐恩惠去讲课，正赶上他前列腺炎发作，老伴劝他在家养病，他不听，到医院下了导尿管，提着导尿管去巡讲，回到家时尿袋里充满了血水。老伴心疼得直掉眼泪，他却说："尿点血怕什么？当年上战场，咱死都没怕过！"

在盘锦，徐恩惠早已成为理论传播的"名人"，每年都有几十家单位邀请他去上党课。徐恩惠至今已应邀上党课数百场，但分文不取，还免费赠送各种小册子66类42000余份。

"我从您身上看到了一个共产党员的样子，读懂了什么是共产党，我要申请入党！"长年承接徐恩惠展板制作工作的某广告公司经理单明深受影响，向党组织递交了入党申请书。

献身国防的使命永不丢——
老兵投身武装工作不含糊

徐恩惠1960年入伍，参加过珍宝岛战役，1985年盘锦军分区成立时，他被任命为第一任政治部主任，1997年退休。

"我过去经常动员别人加入民兵，今天必须以实际行动支持武装工作！"2008年5月，盘锦某救援施救有限公司成立。管理公司日常事务的徐恩惠主动找到军分区领导，申请编一支民兵队伍给全市民兵树起样板。

这支组织坚强、训练有素、装备一流、作风过硬的民兵应急分队，很快成为盘锦军分区民兵建设的一面旗帜，也成为盘锦市抢险救灾的拳头力量。

徐恩惠始终注重将提高战斗力与提高生产力相结合，在采购装备时，首先考虑遂行作战任务、参加抢险救灾能否用得上，先后投入近千万元购置了20台军民两用大型救援车辆，形成完整配套的救援装备体系，不仅增强了企业实力，还打造出一支"拉得出、用得上、干得好"的民兵应急力量。他说："虽然我甲胄已卸，但报效国家、献身国防的使命永不丢！"

为了提升快反能力，他还投资20余万元，为每台救援车辆安装北斗定位系统，为每个民兵配发对讲系统，确保一旦有事，能第一时间就近调派救援力量。

2011年10月，某部外出演习，路经京沈高速盘锦段时，有车辆发生事故。徐恩惠立即派出救援车辆，将部队故障车拖回自己的修配厂。修理费共计4万多元，可他分文不收。

2012年7月，北京遭遇特大暴雨。徐恩惠接到紧急命令后，立即派出4台救援车辆火速增援，5天5夜连续奋战，施救车辆64台。

2022年疫情期间，一台从江苏取货后返回辽宁的大货车在京沈高速石山段抛了锚。徐恩惠得知消息，迅速指派公司5名民兵党员赶到，把车拖到50公里外的服务区，很快抢修完毕。当得知车里装的是做防护服的原材料后，徐恩惠再次做出了免费的决定。大货车司机邢丕东感动地说："这样的民营企业真是难找！"

其实，当地驻军部队都知道，免费抢修应急抢险车辆、免费抢修部队车辆是徐恩惠始终坚守的一条原则。10多年来，他为部队免费修车100多台次，义务抢救伤员100多人，免收费用40余万元。

为民解难的初心永不变——
老兵一心一意为民谋富路

"这么大的企业，一年得盈利几百万吧？"

"几百万？那得去个零！"记者问及公司的业绩，徐恩惠笑答。

"这么大的场地租出去也能赚几十万吧？"

"差不多！但开公司不仅仅是为了挣钱，更重要的是带动更多的人就业。多解决一个人就业，就能多为国家分担一分压力。"徐恩惠指着忙碌的车间说，"场地如果租出去，这些职工怎么办？他们每个人背后可都还有一个家庭啊！"

徐恩惠这话一点儿不掺假，他那"特别"的招工条件就足以证明：退役军人优先、下岗工人优先、家庭生活困难人员优先……

"穿上军装，我要为保卫国家握紧钢枪；脱下军装，我要为家富国强勇闯市场。"面对他人的不解，徐恩惠说出了掏心窝子的话，"就业是解决民生之本。虽然我身在民营企业，但替党分忧、为民解难的初心永不变！"

任全民此前一直待业在家，徐恩惠得知后，把他招进公司，并安排老师傅手把手地教他学钣金，他很快成为公司的"技术大拿"。后来，"羽翼丰满"的他想出去单干，徐恩惠不但没阻拦，还鼓励他、支持他：缺少资金，借钱给他；没有客源，把自己的客户介绍过去；业务上出现问题，帮他协调解决……

"没有徐伯伯的帮助，就没有我的今天。他的恩情我一辈子都不会忘！"如今，生意红火的任全民经常念叨徐恩惠的好。

"我首先是一名共产党员，其次才是一个商人。作为党员有责任带动身边群众富起来，有义务帮助群众过上好日子。"在别人看来，徐恩惠不会做生意，自己挖自己的墙脚，他却说："他们有了独立创业的本领，这对个人、对家庭、对社会、对国家来说都是件好事。"

公司创办以来，先后培养出上百名技术骨干，目前已有20多人走出去创办了自己的公司。看到他们一个个都成了气候，徐恩惠打心眼里高兴。

徐恩惠不仅带动身边的人生活富起来，还要让他们的精神世界"富"起来。在与老战友相处中，徐恩惠发现，有的人长期不学习，思想落后了，有的因家庭遇到困难满腹牢骚……

"一定要把战友们的精气神重新鼓起来！"2006年八一建军节，他组织召开老兵座谈会，不仅给每个人赠送了理论学习书籍，还精心准备了一堂党课，用一个个事实讲述了国家发展取得的巨大成就，解开了思想上的疙瘩。

老兵座谈会一开就是13年，大家在相互交流、相互帮助中消除怨气，平顺心气，聚起正气。在他的带领下，老兵们组建了一支志愿双拥团队，开展形式多样的拥军活动。

"全国模范退役军人""全民国防教育先进个人""全国离退休干部先进个人""全国双拥模范提名奖""辽宁省优秀共产党员""辽宁好人"……这是一个78岁的老党员获得的荣誉。

"全民国防教育百优企业""国防动员建设先进单位""理论铸魂工程标兵单位""非公有制经济组织党建工作示范点""学雷锋学郭明义先进单位"……这是一个民营企业创造的佳绩。

面对这些荣誉，徐恩惠说："我名为恩惠，我要用一生去学习、传播党的创新理论，回报党的恩情，践行党的宗旨，惠及更多人民。"

刘德天：黑嘴鸥保护第一人

江上村

他是中国最早的生态环保志愿者之一，他是"地球奖""绿色中国年度人物""环境保护特别奖"等多种环保奖项获得者，他从1991年起，经过28年的不懈努力，成功保护了黑嘴鸥这一物种。他是盘锦市黑嘴鸥保护协会会长、原《盘锦日报》高级记者刘德天。

中国最早发起环境保护NGO的人

全世界有鸥类44种，黑嘴鸥是最晚为人所认识的。黑嘴鸥有浅灰的翅膀、雪白的身体、乌黑的圆脑袋、尖尖的黑嘴巴，属于鸻形目鸥科鸥属。1871年法国传教士司温侯第一次在中国厦门采集到一个标本，并给定名黑嘴鸥。

黑嘴鸥属珍稀、濒危物种，保护、研究的意义极大。对黑嘴鸥的研究必须在繁殖地进行，然而黑嘴鸥的繁殖地在哪里？鸟类专家用时100多年都没有找到。

1990年，世界自然基金会鸥类专家梅伟义博士带领几位中外专家到盘锦考察，要确认黑嘴鸥的繁殖地是不是真的在辽河入海口的湿地。刘德天当时是《盘锦日报》的记者，在采访梅伟义博士之后，他获得了"生态网""濒危"的新概念，并了解到黑嘴鸥属濒危的物种，盘锦是黑嘴鸥在全世界唯一的繁殖地。刘德天不仅写出了轰动世界的报道

《中国发现黑嘴鸥繁殖地　揭开世界百年未解之谜》，而且发起了中国第一个环境保护NGO（非政府组织）盘锦市黑嘴鸥保护协会。

为黑嘴鸥撑起保护伞的人

皮之不存，毛将焉附。对于鸟类来讲，栖息地是最重要的生存条件，全球物种消亡的速度之所以在不断加快，其中一个重要原因就是栖息地在快速丧失。

保护黑嘴鸥，刘德天把大部分精力放在了栖息地保护上。

刘德天发挥生态智慧，遇事敢于担当，一次又一次保住一片又一片鸟类的栖息地（湿地），上演了一出又一出环保好戏。

一片面积为5400亩的湿地承载全球50%的黑嘴鸥，却长期处于"被保护遗忘的角落"。在这里，曾经有人将猎枪对准黑嘴鸥；有人进到黑嘴鸥的巢区捡蛋，一次竟捡走40余枚回去蒸蛋羹；这里还曾被水淹过。刘德天写文章指出"黑嘴鸥是从辽河东岸生态逃难而来，而这里依然有生态隐患"，他呼吁保护这片具有全球意义的湿地。

怎样才能让人们认识到这片湿地的价值呢？他首先选择环境教育，以情动人。什么是人间最动人的情呢？他认为是母子情。

2002年，他策划了"送黑嘴鸥雏返回家园"的活动，把受伤后被志愿者治愈的一只黑嘴鸥雏鸟带到这里放飞。他请来了环保部门、自然保护部门，当地的油田采油厂、苇场、学校，当地居民等各利益相关方参加放飞活动。他写出黑嘴鸥妈妈口吻的诗歌《回家吧，小鸥》和小黑嘴鸥口吻的诗歌《放心吧！妈妈》，由中学生和小学生分别朗诵，表达了母亲对孩子惜别、不舍、牵挂的情怀，孩子对母亲的分别、安慰、自信的心情。这特殊的母子情感动了大家，使大家感受到湿地的价值和保护鸟类的重要意义。

然而，环保并非毕其功于一役的事情。第二年，这里发生人为水灾，黑嘴鸥卵被淹，800多只黑嘴鸥雏被淹死。刘德天痛心不已，他认为有必要争取社会舆论的支持和监督，包括《人民日报》在内的多家媒体都对此事件进行了报道。媒体的呼吁和监督带来了很大的社会影响，这块湿地引起了当地各级政府的高度重视。

怎样解决这片湿地的环境问题，刘德天发表了中国专家关于"建立保护站"和日本专家关于"控制调水时间"的意见。

这块鲜为人知的重要湿地一直没有名字，刘德天从保护的角度出发，从不公布其方位。后来，由于新闻报道的需要，必须取个名字。叫什么好呢？刘德天再三思考，想出一个名字——"南小河"。"南"有两层含义：一是把方位搞混，不让别人找到它。这片湿地从行政区划方面讲，它在东郭镇小河村的西边，应叫"小河西"，而他特意取"南"字。二是"南"与"难"谐音，代表保护该地困难重重，不可掉以轻心。

刘德天历时3年，先后采用开展环境教育、借助舆论监督、发挥专家智慧、影响政府决策"四步法"，终于促成自然保护部门在南小河建立了保护站，保护站配置了人员、车辆，还安装了监控设备。

2010年春，一家招商引进的企业在30万亩滩涂上开发海参养殖场。企业于春节放假期间悄悄开工，大年初二有志愿者向黑嘴鸥保护协会举报了这一开发行为。节后一上班，刘德天便向市环境保护局领导汇报。在开发现场，刘德天向环保局领导介绍了这片滩涂对于黑嘴鸥等鸟类生存的重要意义和开发将给鸟类生存造成的影响。环保局领导当场表态："这个工程停下来！"第二天，《盘锦日报》头版发表了消息并配发了评论员文章，盘锦电视台也进行了报道。在舆论压力下，当地政府做出了放弃开发计划的决定。目前这片滩涂依然完好无损。

2012年冬季，黑嘴鸥保护协会发现一企业在黑嘴鸥繁殖地南小河建车库。南小河是自然保护区核心区里的核心区，怎么可以搞建筑？车库一旦建成，黑嘴鸥繁殖地就多了一个大的污染源。协会准备在网上曝光这一破坏环境的行为。但这又是一个非常敏感的问题。刘德天经过三天反复思考，最后做出了曝光的决定。这一信息在网上一发布，说情的人不断，请求删除网站上的信息。刘德天表示，删除可以，但有两个条件：一是要拆除车库，二是要恢复该地生态。在刘德天的坚持下，企业连夜将投资100多万元的违章建筑拆除，随后又投资30万元进行了生态恢复。事后刘德天回顾这一案例时，用了四个字：艰苦卓绝。

栖息地的保护，使黑嘴鸥有了一片赖以生存的安全港湾，数量由1990年的1200只增加到2019年的10200只。"世界地球日之父"、美国环保专家丹尼斯·海斯在给刘德天的信中这样写道："感谢你对鸟类保护做出的杰出贡献。50年前在距我住所50米远处有过秃鹰，不过现在绝种了。中国有像你这样的人在保护鸟类，真是难得。"

较早提出并运用文化力量保护物种的人

用文化的力量保护黑嘴鸥，是刘德天的一大创新。民间"捅燕窝瞎眼睛""燕住喜房不住愁房"的说法虽然不科学，但使燕子得到有效保护。刘德天从这一现象中感悟到文化的力量。他觉得，创作一首环保歌曲的作用胜过没收一万支猎枪。2000年，他从零做起，打造定位为吉祥文化的黑嘴鸥文化，提出用18种艺术种类打造黑嘴鸥文化。

这18种艺术种类包括民间传说、小说、绘画、摄影、书法、诗、词、歌、赋、舞蹈、剪纸、刺绣、苇艺、油雕、葫艺画、粘贴画等。打造黑嘴鸥文化20多年，已生产出作品6000余个（件）。其中属于古渔雁民间故事的《吉祥鸟》《瘦鸟救凤凰》《妈妈唤》等民间传说被国务院批准为国家级"非物质文化遗产"；舞蹈《飞吧，黑嘴鸥》曾在北京"鸟巢"演出。

300多名艺术人才齐聚黑嘴鸥保护协会志愿服务团队，他们当中，有当地的作家、诗人、摄影家、剪纸大师、刺绣大师、词作家、作曲家及各类民间艺人。

刘德天颇为得意他的文化保护论："用文化的力量保护生态、保护环境、保护物种、保护鸟类，是软功夫，是长久之计。我们既要继承先人留给我们的生态文化，又要不断酿造生态文化之新酒，以飨公众。目的就是要借助种种艺术手段，熏陶人们的灵魂。"

民间实施生态修复并取得成功的人

在环保NGO中，刘德天是较早实施滨海湿地生态修复的人。

沙蚕是辽河口滨海湿地生物链的组成部分之一。沙蚕不仅是黑嘴鸥的"细粮"，而且由于它是软体动物，易消化，是黑嘴鸥幼鸟的上乘食物。

近年来，日本从我国大量收购沙蚕，用作海上钓鱼的鱼饵。受利益驱使，黑嘴鸥觅食地周边的一些人滥采乱挖沙蚕，导致沙蚕资源锐减。"食堂"少美食，黑嘴鸥的生存受到严重威胁。

2015年刘德天提出了一个构想：用人工孵化沙蚕苗播撒到湿地来恢复沙蚕资源，修复滨海湿地生物链，接上黑嘴鸥食物链。这一构想得到了中华环境保护基金会和辽宁省环保厅的支持，最终项目落地并付诸实施。

恢复黑嘴鸥觅食地生态，首先要有沙蚕苗。相关资料极其有限，黑嘴鸥保护协会聘请水产专家组织技术攻关组，进行实地生态研究，结合传统水产孵化经验，不断突破技术难题，终于取得攻关成功，孵化出了沙蚕苗。

经过3年的努力，黑嘴鸥保护协会共孵化出沙蚕苗10.6亿尾，这些沙蚕苗播撒到辽河口和大凌河口的510余亩滩涂之上。志愿者在沙蚕项目地上挖掘发现，沙蚕苗最长的已长至30厘米。沙蚕项目的成功，结束了黑嘴鸥觅食地沙蚕资源枯竭的局面。"黑嘴鸥食堂重建"首战告捷，吸引了更多的黑嘴鸥到全球最大的繁殖地——盘锦安家落户，繁衍生息。

黑嘴鸥保护协会"黑嘴鸥觅食地生态恢复项目"的成功，为辽河口滨海湿地生态修复开了个好头，为中国NGO参与修复生态开了先河。

苇海深处养鹤人

张馥郁

初秋的黎明水一样清凉，一轮鸡蛋黄似的旭日刚从紫霭中探出月牙样的颅顶，辽河口湿地就沸腾了起来，鸥鸣鹤舞好不热闹。而比这些湿地精灵更早起来的是苇荡里的养鹤人。脸色黧黑、身材瘦削的赵仕伟端着准备好的早餐笑眯眯地打开鹤舍的大门，一群刚刚睡醒的小鹤欢快地围过来……

这样一夜要起来数次巡视，黎明未至便已起身，辛苦劳碌的工作，赵仕伟已经干了29年。29年来，他扎根基层，刻苦钻研，兢兢业业，带领同事成功孵化了240余只丹顶鹤，为野生动物保护和丹顶鹤繁殖、驯化、野化工作做出了突出贡献。

干一行爱一行，扎根苇海伴鹤行

1993年，毕业于沈阳农业大学畜牧兽医专业的21岁的赵仕伟被分配到辽河口（原双台河口）国家级自然保护区鹤站工作，当上了一名人工养鹤员。"干一行就要爱一行，我的工作目标就是做一名合格的鸟类守护者。"秉承着这样的信念，赵仕伟在这苇荡深处扎下了根。最初那两年，没有水，没有电，也没有像样的路，异常艰苦的环境没让赵仕伟打退堂鼓，但大雨连着下几天真让赵仕伟发愁哇，人吃的米蔬送不进来，鹤吃的鱼虾也送不进来，看着鹤舍里那三只嗷嗷待哺的丹顶鹤，他挑着两个水桶就出了门。雨水最深处没到了腰，脚下的路被泡得泥泞不堪，一脚踩下去，陷得老深，拔腿都费劲，但他咬着牙走了六七公里的路。到了老乡家里，买了粮食、泥鳅挑上往回走，几十公斤的担子压得肩头红肿生疼。眼看着路走了一半，脚下一滑摔倒了，粮食撒了，泥鳅顺着泥水逃之夭夭。虽然心疼得直跺脚，累得筋疲力尽，但是没法子，还得掉头重新进村买东西……

这样的日子很苦，一些同学、校友在外面发了家，劝他辞了这收入不高、受累不少的工作，跟着他们去发财。但赵仕伟拒绝了。他说，他说不出什么大道理，但是这项意义重大的工作总得有人干。另外他喜欢丹顶鹤这种姿态娴雅、兼具美德的湿地精灵。

辛勤投喂，为盘锦的冬天留住鹤影

盘锦湿地是东亚—澳大利西亚鸟类迁徙通道中的一个重要停歇地，尤其春季迁徙到盘锦湿地的鸟类。食物供应对这些鸟类尤为重要。时值冬末春初，大地尚未解冻，鸟类所需的食物极其匮乏，人工投食也就成为鸟类补充食物供应的主要方式。在鸟类春秋两季迁徙期间，赵仕伟还负责巡护和投食工作。这看似平凡的工作却有着不同寻常的意义，因为给候鸟提供一个安全、舒适的环境，配上充足、可口的食物，以补充能量，增强体质，是它们安全迁飞到下一站的保证。赵仕伟每天除了投食以外，还在巡护中仔细观察鸟类的生活习性、种群数量和迁徙变化，并做好记录。

1997年，双台河口自然保护区加入东亚—澳大利西亚涉禽迁徙航道保护区网络后，赵仕伟的工作量加大了，除了记录，还要分析总结鸟类迁徙过程中在盘锦湿地生活的规律，并从中查找丹顶鹤在盘锦越冬的可能性。在观察中他发现，在盘锦的丹顶鹤最晚在12月中旬河口封冻后才南迁，而最早的到第二年2月又迁回盘锦。而这一时期是盘锦野外最缺少食物和水源的时候。那么是不是说明丹顶鹤南迁不是因为温度低，而是因为食物匮乏？为了验证这样的猜想，他开始从秋季到冬季都在丹顶鹤集群地投食。功夫不负有心人，这个试验很有效果。从2012年，南迁到此的丹顶鹤小部分开始停留在盘锦湿地。到2018年，已有40余只丹顶鹤、6只灰鹤、1只白枕鹤、1只白头鹤在此越冬。此项试验证明，盘锦是丹顶鹤繁殖地的最南限，如今又成为越冬地的最北限，二者在盘锦重合，说明盘锦地理位置的重要性，同时也为建立不迁徙的丹顶鹤种群提供了科学的依据。

刻苦钻研，救鹤孵鹤夜以继日

广袤的盘锦湿地位于自然资源极为丰富的辽河口。大量鸟类在此繁衍生息或迁飞经过。多年来，病伤鸟时有发现。因此，鸟类的救护工作成为新的课题。赵仕伟刻苦钻研，不断探索，逐步掌握了一套救护鸟类的方法。2001年，彰武县发现四只丹顶鹤因误食拌有农药的种子，中毒症状明显。保护区领导驱车连夜接回，其中一只因中毒过重途中死亡，另外三只经过赵仕伟进行解毒处理，输液外加流食护理，一周后重新站了起来。听到三只丹顶鹤发出欢快的鸣叫，几夜没睡好的赵仕伟露出了幸福的微笑。从事救护工作20多年，他救护国家一级、二级保护野生动物100多只，省重点保护野生动物300余只，真正实现了"同在蓝天下，人鸟共家园"。

人工饲养的丹顶鹤数量少，繁育需要人工授精、人工孵化、人工育雏。这不是一项简单的工作，但赵仕伟干工作有一股不服输的劲儿。1996年，保护区人工饲养的一只丹顶鹤产蛋，他借鉴沈阳动物园的经验，开始了丹顶鹤人工孵化。

为了监测鹤卵的孵化情况，赵仕伟连续30多天日夜守候，困了就在孵化室里眯一会儿，两个小时起床晾一次蛋，调一次温，辛苦异常。眼见毛茸茸的雏鹤破壳而出，喜悦爬上赵仕伟的心头。3只鹤雏中最让赵仕伟牵心的是"小不点儿"。鹤卵一般重240～280克，但孵化"小不点儿"的卵才216克，出壳后的鹤雏脚趾发育不良，身体瘦小，赵仕伟便给它起名为"小不点儿"。他每天给"小不点儿"增加营养，

·直到长成成鹤。如今，当他喊出"小不点儿"的名字时，那只鹤立刻就会还他一声响亮的鸣叫。而另外两只名为"劳动"和"青年"的鹤已经成了保护区的生育冠军，儿孙满堂了。

2005年，随着人工饲养丹顶鹤年限的增加，鹤与人的亲和力不断增强，赵仕伟的科研探索领域也在不断扩展。他摸索出丹顶鹤自然交尾与人工授精、亲鸟自然孵化与人工孵化相结合的方法，也取得了可喜的效果。他给了我们一组数据：自然状态下受精率、出雏率、成活率在40%~50%，人工繁育后，蛋的受精率达80%，孵化成活率在90%以上。迄今，鹤站已成功繁育丹顶鹤240多只。

保护区的鹤"人丁兴旺"，但曾经朝气蓬勃的赵仕伟老了，看上去比同龄人还要老十来岁。也难怪，这20多年，他工作不分昼夜，很少回家，婚礼是在鹤站办的，蜜月也是在鹤站度过的，一年在单位得住200多天。2021年孵化了43只丹顶鹤，最晚一批孵化的小鹤已50多个日龄，赵仕伟从4月起就没回过家，孵化时昼夜小心翼翼，两个小时一次晾蛋、调温度和湿度；鹤还小时，一晚要巡视六七次；鹤大点儿了，这些淘气的小家伙睡得晚，起得早，经常四五点钟就来敲你的门，你得给它喂食、放牧、训练。当然，多年养鹤，赵仕伟早已经对鹤的习性了如指掌，比如人工孵化时，他用眼皮一贴蛋壳便知温度是否适宜；听听鹤鸣、看看羽毛就知鹤是否健康……这项工作他越做越得心应手。

放归自然，养鹤人放眼量风物

养鹤二十余载，赵仕伟的眼界在不断开阔，认识也有所改变。以前看到鹤黏着自己，他就像一个儿女绕膝的父亲一样欣慰，而如今，他尽量与鹤保持着距离，为的是让它们能够保持野性，回归自然，增加野生丹顶鹤的种群数量，为野生种群注入新鲜血液。

"自家的鹤圈养的，如果放飞，真是不放心，最好是给它找到野生丹顶鹤做伴侣……"赵仕伟真像准备嫁姑娘的老汉。从2010年开始，他发现每当鸟类迁徙季节，时常有离群的孤鹤飞到保护区长时间逗留。赵仕伟尝试每年向野外散放几只成年鹤，与野生鹤组成家庭，提高在盘锦繁殖的野外种群数量。2015年，随着人工饲养种群数量的增加，年轻后备鹤和亚成体数量达到了25只，赵仕伟又在进行新的科研项目，就是为在盘锦湿地建立丹顶鹤不迁徙种群打基础。他每天无论多忙，上午9点、下午3点都要到驯飞场地，对人工饲养的丹顶鹤进行野化训练，锻炼它们觅食和飞翔，完成适应野外生存的能力。训练时，赵仕伟总是站得远远的，因为他一进入丹顶鹤的视野，这些鹤便像见到亲人般，一股脑凑上前与他亲近。在赵仕伟看来，野化绝不是放归自然就不管了，放生是简单的，放生之后能不能生存下去才是关键，野化训练就是要对丹顶鹤负责。"这就跟父母养孩子一样，只有把本领都教给它们之后，才能放心撒手不管。"赵仕伟说。这项任务很艰巨，赵仕伟守得住寂寞，耐得住辛苦。在他的努力下，已经有50只人工饲养的丹顶鹤放飞自然。有一年春天，一只从南方归来的丹顶鹤直接回到了辽宁鹤类种源繁育基地的鹤舍前，饲养员一开门，它就进去了，它脚上的脚环告诉大家，它是这里嫁出去的女儿。这一幕让赵仕伟看得热泪盈眶。

如今，赵仕伟看着他亲手救护和繁育的丹顶鹤，飞翔于红滩绿苇之上，内心无比喜悦和自豪。问他得失，这个老党员说没计算过，但一辈子做一件自己喜欢且有意义的事挺幸福的。养了半辈子鹤，他最大的理想是野生丹顶鹤种群数量壮大到一定程度，达到了生态平衡，然后再不需要养鹤人。

父亲的荣光

任　鸿

　　我父亲有一只小木箱，里面装的都是一些奖状、证书、奖杯。这些年来，家搬了很多次，以前的老物件都逐渐扔掉了，这只木箱却一直留在身边。侄子多次劝他把这不合时宜的老古董扔掉，都被父亲拒绝了。父亲今年88岁，是个老油田人了，我们都知道，这些证书对他来说，是比生命还重要的存在，这不仅是他几十年职场的荣誉，更是他人生的荣光。

　　父亲时常把这些宝贝翻出来，慢慢地看，细细地回味。这天，他又打开这个油漆已经斑驳的木箱子，我看他拿出一张已经发黄了的奖状，那是一张大庆六七三厂革命委员会表彰他在黄五井抢险中表现突出的奖状，字迹有些模糊，看日期是1970年3月3日发的，至今已经50多年了。我不禁好奇起来："爸，你给我讲讲这张奖状的故事吧。"

　　父亲抬起颤巍巍的老手，摩挲着那已经发黄了的奖状，慢慢地给我讲起了往事……

　　我们是1967年3月从大庆出发来到下辽河参加石油会战的。初到辽河，这里条件异常艰苦，到处是芦苇荡、盐碱滩。茫茫荒原，几十里不见人烟。我们在芦苇荡里安营扎寨，喝的是烂泥泡里的水，很多人水土不服拉肚子，我们那个钻井队当时40多人，就有20多人闹肚子，可是没有一个人肯躺下来歇一天，我们心中只有一个信念：早日拿下辽河油田，为祖国输送血脉！

1968年4月，我们在黄金带构造带开钻的黄一井，喜获工业气流，日产22.7吨，这是我们六七三厂在下辽河打出的第一口自喷油井，从而发现了黄金带油田。当时，极度兴奋的我们将帽子高高地抛向空中，欢呼、雀跃，那种振奋、那种激动是无以言表的！

这张奖状是我在黄五井井喷的抢险中获得的。1969年，我们钻井队在东部坳陷黄金带构造带打下黄五井。经过两个月的艰苦奋战，于11月完钻。22日，在试油求产的过程中，突然发生了强烈的井喷。当时，井场气浪滔天，响声震耳欲聋，仿佛天空滚来的炸雷，又似老虎在高声怒吼。井口喷出的气柱高达50米，15公里外都能听到井喷的狂啸，喷出的天然气随风流动，形成一条5公里长的气带，并向四周扩散了10多公里！

可想而知，如果发生爆炸，那后果不堪设想。这是我们来辽河后遇到的第一次井喷。当时，我们都吓傻了！在这危急关头，只见试油二队班长郑春发大吼一声，一个箭步冲向井口抢关总阀门。我和其他三位工友一起，迎着强大的高压气流也奔了过去。

气浪翻涌，原油刺脸，刺鼻的油气味将我呛倒，爬起来，又冲了过去。由于天然气流将放入井下射孔用的电缆冲压成卷，总闸门怎么都搬不动，我们几人使出了全身的力气，闸门仍纹丝不动。闸门不关，随时都有爆炸的危险，怎么办？我们的心也如同这滔天的气流一样一下子蹿得老高。这时，又是郑班长飞身一跃，扑过去打开了放喷的闸门，减轻了高压气流对总闸门的冲击力。气浪把他掀出了3米多，身子重重地甩到了井架上，两腿严重受伤，他昏迷过去……

试油二队的队长薛文德带领工人又冲了上去，摸清了井口装置损坏的情况，原来是总闸门上的四个压帽螺栓被气流拧断，失去了控制。机修工人高连轩冒着生命危险冲到井口，用手摸清井口螺栓的尺寸，连夜加工返回现场。直到第二天早晨，总闸门被强行关住，三台水泥车压井一次成功！经过26个小时的艰苦奋战，"气老虎"终于被我们制服了！我们胜利了！那一刻，我们躺在地上，每一个沾满了油污的脸上都绽开了笑容……

黄五井抢险的事，上报中央后，遵照周恩来总理的指示，对黄五井抢险的英雄群体进行"大力宣传"，1970年3月3日，大庆六七三厂革委会决定，给郑春发等人记二等功，薛文德等人记三等功。我也受到了嘉奖！

"有条件要上，没有条件创造条件也要上。"父亲他们是辽河油田50年的发展史的见证者和践行者，他们用伟大的"铁人"精神和创业精神，铸就了辽河油田今天的辉煌！

我又拿起一枚奖章，父亲告诉我这是在修路会战中获得的。父亲目光迷离，思绪走进了那激情燃烧的岁月……

油田创业初期，道路成为制约油田发展的主要因素。会战之前，这里只有四条通往营口、海城、台安、北镇的沙石路，其他都是乡间土路。"晴天扬灰，雨天和泥"，我们当时称"无情的风，有情的泥"。每逢下雨天，车陷入泥泞中，需要马车拉才能出来。"汽车误了马车拽，人比汽车走得快"。

那时候，井场大多处于沼泽苇荡深处。没有道路，运送设备物资只能靠肩扛人拉，严重影响了油田的生产。"有路才有油"，路是连接百里战区的大动脉，是夺油会战的关键。因此，1970年辽宁省委决定，从周边的各市地下乡和还乡知青中选派4000多名青年到油田当工人。知青们组成筑路大军，扛着铁锹镐头，抬着土筐，浩浩荡荡地开进了南大荒。

勘探指挥部也决定从油田各单位中抽调人员参加筑路大会战。我们单位负责的是通往海外河的一段道路。

　　当年的海外河可不是现在这样子，有红滩、绿苇、磕头机，有廊道、栈道、观景台，风景绚丽、风光旖旎，引来海内外的游客来观光。那时候，到处是一片白茫茫的盐碱滩，刮起风来尘土飞扬，都睁不开眼睛。我们的劳动强度很大，而定量的伙食常常使我们饥肠辘辘。最要命的是睡不好觉，芦苇刚刚放绿，蚊子就出来了。白天是瞎虻子，晚上是蚊子，成群结队，铺天盖地，围着人嗡嗡地叫，叮在身上，刺痒难耐，身子挠得皮开肉绽，痛苦不堪。

　　记得那一天，天上下着蒙蒙的细雨，工地上依然彩旗飘扬，人声鼎沸。我一锹一锹地挖着黏糊糊的泥土，装满抬筐，然后抬走。由于下雨，道路泥泞，我深一脚浅一脚地走，鞋子早已被我甩掉，光着脚走在淤泥中格外吃力。肩膀、双手已经被磨得鲜血淋漓，双脚被芦苇的根茬扎得钻心地痛。接近傍晚，中午吃的那两个窝窝头早就消化殆尽，肚子饿得叽里咕噜地叫。力气一丝一丝地被抽离，我的眼皮抬不起来了，走着走着，我就晕倒了。工友们把我扶起来，在一边躺下，灌了一碗水后我悠悠地醒来，谢绝了大家的劝慰，爬起来又投入到修路的会战中。

　　其实，像我这样的情况，每一天都有发生。很多人干着干着，扶着镐头就睡着了，旁边的人拍他一下，马上惊醒，就又投入到劳动中……

　　现在，再也见不到那"晴天扬灰路、雨天泥水路、上班穿靴子、走路需拐棍"的坎坷之路了。取而代之的是一条条连接着井站和矿区，延伸至锦州、营口、朝阳、兴城、鞍山、大连等地的黑色公路。

　　我们那一代人哪，都是从旧社会走过来的，知道建设一个崭新的中国意味着什么。我们的骨子里就有那么一股劲儿，为了给共和国输送血液，我们吃多少苦、遭多少罪都是值得的。

　　父亲说到这里的时候，眼睛里充满自豪。是呀，一部艰难创业史，百万翻天覆地人。父亲他们这一辈人，用智慧点燃地火，用使命辉煌青春，用力与美的奇妙构想、汗与血铸就的画笔，勾勒着壮美的石油梦，在辽河油田的历史上，在中国石油的历史上，都写下了恢宏的篇章……

双七井的记忆

　　这里依然是一片浩瀚的苇海，方圆几百里的芦苇荡从渤海右岸轰轰烈烈地向北蔓延，一路威风凛凛地铺展开来，密如头发，绿似翡翠，浩浩荡荡，铺地连天。

　　此刻，我站在双七井前，周遭一片静寂。往日苇海中吱吱作响的磕头机已经失去了踪影，通往苇海深处的柏油马路也不见了车辆的繁忙，就连采油小站，也没有了姑娘的笑声。为推动生态文明建设，这些在苇荡深处热闹了40多年的采油树，悄悄地卸下了重任，完成了自己的使命。

　　而这些被封了的油井还在，它们曾经的辉煌还在。在辽河油田的发展史上，在辽河人的记忆里，双七井永远都是血与火的记忆，是辽河人战天斗地的丰碑！

　　双七井不会忘记，20世纪70年代，这里是一片浩瀚的苇海，是一片几十里不见人烟的滩涂之地。而几千米地下蕴藏的滚滚的原油，把石油人的脚步牢牢地锁到了这里。

　　1975年的早春时节，3273钻井队浩浩荡荡地开进了这片荒地。从此，荒原不再沉默，隆隆的钻机声伴随着苇海的涛声将这片寂静的荒原搅得热热闹闹。

　　7月，钻井任务即将完成。然而，一场滂沱的大雨，导致一场意外的灾难突然袭来。因为海潮倒灌，井队的固井水泥全部被淹，无法使用。怎么办？如果不能及时固井，不仅会导致7个多月来辛辛苦苦钻出的井有倒塌的危险，也会影响整个西部板块的开发和利用。而井场的周遭一片沼泽，想从外面运进水泥谈何容易！

局领导在了解这个情况后，从各单位抽调1300多名干部职工组成突击队，展开了双七井抢运水泥的大会战。

船载着固井用的水泥等物资在双台子河口处登岸，而这里离双七井还有8公里远。没有道路，到处都是水坑烂泥塘。阳光仿佛千万支钢针热辣辣地扎在人们的脸上、身上，将人体内的水分一点一点地挤了出来。这些密密麻麻的水珠汇集在一起，沿着人们的面颊、身体一路向下，不一会儿工夫，衣服都粘在了身上。1000多人组成的长龙，沿着一条只有手掌宽并且时断时续的坝埂，向苇海深处纵伸，每个人都小心翼翼地移动着，因为稍有不慎，脚就会踩空，滑落进烂泥塘。脚陷进泥泞的土中，拔出来非常费劲。尽管万分小心，但仍然不时会有人滑下去。这时，队友们你拉胳膊，我拽衣襟，大家齐心协力把队友拯救出来。

"石油工人干劲大，天大困难都不怕。"8公里的长度，上百斤的重负。由于道路狭窄，人员众多，想停下来歇歇脚、喘口气是不可能的，每个人都凭着坚强的毅力，咬紧牙关，负重前行。有的人鞋被烂泥吞掉，就甩开鞋光着脚走。芦苇尖锐的根将脚扎得鲜血淋漓，肩膀被袋子磨得血肉模糊，还有那些讨厌的蚊虫围着他们嗡嗡地叫着，脸上、身上，凡是裸露在外面的地方被蚊子叮得通红肿胀，刺痒难耐。没有人叫苦，没有人喊累，他们以铁人的精神和顽强的意志，扛着水泥一步一步，如蜗牛一般，艰难地前行……

时断时续的狭窄坝埂也到了尽头，路，彻底断掉了。他们的面前，是一片真正的沼泽地，大大小小的水泡子连在一起，深的齐腰，浅的没腿。即便是裸露出来的土地，也是泥泞难走。谁都没有犹豫，跳进齐腰深的水塘中，将水泥袋子高高地扛在肩头，在泥泞的水塘里一步一步地挪着。行不到十米八米，摔个三五跤是常事。尽管水泥袋子都裹上了防水布，但为了避免浸湿，他们摔倒时都尽量把水泥抬在肩上、抱在怀里。过度的劳累和凉水的浸泡，有的队员腿抽筋了，他们就在泥塘里坐一会儿，等腿稍微舒缓一下，又站起来继续行进……

就这样，1300多人奋战了30多个小时，终于完成了运送1000多袋水泥的任务！

而钻井队这边，同样也在打一场恶仗。20世纪70年代，钻井设备不仅落后，而且非常短缺。冬天他们进驻双七井时，只带来一辆搅拌水泥的车，根本不能达到搅拌的需要。队领导身先士卒，首先跳入水泥池中，用身体来搅拌。其他同志也跟着跳入水泥池中，他们忍受着骄阳的烤晒，水泥的灼烧，地面的蒸腾，蚊虫的叮咬，硬是在水泥池中奋斗了一个半小时，终于，将泥浆搅拌得均匀细腻，顺利地注入井中，完满地完成了固井任务。

"一部艰难创业史，百万翻天覆地人。"双七井不会忘记，在辽河油田发展的初期，自然条件恶劣，生产条件艰苦，生产技术落后，那些创业者凭着"打出石油，为国家分忧"的崇高而朴实的理想，以创业者的双手，在寂寞的荒滩上描绘出一幅幅绚丽的图画；以创业者的双脚，在这片荒蛮的土地上，留下了一串串坚实有力的足迹；以创业者的精神，在这片神奇的土地上，谱写着一曲恢宏的创业之歌、开拓之歌、拼搏之歌！

如今，辽河油田的各个方面都发生了翻天覆地的变化，那种艰苦的工作条件和生活条件得到了彻底改善。然而，石油人身上艰苦创业的精神和"三老四严"的优秀品质没有变，铁人精神是石油人最宝贵的财富，是当下辽河油田发展的蓬勃动力。

夕阳渐渐西下，金色的晚霞照在大苇荡上，金灿灿的，依然光彩夺目。嘎，嘎……芦苇荡里，一群丹顶鹤腾空而飞，嘹亮的叫声在空中回荡。

我回首翘望，双七井沐浴在夕阳里，还是那么庄严，那么神圣！

薪尽火传的呼吸

——访中国传统音乐学者李润中

张小伙

李润中，盘锦艺术界无人不晓。他曾任盘锦市群众艺术馆培训部主任、研究馆员，中国音乐家协会会员，盘锦市第六届音协主席。他著作颇丰，为盘锦的民族民间音乐及民俗事象的采集与研究做出了特殊贡献。他擅长唢呐、二胡、萨克斯。多年来潜心培养、教授学生，把音乐语言传给鹤乡的孩子们，让音符陪他们一起快乐地成长。从他的建树来看，说"新疆有个王洛宾，盘锦有个李润中"并不为过。采访中，笔者深深体悟到，盘锦文化底蕴深厚。此地藏龙卧虎，人才济济，李润中就是其中的优秀代表、重量级人物。

一

李润中，1955年9月11日出生于盘山县古城子乡夹信子村一个民间鼓吹乐世家。他祖籍是北京顺天府边上的代县（今河北蔚县东北）。李家家境贫寒，润中兄弟姐妹共11个，只活下来6个。他最小，乳名小三儿。润中从小就在吹吹打打的环境中成长，5岁时打小镲锅儿（打击乐中最小的乐器）。从8岁开始，老父亲李国安看他有"心板"，先是教他拉二胡，拉《鄂伦春小调》，拉《秧歌调》。上小学时，父亲开始教他吹唢呐，从小学吹到中学整整9年，在乡野周围已小有名气。

1973年，18岁的李润中考入盘锦垦区盘山区毛泽东思想文艺宣传队。除了唢呐独奏，他还拉二胡伴奏。

1984年盘锦建市。在这期间，《中国民族民间器乐曲集成·辽宁卷》的工作已经在全省铺开（此项工作属于全国艺术科学重点科研项目），不允许有任何一个市地空缺和遗漏。于是市文化局将这个任务交给群众艺术馆。馆长于广勤认为这是个大事，就找到李润中说："你是个干事有心的人，这事就由你负责。"

李润中是个说干就干的人，第二天就到沈阳的省集成办了解全省集成工作的进展情况，回来后找到于广勤说："于馆长，我到省集成办一看，人家其他市地都弄得差不多了，咱已经晚了三年，想按部就班地一个艺人一个艺人地采访，已经来不及了，我想干脆把盘锦所有健在的民间鼓乐艺人全都集中上来搞一次比赛（又叫'对棚'），然后进行集中采录。"于馆长当即拍板，经过5天的集中演奏与采录，便获得了70%的民间鼓乐音响、乐谱及相关资料。这次收益颇丰的活动之后，李润中又找到于馆长说："于馆长，我想请一段假，去采访我老父亲。"于广勤爽快允假。由于李润中长年忙工作难回家一次，这次回到家，父母都高兴得不得了。父亲说："我说，你记。"采访整整干了一个月。

1986年，沈阳音乐学院教授杨久盛先生（《中国民族民间器乐曲集成·辽宁卷》副主编）来盘锦检查器乐曲集成工作，见到由李润中负责的盘锦市卷本原稿，杨教授非常惊讶，没想到的是，盘锦市器乐曲集成居然后来居上，有了厚厚的四大卷本。之前，李润中曾给杨教授打电话问什么时候上沈阳审稿，年过花甲的杨教授说："怎么？你弄完了，多少？"当得知是四大本后便兴奋地说："你别来了，我们到你那儿去！"从那以后，他就把李润中借到了省集成办。李润中有翻译工尺谱的技能，这在辽宁音乐界也是凤毛麟角。省卷一共有500多首乐曲，不是小调都是大曲，这些套曲都由李润中来校对。

《中国音乐学》是中国艺术研究院音乐研究所主办的刊物，全世界发行。上面刊发文章的人都是著名教授，最低也是硕士生，是中国音乐界的顶尖刊物。1990年，李润中在《中国音乐学》杂志发表了3万多字的长文《辽宁盘锦鼓乐调查报告》，并获"第六届华夏之声"论文研讨会一等奖，时年35岁。当时在各市县参加"集成"的人员中，能在国家顶级刊物上发表文章的人并不多。

翻译古谱，是李润中从小和父亲李国安学的。以后，李润中又看见杨久盛教授翻译古谱。在翻译古谱方面可以说在辽宁，除了杨老师，就是李润中了。

古谱又叫工尺谱，是中国独有的古代字谱，都是自上而下写在马粪纸上的，且都是小楷书。中国的传统音乐都是靠它记载和传承下来的。

二

几年来，李润中致力于民族民间音乐的搜集、整理研究工作，发表的论文数不胜数。论文发表多了，四下散乱不易保存，他又"不满足"了，凭着蚂蚁啃骨头的韧劲儿，硬是完成了《群众文化论文集》《曲艺作品选》《盘锦民间鼓乐》等三部专著。面对成绩，李润中还记得沈音老院长丁鸣先生当年说的话："你是赶上一个好时候，盛世著典嘛！谁也不要把集成看小了，这几年你们看小李子出彩了吧！"通过编辑集成，李润中再写论文时易如反掌。涉及论文比赛，李润中别具一格、格调清新的东西就浮出水面。专家评价他："李润中的论文角度就是不一般！"

几年来，《辽宁盘锦鼓乐调查报告》发表于《中国音乐学》1990年第一期并获"第六届华夏之声"论文研讨会一等奖；《东北的唢呐"破工"音》发表于《中国音乐》1990年第3期；《辽宁盘锦文昌宫道教器乐调查报告》发表于《中国音乐学》1995年第1期；《辽宁盘锦高跷音乐调查报告》在东北艺术界引起强烈反响；《辽南高跷击乐器探源》发表于《辽宁鼓吹乐论文集》并获"辽宁省首届群众艺术馆业务干部大赛一等奖"；《盘锦夜总会乐队调查报告》发表于1996年《艺术广角》并获"东三省音乐论文大赛"二等奖;《关于艺术馆老师私教学生之论辩》发表于2000年《艺术广角》增刊;《关于盘锦市社区音乐文化的调查报告》获"第二届东北三省音乐论文征集评选活动"二等奖;《比对节、庆文化中的从艺人》获"第二届东北三省音乐论文征集评选活动"优秀奖;《和谐文化是和谐社会的重要乐章——关于盘锦市基层文化建设的调查报告》获"辽宁省和谐文化建设论文研讨会"二等奖;《农村秧歌为啥火起来》发表于2005年8月25日《辽宁日报》副刊《文化观察》栏目;《民间俗令采集与析辩》让人们看到了历史,也告诉人们如何建设未来;《高科技手段让戏曲音乐腾飞——浅说MID系统给戏曲音乐带来的变化》获"第二届东北三省音乐论文征集评选活动"三等奖;《寸子舞及其猜想》通过图文并茂的形式,告诉世界"立足尖的芭蕾"之原创者来自中国东北盘锦的"寸子舞"。李润中撰写论文的成功,带动了群众艺术馆业务干部钻研业务的风气。这种典型示范作用其意义是不言而喻的。

三

1996年11月7日,中国著名唢呐演奏家、供职于中国电影乐团的胡海泉先生给李润中来信说:"我十分感谢你给我寄来你任主编的《辽宁民族民间器乐曲集成》和《民歌集成》共四个卷本的宝贵资料。从中可以看出,你是有坚定事业心的实干家,这样大的工作量一般人是不好完成的;而且不单是主编,大量的繁杂记谱工作等等是十分劳心的,你的辛勤劳动成果,给后人留下难以用经济价值计算的祖国文化财富。这对那些'干打雷不下雨'的人来说,是最有力的鉴证。如果没有像你这样的实干家,祖先在历史长河中留下的宝贵财富就会失传,就会付之东流。后人将会永远铭记你的功德的。"

由于李润中在田野调查上有相当的成就,他被台湾"清华大学"历史研究所王秋桂博士聘为大陆研究员。"中国传统音乐研究"欧洲基金会主席斯蒂文森曾采访过李润中,并在英国剑桥大学"唐宫遗韵"

刊物《馨》上对其加以介绍："如果哪位音乐学者不了解传统音乐从旧社会的群体生活、社会习俗，向新时期的体制和习俗的转变，请您去看来自辽宁的李润中写的一篇好文章《辽宁盘锦鼓乐调查报告》。"

李润中对笔者说："我对盘锦原生态的东西是不会放弃的。我对她有着深深的感情，我还会有新的东西出现。"说到做到，就在2011年1月至2012年6月，他用了近一年半的时间完成一部非常有价值的专著《上口子高跷秧歌探源》，把盘锦的唯一一项国家级非物质文化遗产，完整地记录下来并加以研究，由原沈阳军区白山出版社出版。主编说，这是一部写得最好的、最有价值的书。

李润中是幸福的，幸福像一个天真无邪的孩子那样向我们跑来。笔者以一首诗歌《唢呐》送给李润中先生。

一声仰天长吼，吼出斑斓大虫的威风

扯起热炕头上的旌旗，张扬白桦林的血性

一瓶咬开盖的老烧酒，摇晃在沧桑的岁月中

胡须上长出了红高粱，大豆在脊背上翻筋斗

"铁牛"妹子耕耘曲

刘思霞

"铁牛"是拖拉机的代名词。

1967年的初春，冷风瑟瑟，寒气袭人，可在盘山县吴家水利工程的工地上，却是马达轰鸣，热火朝天。几十台拖拉机挂着推土铲，在奔跑中，发出震撼的吼声。

忽然，人们发现，驾驶着106号拖拉机的，原来是个妹子。只见这个妹子，车开得快，开得稳，土推得多，起铲落铲，干净利落，在这个男人拼搏的战场上，犹如一道亮丽的风景线，让人刮目相看。

一时间，工地上来了个"铁牛"妹子的消息，像长了翅膀，很快传开了。大家都想亲眼看看"铁牛"妹子的风采，都想知道"铁牛"妹子是打哪儿来的……

大家口中的"铁牛"妹子名叫郭秀芬，1964年7月从沈阳下乡到盘锦荣兴农场平安河青年队，来时只有16岁。

1965年，平安河大队成立了机械化大队，在知青中挑选女拖拉机手，条件是：身体好，能吃苦，不怕脏累，踏实能干，扔在男人堆里像个小伙子。

经过考核，郭秀芬和郑丽华、邓素珍三人被选中。

能当上拖拉机手，是郭秀芬多年的愿望。在学校读书时，她曾写过一篇作文，题目是《我的理想》。郭秀芬的理想，就是身穿工作服，头戴工作帽，脖子上围条白毛巾，当一名女拖拉机手。没想到，梦想真的实现了，这让她激动不已。

郭秀芬天性活泼，聪慧，虽然年龄小，但个子长得高，能吃苦，外号"假小子"。

到了机械化大队，队长朱启玉把一位高个子、满脸络腮胡子的人，介绍给她，说："这就是你的师傅王富昌。"从此，她就跟着师傅学习开拖拉机。

郭秀芬学习驾驶的是东方红-54型履带式拖拉机，是中国第一拖拉机制造厂于20世纪50年代末自行研制生产的。从拖拉机的原理、保养到操作驾驶，郭秀芬一步一步地学习，在师傅的言传身教下，逐渐了解了大犁是靠机车的牵引才能工作，机车只有开得稳，走得直，大犁才能翻出整齐漂亮的伐片。

摇犁，是学习开拖拉机必须要过的一道关。师傅告诉她："当徒弟要以摇犁为本，摇犁时要专心，不能走神，只有把犁摇好了，才算好学徒。"郭秀芬谨记师傅说的话。摇一天犁下来，胳膊又酸又痛，但她咬牙坚持着，日复一日，寒来暑往，终于闯了这道关。

秋翻地开始了，师徒二人齐上阵。师傅开车她摇犁，白天，在太阳光的照耀下，翻起来的土伐片整整齐齐，闪闪发光，可到了晚上，就是另一个景象，气温骤降，四周漆黑……师傅有个羊皮袄，谁摇犁，谁穿上。芦苇被风吹得唰唰响，远处又有狼叫的声音和一双双绿色的眼光，让郭秀芬毛骨悚然，充满了恐惧。师傅告诉她，那是狼和狐狸的眼睛。

1965年冬天，知青在拖拉机旁留影

巨大的轰鸣声，加上灯光的照射，使狼和狐狸不敢靠近拖拉机，时间长了，郭秀芬习惯了，胆子也就大了。

有一天晚上，拖拉机开到了坟坑里，说啥也出不来了，没办法，她只能扛棺材板垫，从后半夜一直干到天亮，才算把拖拉机弄了出来。

1967年的春天，为确保万亩水田的灌溉用水，盘锦垦区决定：对盘山县吴家干渠进行全面改扩建，要求每个农场派一台推土机，参加会战。

荣兴农场积极响应，派出郭秀芬所在的106号机车组，参加会战。由车长王富昌带队，其他成员有驾驶员龙文泉、徒弟郭秀芬、王兴昌。

据《盘山县志》记载，吴家渠系是盘锦灌区的一条独立渠系……总干原为排水沟道，上段在吴家乡境内，称作六〇河。兴隆台以下，称作螃蟹沟。盘锦垦区成立后，对螃蟹沟进行了全面规划，1967年，修建输水能力为30立方米/秒的吴家进水闸。

吴家水利工程，由盘锦垦区水利工程指挥部统一部署，并提前给各农场划好了地段，用彩旗作为标记。

到了工地，师徒四人分成了两组，郭秀芬和师傅王富昌一组，龙文泉和徒弟王兴昌一组，两个组倒班干，歇人不歇车。

经过一年多的学习锻炼，郭秀芬的驾驶技术越来越娴熟。推土时，将推土铲安装在拖拉机上，铲两侧分别有长臂，把长臂固定在机车上，由液压装置控制升降。郭秀芬熟练地操纵着，在工地上来来回回地跑着，她将头上棉帽子的两个长耳朵系了脑后，全神贯注地开着拖拉机。而大坝上，每天都有工友们过来围观，看她是怎样推土的，叫好声、赞扬声不时响起，催人奋进！

郭秀芬越干越有劲儿。师傅在下面一边抽烟，一边注视着她，看着自己的徒弟，能吃苦，不怕累，把活干得干净利落，车开得得心应手，打心眼里高兴，有时看她累了，就上去替换她，让她休息一下，每当有人过来，向他打听徒弟的事，他更是乐此不疲地向大家介绍着……

经过一个来月的艰苦奋战，工程终于结束了。垦区水利工程指挥

作者2019年采访郭秀芬（右）

部组织验收，郭秀芬他们的106号机车组圆满完成了任务。

光阴似箭，岁月如梭，转眼半个多世纪过去了，当年的"铁牛"妹子，如今已年过七旬，那段火红的青春岁月，已成为历史故事……

你好！王殿荣

邱明镭

一

　　一晃我的奶奶王殿荣离开我已经整整19个年头，奶奶的音容笑貌至今还深深地铭刻在我的心里。

　　我7岁那年，我家经过几千里的长途跋涉，终于从陕西榆林搬回东北老家。当时爸妈分别被分到营口二师和田庄台教育科两地分居，我和弟弟被直接送到营口奶奶家。

　　爸妈把我俩安顿好后，就返回各自的工作岗位。弟弟小我4岁，他似乎并不懂得离别的痛苦，只有我拼命地哭着喊着要和他们一起走，那时我总是被奶奶挤在炕沿与椅子的夹角处。

　　由于姥姥的溺爱，我从小养成一身毛病。回到东北后，奶奶开始给我立规矩。她要求我食不言、寝不语、坐如钟、行如风，还要学习一些传统礼仪。记得一次我刚刚端起饭碗，奶奶的线板子照着我的小腿就打过来，后来才知道，是因为我吃饭时晃腿。

小时候，每次我要学包饺子，奶奶总是让我先学擀皮，她要求我皮擀得不仅要圆，而且饺子皮对折的厚度要和中间一致，稍不合格就得返工。她对我的要求几近苛刻。

那时我就盼着爸妈能够早日结束两地生活的日子，我还发誓到那时，"即使是八抬大轿抬我，我也绝不会再和奶奶一起生活"。就在我叫苦连天的时候，还是爸爸给我讲述奶奶的故事，才让我逐渐地重新认识奶奶王殿荣。

二

田庄台镇在明清时期，是辽河下游重要的水陆码头，那里商贾云集。王殿荣的父亲和陈掌柜在镇上合伙开了一个"陈家馆子"，经营水煎包子，生意很红火。

王殿荣4岁时，她的母亲因病去世，父亲续弦。父亲怕她受委屈把她送到奶奶家，到了她上学的年龄，她父亲才把她接回来，供她念书。出嫁时，又亲自为她选择夫婿。我爷爷邱云峰人很聪明，在校期间曾被誉为"十二能"。差一年初小毕业时，我太爷爷去世，学校珍惜他是个人才，破例免收学费，让他继续学习，但家里也只能供他念完初小。

当时，我大爷爷靠一条舢板给人家搞运输，爷爷在杂货店里做小伙计，哥俩养活一家人。我的大姑奶出嫁后，生活不富裕，经常回娘家。我还有一个未成年的老姑奶和生病的太奶需要人照料。按理说这样的家庭，太姥爷是舍不得让奶奶嫁过来的，可是我太姥爷偏偏就是看中邱云峰的才气和孝顺。出嫁那天，陪嫁的东西推了四小推车。

三

我家是一个有十几口人的封建家长制的大家庭，大爷爷先后娶过三任大奶奶，家务主要还是由奶奶承担。早年间，爷爷在营口做伙计，后来开杂货铺，自己做起了掌柜。家里的经济来源先是靠大爷爷搞运输，爷爷开杂货铺，后来，大爷爷的生意由运输转型为贩卖，哥俩赚钱养活这个家。

在爷爷学徒、生意刚起步之际，奶奶不仅将出嫁时的首饰和积蓄变卖，为爷爷筹集资金，还主动分担起家庭的经济重担。在家务活之外，奶奶还搞家庭副业，打草绳卖。打草绳所需的稻草，必须先用水浸泡，否则草干了易折。奶奶每天三四点就起床，一边做家务一边打草绳。夏天还好，到了冬天，双手浸在冰冷刺骨的水里，那种滋味可想而知。爸爸是农历十月中旬出生，生完孩子第三天奶奶便开始劳动。她的棉鞋被泡水的稻草打湿又干了，再打湿再干。手上、脚后跟冻得裂开口子，每蹬一下机器都是钻心地疼，鲜血直流，伤口裂了好、好了裂，脚肿得只好趿拉着鞋，她也不肯歇息。她还得把打完的草绳（100多斤）捆成捆背到很远的地方卖，这对一个裹脚的女人来说，是何等的艰难。

爷爷从营口捎来的衣服、布料、吃的，她也是可太奶、大奶奶先挑。奶奶对失去母亲的堂伯父和堂姑疼爱有加。她的孩子们也是拣他们穿旧的、穿小的改制的衣服。奶奶勤劳俭朴的习惯，也影响着她的子女，稍大些他们就都开始帮她分担家务了。

邱云峰姐姐和堂兄他们家都住在农村，外甥和侄子在镇上念小学、初中，吃住都在奶奶家，一住就是好几年。这些都加重了奶奶的经济、生活压力，家务几乎都由她承担，但奶奶从不抱怨。

奶奶还经常周济邻居，冬天她看到失去老伴儿的褚爷爷棉袄挂了花，连夜为他赶制了一件新衣服；就连继母的姨娘去世，扔下的两个孩子的衣服也全部由奶奶包揽。奶奶的婶娘患上子宫癌，还是奶奶每天抽时间陪护。1956年大姑奶患脑溢血瘫痪，又是奶奶跟到营口医院护理半年有余。奶奶那种宽厚仁慈的态度、竭力而为的性格全都遗传给了她的子嗣。

大爷爷喜欢交际、性格粗放，经常带朋友回家，自然是由奶奶负责烧饭做菜。伯父喜欢听书、看剧，常在自家的院子里给小伙伴们讲、唱，后来大人们也喜欢听，院子里常常围不少人，奶奶从没怨言，还经常给大家烧水，赶上饭点有时还留大家吃饭。

奶奶对子女的学习看得很重，为了让我大伯接受更好的教育，特意和爷爷商量送他到沈阳新华中学读书。后来又专门给他请个账房先生，在家里包吃包住地教他学财务知识，直至伯父出徒。

公私合营后，爷爷的杂货铺"洪发顺"财产作价归公。爷爷成为合作社的主管会计，但收入远不及从前。

1953年，为了供子女念书，不拖累大爷一家人的生活，奶奶主动提出分家。当时，大爷的货船遇到海浪，货物受损，欠了200元的债务，奶奶一家净身出户不说，还主动承担100元的债务。这100元直到很多年以后才还清。

那些年太奶瘫痪在炕上不能下地，是奶奶几年如一日护理，直至太奶离世。她每天就像一台上足马力的机器不停地运转，永不知疲倦，无怨无悔地承载着这个家。1953年爸爸考上东北师大，1958年二叔考上了营口高中，奶奶这才结束了和爷爷多年的两地分居生活。三间祖宅又分文未取全都送给大爷爷，而她自己到营口租房子住。

为了还清分家时的债务、供孩子们上学，奶奶带领老叔和老姑剥云母、拆面纱、穿糖葫芦、糊火柴盒、挑火柴头赚钱。直到爸爸、二叔都工作，给家里寄钱，经济状况才有所好转。

她的四个子女，后来陆续都考上大学。她节衣缩食、吃尽了人间的苦，培养出了一家读书人。

奶奶虽然没读过《易经》，也没学过儒学，但她处处以"和合"为根，同家人、邻里和睦相处。

爸爸大学毕业，奶奶支持他支援大西北。二叔、姑姑都选择服从国家分配。1977年恢复高考，又是奶奶支持老叔，放弃省重点中学教导主任的职务，参加高考。1980年爷爷、奶奶和我，举家搬迁至沈阳。

奶奶的一生始终不肯给别人添麻烦，哪怕是自己的子女。爷爷瘫痪3年，几乎都是70多岁的奶奶亲自照顾爷爷，90多岁还坚持自己下楼。老邻居来沈阳看病，大多都住在奶奶家。

如今，奶奶离世已经很多年了，在立碑时，二叔亲自撰写了碑文：

辛劳齐家　永泽子孙

不畏艰辛、不辞辛劳、节俭不惜

竭力而为、和睦相处、缔造幸福

诚实为根、勤奋为本、知识为先

和合为根、进取不止、风淳家兴

我对奶奶的思念说上三天三夜，恐怕也说不完，哀痛是无法形容的。奶奶是平凡的中国女人中的一个，她用她那博大的胸怀演绎着不平凡的人生。她唯真、唯善、唯美，在我内心打下深深的烙印。她的言传身教也将影响着我们家族一代又一代人，她是我最好的老师。

我用什么来报答奶奶的深恩呢？我将把奶奶遗传给我们的善良、乐于助人、先人后己的精神和美德传承下去，这是我能做到的，一定能做到的。愿奶奶王殿荣在地下安息！

辽河口轶事

李焕喜

　　故事发生在辽河口附近的一个村庄，叫盖家堡子，这里的住户多姓盖，杂姓也有，但不多。说的是一位残疾人盖宝强的事。年轻的时候他的身体是健全的。那他的腿是怎么残的呢？

　　这话说起来长了，那时他还是个十七八岁的愣头小伙子，血气方刚，一身的力气。当时村里也就几十户人家，每户开荒出几亩薄地，以水田为主，也有在边边拉拉种点旱田的。不知什么时候起，来了一伙人，叫什么开拓团，到处开荒种地，这伙人的驻地叫什么什么号，男女老少都有，他们说的话谁也听不懂，当时也不知道他们是哪儿冒出来的。这伙人可了不得了，经常欺负当地人，当地人没法和他们沟通，他们也不和你沟通，动辄武力解决。当地人敢怒不敢言。为啥怕他们呢？因为他们手里有枪。

　　一次，几户人家想往稻地里上水，却发现水沟被堵死，几个人上水心切，就一起动手花了半天时间把被堵的坝挖开，就在这时来了一伙人，不容分说把挖坝这些人全部打趴下了，其中有一个老者伤得最重，腿肚子被铁锹砍个大口子，血流不止。几个人背着老者，互相搀扶着跌跌撞撞回了家。

　　盖宝强听了几个人的诉说之后，气愤不已。盖宝强说："咱们个人种个人的地，不要招惹他们。"

　　那老者道："大侄子，今天的事不怪咱，他们把水沟给堵死了，这上不了水，用不了几天稻苗都得干死。我们把坝挖开，他们就把我们打成这样，大侄子，憋气呀！"

"那现在能上水吗？"盖宝强问。

"如果没被堵上，就能上水。"老者答。

"那好，你老就在家养伤吧，我们几个去把水上了。"盖宝强对周围的人说。

盖宝强他们一行有七八个人，每人拿把铁锹往地里赶。离远就看见有人在他们家地里转，到近前一看，原来那伙人正在往地里上水。盖宝强心想，这伙人行啊，已经把水给上了，就算了，冤家宜解不宜结，既然是这样，刚才打架的事就别追究了。想到这，他走到那人跟前笑道："谢谢你们哪，我们自己来，不麻烦你们了。"

只听那些人叽里呱啦吼起来，盖宝强他们不明白啥意思，就用手比画，意思是说，我们自己上吧。

那些人还是叽里呱啦，并把铁锹横过来往外使劲儿推他们。

盖宝强明白过来了，原来这些人是在撵他们走，根本不是给他们上水。这时那伙人已经围上来十多个了，看起来一场更大的冲突就要上演。

盖宝强对大伙说："他们不是给我们上水的，他们是要把我们的地抢走！"

"抢走？凭啥呀？"大伙你一言我一语。

"这些地我们已经种好多年了，是我们用双手一点点开垦出来的，从来没有人阻止过，现在稻苗已经长得很高了，每家每户就靠着几亩地了，没有这些地就得被饿死，哪能就轻易放弃。"

盖宝强大声道："这地是我们的，你们凭什么！"

那伙人拿铁锹横成一道墙，使劲儿推搡他们。盖宝强被推个大趔趄，险些倒下，他后退几步："你们要干什么！讲不讲点儿理！"

又是一阵叽里呱啦，接着那伙人都把锹举起来向盖宝强他们砍去。这时再不接招，几乎都得挨砍。只听盖宝强大喊一声："给我打！"

那么这伙人为什么要抢他们的地呢？原来几天前吃完晚饭，父亲告诉盖宝强，有一伙人来到家里，说话听不懂，半天才明白，大概意思是要买咱们的地，他们是挨家走的，最后大伙都来到咱们家，大家都不同意卖，因为没有地怎么生活呀？最后大家一致摇头——不卖。那伙人非常不满意，不知道说了句什么，怒气冲冲地走了。原以为没啥事了，买卖是双方的事，一个愿卖一个愿买才能成交，也没往心里去。接着就发生了堵沟事件，那意思是你不卖，就把水沟堵死，没有水让你种不成，逼你卖。现在想起来，才觉察到，原来这伙人是有预谋的。想到这，盖宝强又来一嗓子："给我使劲儿打！我们的土地绝不能让他们抢走！"要说咱中国老百姓也真不含糊，这帮后生绝不是吃素的，有一股子力气，那伙人虽然人多，但有几个已被打倒在地，特别是盖宝强把铁锹都抡圆了，专门往他们腿上砍，很快就占了上风。这时只听砰的一声枪响，盖宝强应声倒下，裤腿立刻流出血来。原来不知什么时候，冲上来一个拿枪的人，这一枪正好打在盖宝强的小腿上。这一枪立刻把人震住了，这家伙拿着枪横晃着，不知在说什么，咱们的人听不懂，当这家伙走到盖宝强的同伴王小三身后时，王小三猛地一回身，一双铁钳般的手死死地钳住那家伙的枪，两人一较力，那家伙抵不过，就扣了扳机，子弹打在他们同伙的肩膀上，血立即就渗透衣服，那家伙叽里呱啦号叫着。王小三抢过枪也横晃着，喊道："快扶起强哥，快走！"那些家伙一阵叽里呱啦，王小三端着枪对他们吼道："都给我滚！再往前走，我就开枪了！"那帮家伙见王小三端着枪乱晃，纷纷后退。小三见盖宝强他们走远了，扣动了扳机，接着转身就跑，只听后面一片叫喊声。

王小三直接跑到盖宝强家，此时的盖宝强脸色蜡黄，疼得浑身出汗。小三问道："你的腿怎么样？"

"估计是断了。"

"断了！我一枪也没打响，这是什么破玩意。"

盖宝强道："今天多亏你了，要不大家都得吃亏。可是，你怎么能把枪也带回来啦？这东西不能要。他们没追上来吧？"

大家对视着，谁也没说话，只是摇头。

盖宝强的父亲盖德林说："今晚你们这些人都得离开家，我用车把你们送走，到外面躲一躲。一来小强的腿得找人接上，二来那伙人今天晚上或明天就得来报复，还有那支枪不能放在家里，必须带走半路藏起来。你们快回家告诉一声，马上就回来，要快，谁来晚了可不等啊。"

　　就这样，这七八个后生连夜跟盖德林和一辆小马车离开村子。盖宝强躺在车上，受伤的腿放在一床挺厚的被上。傍晚的夜色变黑，路又不好走，走快了还颠，小马车本身又拉不了几个人，大伙只能换着坐，你坐会儿，他坐会儿。盖宝强的父亲牵着马，一点点前行。不知过了多长时间，人们的眼皮有点儿发硬了。盖德林说："谁也不许睡觉哇，谁睡我就给谁一鞭子！"

　　王小三坐在盖宝强身边，时而帮盖宝强扶扶伤腿，他的眼皮刚要打架，被盖老汉这么一说，打个激灵。他突然想起一件事就问盖宝强："强哥，你睡着啦？"

　　"我能睡着吗？有话你说。"

　　"我说强哥，刚才我冲那些人开了一枪，枪咋没响啊？"

　　"我怎么知道？你以前打过枪？"

　　"没有。"

　　"没打过，你根本就不会，不会怎么能打响？"

　　"那——"他又问盖宝强的父亲，"大叔你打过枪吗？"

　　"打过，是猎枪。你刚才说枪没打响？"

　　"是呀。"

　　"那你拉大栓了吗？只有拉大栓才能打响。"

　　"大栓？啥是大栓？"

　　"吁。大伙下来撒泡尿，完事把枪藏起来。"

　　车停下后，王小三把枪找出来，走到盖宝强父亲跟前说："大叔，你看看这枪。"

　　"我突然想起来了，这枪还不能藏这，如果生锈了就是废铁了。你先放车上去，等天亮了再看吧。"

这车走走停停，一来这马昨天干一天的活，没吃多少草料就出来了，老爷子挺心疼这家伙。二来走快了盖宝强的腿又吃不消，就这样慢悠悠地走了一宿。天渐渐地放亮了，来到一个村子前。盖老爷子把车停下："大伙都精神精神，到了，都下车活动活动。前面的村子叫牛家窝棚，有两户姓门的，这两户都是我的老朋友，他们对跌打损伤、接骨很有研究。"又对王小三说："小三哪，趁天刚亮没人看见，把枪给我拿出来看看。"

接过王小三递过的枪，大伙都围过来。老爷子观察一阵子道："这枪我没见过，但我断定是支好枪。"他边琢磨边把一个带圆头的往后拉，说："对了，这就是枪栓。"又说："小三，枪膛里有子弹，你把它抠出来。"其实老爷子也不明白，枪栓往后使劲儿一拉子弹就出来了，王小三伸出笨拙的手，好不容易把子弹抠出来。老爷子把枪栓放回去，再吃力地拉，这次枪膛里没有子弹，他把枪口冲地扣动了扳机，只听啪的一声，他满脸笑容道："对了，可惜就一颗子弹。以后我教你们怎么使用。小三你把它包好，对外就说是猎枪。"

一行人把盖宝强送到门家治伤不提，单说这天白天，盖宝强他们家，整个村子，可不得了了。

天刚见亮，有的村民刚起来，村里就来了一伙人，有十多个。这伙人和咱们的人大不一样，一看就不是中国人。他们个个小耗子眼睛，酱块子脑袋，满脸的杀气，挨家挨户敲门，敲不开就砸，砸开进屋就乱翻，屋里屋外翻个遍，整个村子翻个底朝天，如土匪进村庄抢劫一样，见好东西就拿走。两个土匪把一个犁地用的犁杖装上车，一个老者边上去抢边说："这是我的劳动工具，你们拿走，我用什么干活？"这时跑来一个土匪，端着枪对着老者，老者吓得松开手，但不甘心，又伸手往车上抓，被那土匪一枪打在手上，老者的手立刻血流不止。这一枪把人们都镇住了。

这时一个土匪用生硬的中国话嚷起来，大意是说，你们抢了我们的枪，我们没有找到，就用这些东西顶替，但这不算完，我们还会来的。就这样他们抢走满满一车，包括粮食、农具、衣服等物品，人们只能眼睁睁地看着这伙强盗把东西抢走而无半点儿反抗能力。望着强盗们渐渐消失的背影，人们除了叹气还能怎样？等盖德林他们一行人回家时，已经是两天后的事了，听了乡亲们的诉说，也只能是愤怒。

到了秋天，盖宝强的伤已经好得差不多了，但留下了残疾，走路瘸，干活不影响。他心里窝着火呢，身体残疾，田地被不明不白抢走，这口气咽不下呀。经过慎重考虑，征求父亲的意见，他把几个骨干的伙伴找来商量，其实这是个民兵组织，一共有20多人，大伙推荐盖宝强为队长，主要是保护全村人的安全，经研究决定，要等待时机，把自家地里的粮食抢回来。这事一定要秘密进行，耐心等待，绝不能走漏半点儿风声。

机会终于来了。原来这伙都是日本人，他们生产的粮食除自己用一部分外，其余的要运往前线。听说要把一批几万斤的粮食连夜运走，当时不知道他们要把粮食运到哪里去（后来才知道他们要把粮食运到某个转运站，再由转运站运往前线）。这些粮食都是大家的稻田里长出来的，本该就是他们自己的，绝不能放走一粒。目的就一个，抢回属于自己的东西！盖宝强他们估计，运那么多粮食，还是在夜里，必定是持枪押运的。盖宝强做了周密布置，并把队伍分成两部分，自己带一部分人先行，火速赶往离村几里地之外的必经路，将道路切断，另一部分人则暗中跟踪运粮车队。大约夜间12点吧，就听见有马车的动静，盖宝强他们早就把道路断开了，现在需要假装填沟，多数人埋伏在路两旁，留四个人往沟里填土，还有人说："快点儿！快点儿！"说话间，那伙人就到了，一个人在问什么，大意是干什么的。我们的人说："我们的车到这，就发现道断了，就开始填沟。"那伙人往对面望望，确实有一辆马车，装的东西还挺多，都用布苫着。其实是假象，里面装的全是跳板、绳子，别的东西啥都没有。我们的人说："我们累了，干不动了，你们干会儿吧。"由于他们赶路心切，那几个人毫不犹豫地接过锹干起来，要是在平时，把自己累死他们也不会管的。这时听见有鸟叫，这是夜里行动的预定暗号，说明咱们那部分人已经得手了。盖宝强说了句："开始！"早有人冷不丁把干活的四个人打倒，迅速将他们捆绑住，一个个还没来得及反应嘴就被堵上，每个人头上都被套上布套，埋伏在路两侧的人迅速冲上来，把前面三辆车的人全拽下来，缴获三支步枪。冷不防有一个人喊起来，并向一侧狂奔，如果不及时将此人抓回，前方不足50米就是一小片芦苇荡，此人如果逃脱，后果不堪想象。只听盖宝强高喊："肖！肖！快！""肖"是小三的"小"，是王小三的意思，全村没有一个姓肖的，为了防止事情暴露，他们每个人都有绰号，所以不能直呼其姓名。王小三身材瘦小，但机灵乖巧，比兔子跑得还快。王小三答应一声"有"，就向那个黑影飞过去，就在那个黑影跑进芦苇荡里的一刹那，王小三将其扑倒，那人狂喊不止，后边跟上来的人将其嘴堵上，押回马车跟前。

大伙回到马车跟前，清理战果：共有6车粮食，全部是大米，4万斤左右，每辆车包括赶车的押运的共两个人，6辆车12个人18匹马，步枪6支，子弹无数。盖宝强布置几名比较精细的人，把这12个人捆绑结实扔到河里水深的地方，怕漂走又绑上大石头，之后火速离开现场。走出几十里后又分散开，将粮食运到百里以外的地方到集市上卖掉，当然是分几次卖的。他们没有留下一粒大米，一来大米挺贵的，一斤能换几斤粗粮，二来，这些年来村民生活艰苦，粗粮能果腹都很难，一旦大伙吃上大米，很容易暴露，后果不堪设想。那18匹马也全部卖掉，换成粮食，他们把这些粮食都分批拉回村子，每个人都有份。这是他们最辉煌的战果，村民暗地称快。有了枪他们更有了信心。下步的计划就是夺回属于自己的田地。

拦海造田

沈朝贵

　　那是1990年初冬时节，我们公司接受了一个堵河的任务，河口位于辽河三角洲南端，二界沟以北的混江沟。

　　当年的拦海大坝在此处开口子了，这个混江沟是拦海大坝的低洼段。坝的迎水面与背水面都是用草袋子装土护砌的，中间是素土夯实，并用3米长的杂木杆打桩而成。因海水涨大潮，低洼段渗水，海水的压力过大，人力维护作用微乎其微，尽管人们付出了诸多努力，最终还是被海水冲开了。当时真是触目惊心，10米，20米，50米，瞬时间两岸的人喊话都听不见了！"水火不留情。"当时我目睹了拦海大坝被海水冲垮的整个过程，真是惨不忍睹。涨潮海水向北奔涌，退潮海水向南一泻千里，没有停歇的时候。

　　我们立即做堵河的准备工作，拉来板房在岸搭建。老天又不作美，刮起了北风，下着

社会学资深专家沈殿忠

小雨，我们顶着风雨搭建人工宿舍。人们淋湿了衣服，最后气温又急剧下降，竟然又下起了小雪。在北风夹雪的夜晚，我们终于把临时宿舍搭建完毕。室内设有对面双排上下铺，是能容纳100人的大宿舍。河对岸也是同时搭设的临时宿舍，河两边都能见到对面的灯光，但是发电机的声音是听不到的。我们是昼夜不停地工作，每6小时倒班，有时人员不够用，就连班作业。我们是现场拉土推土的指挥员，现场有小翻斗车、大翻斗车、小推土机、大推土机。用人工往麻袋里装毛石往河口里投放。灯火通明，机车声、推土机的马达声，阵阵作响。人影穿梭不停，一片繁忙景象。当我们倒班回宿舍睡觉的时候已是下半夜了，我住的是二铺，睡到天亮起床时发现被子的下一半盖了一层一厘米厚的积雪，原来建房的时候粘不住胶贴，缝无法封严。工人们艰苦奋战，昼夜不停地劳作，一个月内完成了堵河任务。大坝合龙的

沈殿忠（中）在家中接受采访

沈殿忠出版的部分书籍

过程，场面非常壮观，两侧的土已经备足，又是退潮的好时机，机械、人工齐上阵，午夜时分顺利合龙了。

今天看到这拦海造田的数十万亩土地已盛产出优质的大米，我们的心情十分喜悦。我们用坚硬的臂膀创造出了大自然的奇迹，我们用辛勤的汗水换来了今天的翠绿。我们用双手改造碱滩，现已苇浪滚滚，一望无际。稻田里的河蟹横行沃野，肉肥味美。我们的鱼米之乡名扬万里，真是天道酬勤。只有人民才是创造世界历史的主力，让昔时的盐碱滩变成了今日的米粮川。

我国改革开放40多年取得巨大成就，中国在世界经济全球化时代中发展，我们为创造新盘锦，建设新大洼，创建和谐文明城市而努力前进，为实现中华民族伟大复兴的中国梦不懈奋斗！

（根据沈殿忠口述整理）

诗意抒怀

辽河情思

刘亚明

之一：遐想

辽河究竟流淌着什么？让两岸的仲夏

一个劲地绿着——

竹排只是河湾刚刚射出的一枚绿色长箭

辽河的水，每一分秒都在奔跑。什么都可能被它击中

坐在竹排上，不管你从哪里来，到哪里去

你也是一支小小的箭镞

而此时，随着竹排上的那滴水珠纵身一跳

你就会陷入一场绵长的幸福之中

即便这样，我仍然觉得，绿水湾不过是大地留给这里的

一个小小胎盘。辽河这根无法割断的脐带，喂养着这里的沙滩

芦苇，蒲笋，以及明媚的阳光

之二：河水

在我和对岸之间

一根古老的琴弦在弹响

……从芦苇和蒲草的肩头望去

不仅是风在拨动这条并不清澈的河

竹排后面散开的波纹，能够连接更多生命的音符

而一位多情的诗人，让溅起的水珠哭过

他内心的苦痛总是不加掩饰

一望无际的稻浪，青草

和芦苇，这些时光的见证者，在我的面前竟是那么若有所思

——我恍惚看见，那个冬季，它的头发挂满积雪

今天，只不过被绿水湾的绿色刚刚染过了

之三：竹排

总有一些诗句，在绿水湾上飘着……

辽河，这本书太厚。怎么看，那些一字排开的竹排

都像线装书的一根根线。而我顺着

芦苇蒲笋清香的河道，先于竹排游船的马达声抵达

装订这个夏天吧，还有我恬淡的心境，都能

从飞溅的水珠上，找到快乐的答案

不是浪花，是文字湿了我的衣服。一些诗人、画家和音乐人

仿佛比我来得更早。他们有备而来，执意地用歌声与河流说话

我不会埋怨一些虚构的章节。尤其，那些名词

辽河沙滩，一株芦苇，或蒲草。以及，河流之手的指向

手捧辽河，无疑就是捧着一段历史，很多亲人

融入了这片泥土。而沙滩上，我们的脚印也被涨起的河水淹没

了……

桥（外一首）

仲维平

我走在辽河大桥上
大桥很繁华
大桥总在变化着
我当年想你的那段河流已经不在
而河流千百年没换过面纱
桥最早是木桥
再早一些就是渡口
渡口之前或许只是荒野
一些动物自由地出没在干净的草色中

这条河很老了
它见证了几千年的岁月
几个朝代的兴衰
一些誓言的凋谢
国家，疆土的征伐
而河流依旧
从来不会因为朝代而改变名称

今天我走过大桥

看车流滚动
我的心也在滚动着
且来回碾轧着你的名字
此刻，我多想在心上架一座大桥
在最想你的时候
能迅速抵达

辽河石碑

那么多的石头排列一起
殷商的古朴、秦汉的富丽
这么多的石头
魏晋、隋唐、宋元、明清
这么多
2000多块石头
就是没有断代的历史

有的残缺。有的模糊。有的如同天书
我已经看了很多次
却一直没弄清
上下五千年的秘密
怎么都藏在这些石头里

在一块无字碑旁
我站了许久
都说石头是会说话的
我在仔细地聆听着
仿佛这么多的石头在倾述
同样是石头，我却想
悟出比石头还坚硬的道理

当心中的月亮浮上芦苇坡

崔德忠

此刻的河湾，并没有因为我的迟迟未归
而放弃改道。静静的河湾总是浸透着北方河流
特有的沉稳与水气。动荡的河水在日夜抚摸着两岸的植被
我还看见过，偶尔飞过的三两只蜻蜓
嬉闹着那些无名的野草花

故乡的色泽在大河湾两岸早已变得一往情深
河道在变窄，河道在加宽，河水在变清
曾经的童年里，摸鱼儿，捉鸟儿，挖野菜
冬天的雪被上，滑冰车，摔冰猴，骑单车
骑一次摔一回。摔倒瞬间就能爬起来。哈哈……

曾经的大河湾里。许多故事，连同往事，已成传说
偶有风吹过，飞鸟飞过，仿佛那片片芦苇荡
在诉说着许多经年的悄悄话

而此情此景，叫我如何呀！
叫我如何不想我心中的那个她……

我看到冬天里的雪花在亲吻你的脸

在北方的冬天，无穷的、无尽的
雪花飘落下来，落下来，落下来
的确是一件很正常的事情
所有这些，都属于冬季续写给春天的爱情誓言
大自然不仅朴实无华，而且毫不保留地
分秒必争哺乳着万事万物，自始至终

于是
我感受到冬天的雪花在抚摸着我的脸颊
我看得到冬天的雪花在亲吻你的脸
我倾听到冬天的雪花在冬夜里对话的弦外之音
我分辨到冬天的雪花飘落山野、敲打窗棂的
不同乐章……一切都被雪花笼罩着……
世界一片洁白无瑕。看，不远处的雪地里
有人，或者冬天的鸟雀，在叽叽喳喳似乎在互道珍重

经过这么多年，有些事确实已经模糊难忆
但有一件事：我看到冬天里的雪花在亲吻你的脸
至今，我仍然记忆犹新。越是遥远，越是清明

经过了这么多年，你的容颜
可曾在悄悄改变，或者依然风情万种

滨海记（外一首）

刁利欣

光阴泊成镜子。海岸线的知觉
正被一只回旋几圈又远去的鸥驮走
轻轻走动，岁月既在身前，又在身后
总有许多意想不到的事物，诞生在深奥的变迁中
但这一点都不妨碍，新近书写的五年、十年
在盘锦地方志厚厚的纸上变黄
明显感到：我笔尖上的墨水，有想和它们
挨在一起的强烈欲望
眺望之外是未知的世界
——它既在讲述远方，又在解读命运
我小小躯体，生息在这，身心安顿
每次抬头，我和飞鸟就翱翔了整个天空

二 界 沟

二界沟是不是沟？我问过打鱼上岸的赵老汉
二界沟是不是沟？我问过修补渔网的船娘
其实，沟就是海汊子，蛤蜊港是海神最好的安排
有多久没用"古渔雁"的传说，下酒

抿下一小口盘锦白，烈得咂舌
老酒一样的昨天，等着我斟酌和投宿
在二界沟，巷子里有海水的咸味
很多时候，一片海并不比一生更广
一粒盐埋在碗里，另一粒盐埋在眼底
在二界沟，总能看到新船和旧船
棱棱角角，这平凡的身世
越来越接近渔者风霜的一生
当刷完最后一遍油漆，船就真正地复活
长焦这个小镇里，钉钉铆铆之声，在打造新的十年

眺望之外是未知的世界
——它既在讲述远方，又在解读命运
我小小躯体，生息在这，身心安顿
每次抬头，我和飞鸟就翱翔了整个天空

红海滩启示录

雨 伞

那株碱蓬草已经声名远播了，光环璀璨
盛誉无数
但它依然守着这份咸，任凭海水袭来
烈日暴晒
顽强地信守着不曾改变的信仰；把小树
长成森林，把绿色熬成圣洁
风中的种子，和风一起躲避平凡
躲避飞鸟
厚植于滩涂。栉风沐雨，在平凡与卑微中
接受崇高的浇灌

一墙之隔。近在咫尺的稻，在候鸟的利嘴下
偏安一隅
千百年来，秋收冬藏的梦，在鸟的目光中
是一场盛宴
几十年前，围海造田，盐碱地浸泡成沃土
十八公里海堤是宿命，一面是火焰，一面是
宿命的金黄
唯有你我，站在桅杆的高处眺望，多姿绚丽

赋予生命勃发的色彩

一面是渔猎，一面是农耕，所有的渐变
是沧海桑田的过程
从混江沟到赵圈河，辽东湾的一道彩虹
划出美丽的图腾
开海节出发的船千帆竞渡，涌起无数碎浪
目光向海和海的盛宴
就像智人穿越丛林，颠覆自然的认知，却难以
回避饕餮的贪婪

芦苇已退居边缘，以匍匐的姿势依附于堤岸
可它网结的心并不孤单
独秀于野，背负河流，肃杀的剑戟刺破了春天
高傲的心却比绿都圣洁
渐渐疏离野草却也逃脱不了被收割的宿命，
如是严冬，旷野中燎荒的尘烟
于是你我，可是那个用苇笛吹奏的孩子
在彼岸放逐绿色的船

潮水时而激烈，时而缓慢，亿万年可曾改变？
直到今天。土的墩台高筑
无情地拦阻潮沟蜕变成河流的时间，那些细微的沙尘
正颠覆大自然的规律
浪逶迤而来，巨大的回头潮造就碱蓬草的生
改变凋敝飘零孤无可依的宿命
潮与碱蓬、海与岸，此刻无不发出无奈的叹息
平凡中的平凡，幼小的草却有如此恢宏的轮回

202

多么明亮，彤红、蜿蜒、跳动的音符，天空飞鸟
如此蜕变，城乡、笑脸、洁净的空气，一路向海
停滞在山海之间的俊美
浪花跳跃的姿容和声音。与色彩对撞，与寂静为伍
红海滩！她似乎已竭尽全力
在五月里绿，在十月里红，用时间的苦思冥想
为一座城市积淀，为一株野草正言

河流的信念

金晓莹

一

双台子河、大辽河，
一路上分别牵手几条小河，
共赴海洋之约。
由于志同道合，
它们怀着美好憧憬，
一路欢歌。
但距海洋几步之遥时，
出现分歧，
不得不分道扬镳。
不过，在海洋里，
终于握手言和。

二

历史上，
辽河曾发过脾气，

像头暴怒的狮子冲破不堪的堤岸，
吞噬了无招架之力的百姓、田舍，
所到之处，
留下一片废墟荒冢。
如今，它们像驯服的野兽，
安静地流淌在坚固的堤坝内，
心无旁骛，
广阔的海洋是唯一求索。

春归辽河口

李　爽

鹤翔蓝天
呼扇着阔大的白色翅膀
悠悠而起
在北国春日晴朗的天空
你们是一面面迎风招展的大旗

如风如雨　如盖如席
云朵隐没不见
只有你们洁白的羽翅和丹顶如燃
辉映着太阳和白雪的色彩

迎风举翼　银光闪烁
领飞的头鹤奋飞向前
紧随的对鹤比翼翩翩
还有那接影追飞和不绝如缕的梯队
牵着风的韵脚
形成跨山越海的阵容

执着与坚定凝缩在你们褐色的眼眸

祖先代代相传的坚忍
飞越万水千山　一次次起程与漂泊的智慧与勇气
你们圣洁的羽翼积聚闪耀
恒定了你们永远不倦的诗意与远方

飞吧，你这自由世界里无畏的天使
劈波斩浪　高举昂扬振奋的生命大旗
将最美的姿态写进浩浩天宇

长风为你欢呼
大地为你鼓掌
你将祥瑞的种子播撒天地
也注入每个仰视你的灵魂和生命

稻谷在烧

蓝花伞

逼得田野没有退路
挤得河水细如一线
十月，稻谷的黄
一路紧锁秋天的大路小径
一路铺卷到柴门，到
小狗的轻吠

鹅黄、深黄、赤黄、苍黄
辽河两岸，稻浪次第地烧
千顷原野赶着季节的火车

它们燃烧的步调
一定不是自然音阶
至少会是琶音的调皮和急切
更会有几次八度的跳跃

看，白杨在叶子上燃烧
河水在渔船的亲吻中燃烧
蓝空在远处的山脊上燃烧

我的心绪在 D 人调的弦上燃烧

呼啦啦，一群白鸟从田里斜出
似乎它们的脚掌禁不住
越来越热烈的熨烫

认领一片湿地

李月红

总想在有生之年认领一片湿地
认领孤独的芦苇以及与之毗邻的飞鸟
认领它们的孩子做宝宝
给它们温暖的家
期待和幸福

我还要认领下蓝天
闲暇时提着白云散步
让一年雨水富足，均匀
让雷霆唤醒我体内的小宇宙
唤醒七情和六欲
唤醒一棵树上麻木的枝丫
让绿伸展，透过阳光的罅隙
交错缠绵

让风把污浊的空气细细滤过
让尘埃在温润的雨水中落定
飘浮着的永远只是
人世的香

自然的呼吸

我要认领一片湿地
就像认领自己的灵魂
在每一朵芦荻紫色的芬芳里
轻轻地醉去
在每一只鸥鸟的纤羽里
酝酿梦想
自由地飞翔

一粒米粮

白芷芳馨

手托一粒大米
饱满、晶莹
虔诚地献给你，我的盘锦
春天，这里是画家再调色
也难调出的天然的一种绿
是诗人再敲平仄也不能敲出的
一首诗

月圆星高
中华绒毛蟹披着黑色的铁甲
过滤田间清水
蟹田里不施化肥
岁月里记录了稻子拔节的声音
像是轻声发自胸臆的一声声呼喊

这是一个个感恩的子民
这是一个没有硝烟弹火的
城池

当秋天的太阳火辣辣来爱
稻子羞赧地低下了头
炫动的红头巾多么像蜜蜂
把采来的喜悦收进蜂房

这个世界太美了
我的祖国
连挥镰的姿势都像舞蹈
我亦是满仓大米的一粒
保留玉质的白
清远的香

我渺小但不自卑
我把自己献给你，我可爱的盘锦

手上的唐代

风之羽

沙岭镇　盘坐在自己的名字上
传说　是一位上古大神　在辽河的腮边
点上的一颗　朱砂痣

千年　只是一把铲子的距离
一个午后　在一群采风者的眼前
历史的垢面被黑暗推开　地下宿民
一路攀爬　终于把日头找出来

一块残缺　沉醉千年的釉瓷酒盏
终于睁开惺忪的眼　时间像走失的羊群
某一时间会回来一只　我闻到
一缕陈酿的风　不知来自哪一方时空

拭去岁月的尘封　一行竖写的历史
暴露　一个倒闭的年号
哦　收到了唐代递过来的邮件
无法开出收据
一抹欲动风景　深不可测

我的手指　轻梳唐的树梢
此刻　我的神经末梢　时间过隙
如蚂蚁的触角竖起天边的火烧云

如此脆弱的瓷器
注定要落满受伤的时间
那个凭栏在天青色的古人
是否也在潇潇的雨帘后面
伤感驿路捎不回的思念

在晚成的国器上　巷陌莺飞
我　沿着这时光的小径
三千年的闯入者
是怎样徘徊于故园的灵魂
静听历史的长风

路的尽头　文字的烛光还亮着
在我的指尖之上　我的目光之前
一个众生喧哗的世界
在　草树斜阳里　升腾　漫远
在日升月落的地平线上　弥散
一缕缕直直依依的炊烟
水与火的和奏在时空的上游响起
我是个沉湎的枝丫

被从前的劳动感动
人们经常说起过的唐代
此刻　正在我手上
枝影摇曳　月色笼纱

荣 兴 湖

蔡兆花

大地铺金　秋高气爽
我们又来到了荣兴湖
在长而坚固的护堤上漫步徜徉

微风轻轻　变换着白云的舞姿
杨柳依依　轻拂着我们的衣裳
我编一个草帽戴到你的头上
你摘一朵野花插在我的鬓旁
银亮的大风车在湖那岸欢快地旋转
湖中心的小岛上鲜花飘来诱人的芬芳

荣兴湖，一颗强大有力的心脏
鲜活的血液通过沟沟渠渠的网格
浇灌着稻田鱼池蟹塘
滋润着荣兴人的幸福与希望
它是一汪大地之眼
目所能及的地方
一片欣欣向荣的繁华景象

荣兴湖，这个巨大的聚宝盆
鸥鸟在湖面成群结队地歌唱飞翔
鱼虾在水中自由自在地来来往往
河蚌在湖底敞开自己的心扉
颗颗大珍珠把湖面折射得五光十色
粼波荡漾，那些远远近近而来的垂钓者
鱼钩一甩就是长长的一天
钓鱼钓虾钓晨光钓夕阳
钓友情钓爱情钓丰衣足食
岁月静好的美妙时光

听我弹唱着幸福的歌谣

季新山

也许斜阳快要落下山坳
你推开窗户笑弯了眉毛
看我坐在老屋大槐树下
怀抱弦琴弹着幸福歌谣

想不到河边一个小村子里
我们拥有了这张温馨彩照
那流淌在你我心中的旋律
像老枣树枝头甜蜜大红枣

是小溪边第一次欣喜相约
是唢呐声中大花轿里微笑
是油盐酱醋茶家的交响曲
是再也少不了的拐棍依靠

船头哥哥唱着信天游
河那边小妹再远也能听得到
昨天我们就如他们这样相知
每天呼唤都是今天热烈心跳

多少美好景色随岁月走掉
我们也相亲相爱霜染鬓角
明天的路上无论平坦坎坷
继续牵手向前不会有问号
胸膛里掀起一场爱的风暴
爱的火焰心中燃烧到老

不求什么美酒佳肴奢侈热闹
只愿一同春看花开冬伴雪飘
粗茶淡饭挥毫听箫有点情调
一壶陈醋也是味道

盘锦的芦苇

郭小峰

春风送来一缕缕牵挂
一遍遍抚摸坚硬的苇茬
阳光垂下一根根丝线
一点点钓出细弱的嫩芽

你吮吸滩涂的精华
在遥看近看中长大
长成蕴藉诗意的浅草
却没有马蹄敢来践踏

攀附着季节从春到夏
在风雨里摸爬滚打
茎叶向着天空疯长
根须向水土里深扎

终于闯进自己的江湖
牵手伙伴站成了青纱
青纱里长出了茂盛故事
有英雄土匪不同的生涯

秋天你穿上金色铠甲
头顶举着银白的芦花
一边是稻田翻涌金浪
一边是红滩铺成朝霞

苇编艺术品精巧别致
苇制的纸张细腻光滑
苇席铺遍天下的火炕
温暖了古今多少人家

人们的目光因你明亮
丰富的情感为你生发
古籍中有你灼灼其华
你就是《诗经》里的蒹葭

我是盐碱地上的苦菜花

魏宪军

我是苦菜上

长出的一朵苦菜花

我很渺小

叶片也不大

我很单薄

也不可能繁华

我没有牡丹富贵

也没有玉兰高大

我没有红玫瑰的受宠爱

也没有郁金香的国际化

花坛里没人将我种植

花店里也不见我的插花

主席台上没有我的身影

新娘子的手上更不会把我拿

我对环境要求不高

什么条件我都不觉得差

我生在草丛中

长在大树下

透点儿阳光就灿烂

给几滴雨水就开花
从不与青草争春色
更不和同伴比高下
不忘初心牢记使命
根系苦菜不问其他
看惯风花雪月
历经风吹雨打
守候一生无怨无悔
俯首甘为苦乐年华

高阳台·红海滩观潮（外一首）

陈发彬

鸟语惊寒，涛声听远，云天一线奔雷。鼍鼓千挝，银山列阵崔嵬。风翻雪浪滩涂上，把碱蓬、浣洗千回。问鸥波、谁拾烟光，对此忘归。

澄怀不必登高望，坐千寻翠浪，十里红帷。闹蟹游鱼，逍遥嬉戏丸泥。渔歌起处乾坤净，舞赤霞、璨曜虹霓。放吟怀，骀荡流年，壮思翩飞。

满庭芳·喜见春日盘锦，红花绿树，俨然桃源

依路丁香，临波桃叶，小城吹暖青风。梨云邀雪，烟柳话重逢。踏遍萋萋碧草，听莺啭、花树西东。偶经过，稚童耄耋，语缓步从容。

年光如画里，长街净阔，闹市兴隆。问谁记、当年乱影迷蒙。好是垂阴坐饮，清欢意、淡荡心胸。生涯短、徜徉自许，新绿间轻红。

红海滩观潮歌（外一首）

宋玉秋

　　海天鏖战烧霞灰，红潮一线神鬼催。犹惊龙宫又应劫，混天绫舞踏火来。遽掩滩涂画千载，染之难竭谁訚海。麻姑偶望一破颜，滴血化丛芃芃采。更有芦苇不谙愁，鹤羽翩翩自悠游。日滋月养趋胜境，莫教此间遗疮痏。渐看喧嚣复宁静，螺贝养真得天性。碱蓬惯抱不屈心，忽枯忽荣绽何幸。君不见红海滩上逍遥人，观潮不语泯风尘。得失哀乐浑忘却，唯摄幻彩时时新。

盘锦绿苇荡行

　　天钟红海滩，地覆碧罗幔。三河行妙笔，画出图烂漫。春攒万丛眉，含羞梦深浅。犹待夏潮涨，凌波竞嫩箭。迢递起翠帷，荷蒲欣点染。风将槎信至，水是柔情剪。忽闻歌蒹葭，浮雪遮望眼。佳人立苍茫，游艇分缱绻。往来任徜徉，生灵自丰衍。蟹抱芦根栖，鸥过争衔管。鹭戏鱼悠游，万物适天演。出入动清发，持杯意气满。醉坐得逍遥，俗尘浑忘返。嘉客乐不足，流连更咏叹。

咏盘锦黑嘴鸥（外一首）

任永泉

黑嘴乌头墨染成，霜翎红爪映沙明。
乱云散去沧波杳，片影飞回白雪轻。
好逐帆樯寻远梦，每从鹈鹭忆前盟。
将雏岁岁长来此，辽口丹蓬故有情。

辽东湾丹鹤

一隐仙姿芦荻深，谁人识得九皋禽。
振风清唱声相和，照雪霜衣尘不侵。
辽海三更明月夜，蓬山万里白云心。
只今旧侣知何处，朝夕唯听草木吟。

盘锦民俗文化杂咏

史 洪斌

二界沟排船制作工艺

古法造船谁得髓，张公秘制续弦胶。

光阴若许君穿越，拊掌郑和臣朔抄。

（大国工匠张兴华古法造船，并有专利堪与续弦胶媲美，东方朔、郑和当叹服也。）

古渔雁传说

二界沟边渔火青，铁锚无语浪花腥。

旧时传说知多少，独倚寒天问则亭。

（刘则亭先生是国家级非遗古渔雁传说传承人。）

盘锦夏夜行兼寄诗友（外一首）

徐惠喜

熏风梳碧柳，帷幕落层林。
夜静蛙声噪，荷香月色侵。
行人摇纸扇，舞者醉瑶琴。
何处练歌唱，轻音间重音。

辽河三角洲忆

曾来此地游，风景醉双眸。
百畹红滩媚，千塘碧苇幽。
倚栏观鹤舞，抛饵戏鱼浮。
饭熟香穿鼻，至今沾齿喉。

黑 嘴 鸥（外一首）

刘加书

行者但知行路难，迁时曾过九重关。
纤足不屑留深迹，青眼从容看大千。
浅卉梳风堪慰恖，清潭浴羽可修奁。
金风又起急南顾，红草乱涂腿上丹。

辽河三角洲

一道长堤百里滩，秋声初起过轻寒。
红滩醉客常吟鹤，青芦留鸟偶过帆。
渔歌唱醒童时梦，往事牵出旧日酸。
断却前情舒望眼，车行如蚁动城南。

扬 州 慢（外一首）

邢素兰

湿地之都，巨流沿岸，鹭鸥鹤舞尊前。赏红滩绿苇，品风土家园。自甲午硝烟散去，残垣断壁，盐碱闲滩。对东夷、马关之耻，尤在心间。

乡愁依旧，到如今、总是难安。纵异地他乡，重楼别苑，灯火阑珊。世事沉浮仍在，归心处、寄与新年。对窗前弦月，无端叹息连连。

（甲午战争最后一战陆战，在我的家乡田庄台……）

采 桑 子

斜阳碧海丹霞岸，簇簇蓬烟。野火相连，欲把无情海点燃。

扶栏何处寻凉意，九曲桥边。几朵云闲，一指白鸥天地间。

放歌辽东湾

李天成

（一）今日辽东湾

新区崛起正方兴，渤海明珠耀眼明。
衢路条条连广宇，琼楼座座吻长空。
木铎共语复兴梦，橐笔同挥绘锦城。
玉帝巡游直惊叹：何时宫阙落辽东？

（二）辽河大桥

一桥飞架喜辽川，谁挽长虹落九天？
惊煞麻姑问沧海，劈开波谷慑八仙。
车驰南北多飞架，舸贯东西挂锦帆。
九域通衢物流涌，新城今日又华年。

丹顶鹤（外一首）

靖银环

湿地迎来客，安行已过秋。
终寻栖息处，且等候时游。
苇海听初雪，波花忘系舟。
解情丹顶鹤，鸣告昂高头。

盘锦风光

金秋十月海滩红，肥蟹田间米谷丰。
一望无垠芦荡漾，双飞直上鹤纵横。
绕阳湖里鱼虾美，北旅田园景色隆。
湿地迎来稀有客，和谐生态正相融。

鹧鸪天·三月下辽河（外一首）

楚 根

三十八年如掷梭，今生无悔下辽河。
文穷难作辽河赋，潮涌行吟荣耀歌。
红烂漫，绿婆娑，百川入海不扬波。
老夫点检初心在，唱和新词有几多。

辽河春归

风梳垂柳燕穿纱，雨润夭桃蝶恋花。
万里山河开画卷，千重景趣奉诗家。
蒹葭共舞鸥和鹭，血草难分海与霞。
云淡天高春意闹，一行塞雁又边遐。

浣溪沙·春游辽河口（外一首）

卢福君

轻暖轻寒春意明，悠游雨霁气神清。鸣禽声碎斗轻盈。
词笔春风频唤醒，芳樽朗日屡来倾。车尘无复梦飘零。

辽河口春雨

晓阴无赖弄霏微，柳色深深湿幔帷。
浴沐柔风春意里，轻罗伞盖散花飞。
绿裙芳草横塘路，积翠层波映酒旗。
摇荡襟怀莺燕语，浮生思醉莫相讥。

红 海 滩 （外一首）

孙贵全

谁浣轻纱十里红，神州踏遍几多同。
波涛漫涌浮尘去，草树相陪细雨中。
彻地潮声疑纵马，连天海气辨飞鸿。
长堤北望分葱赤，鹭舞鸥鸣自混融。

鹧鸪天·红海滩

浊浪徘徊晓岸冲，碱蓬不见醉颜红。
水揉小草云天下，鸥立扁舟野渡东。
心骀荡，意从容，几多思念此相逢。
今朝唱响红海滩，晓月春潮一望中。

黑 嘴 鸥（外一首）

梁中泽

造化钟灵秀，人间异鸟生。
环睛弯月绕，举步赤霞倾。
云水翩翩舞，蒹葭脉脉情。
羡卿长厮守，相伴听潮声。

咏丹顶鹤

长息烟波畔，生来韵致标。
白鸽呈碧水，清唳上云霄。
映雪添高洁，迎风舞傲娇。
丹心何所寄？只在九天遥。

春游绕阳湾（外一首）

张华桥

汀洲春色动，飞鹤醉流连。
天暖沙鸥戏，水寒舟棹闲。
繁华需静待，淡泊任清欢。
诗履随风远，凡心意自宽。

晨游荣兴水库

长堤来散步，秀态水中藏。
新苇待风雨，锦鳞戏柳塘。
茫茫舒远日，朗朗醉高阳。
沿路撷清韵，归来诗满囊。

盘锦风貌（外一首）

隋术金

一季青黄稻谷催，西风又起雨丝飞。
江天雁影千帆竞，海气鱼波万里回。
林已瘦，菊犹肥，冬临湿地野禽稀。
红滩亦是迷人眼，摇荡芦花笑白眉。

浣溪沙·大美盘锦

绿苇沙汀连海天，一行白鹭逐霞烟。渔歌唱罢系归船。
蟹子肥时秋景亦，游人欢处荻花妍。鹤乡美誉五湖连。

盘锦印象

李桂娟

一

芦做衣裙雾笼纱，小城气貌正年华。
雨回频点紫河蟹，风送香翻黄稻花。
白鹤一群闲似我，红蓬满地灿如霞。
游舟犁破莲塘静，横橹汀边不系槎。

二

稻乡曲水送斜晖，极目苍茫思绪飞。
阡陌草萋蛙鼓劲，田间锄歇燕空徊。
无边芦海白鸥隐，万亩禾床青蟹肥。
不识碱蓬多美趣，秋来湿地自忘机。

晨思（过兴旺桥）（外一首）

管俊丽

晨风逸柳丝，一水漾春池。
梦里闻香易，花前睹物思。
林中诗语至，岸上燕游枝。
岭外峰峦秀，情深两不知。

散步有感

信步河边路，空观月影移。
经年初暖色，望远半斜曦。
流水盛天境，波光漾柳枝。
林中无鸟语，一梦染青漪。

鹧鸪天·芦花

李笑津

其一

最动心弦最恋秋，冰清玉洁血银头。绝无帝女之娇媚，更少霜枫之涩羞。

依碧水，衬沙洲，随风恣意不思留。心怀绮梦三千里，来日蒹葭曲波收。

其二

最是怡情在仲秋，银涛玉浪涌滩头。清波映雪鱼鸥醉，水绿浮花柳絮羞。

飘远渚，落沙洲，天涯海角任侬留。骚人墨竭生宣处，万种风情未尽收。

秋游红海滩（外一首）

赵雪梅

鱼翻苇影穿秋色，鸥驾云光荡碧霄。
最解风情滩上蟹，剪开红毯欲招潮。

记盘锦斑海豹归来

身裹斑纹谁剪裁，须传憨笑未言呆。
平生最喜辽盘水，直认桃源逐浪来。

题鹤乡丹顶鹤（外一首）

张立群

九皋鸣岸谷，清脆彻云空。
羽素无他色，冠朱一点红。
高姿多俊逸，展翼自丰融。
谁与孤山隐，悠然闲野中。

珠帘卷·盘锦秋来鱼米香

芦花白，稻花香。秋田蟹米初尝。闲看云追鸿雁，沙鸥翻浪翔。
红遍远滩谁染，碱蓬或是斜阳？姑待一壶成醉，鹤鸣处，试新凉。

五一辽河口湿地公园晨眺

得 路

赤滩鸿鹤乱，玉带绕蒹州。
旭日生溟处，极眸尽扫愁。

盘锦之红海滩

程桂彬

十里长廊十里秋，碱蓬巧手织红绸。
滩涂放眼真如画，落款行行有鹭鸥。

盘锦森林公园（外一首）

张义武

古木琅琳芳草萋，鸥翔鹤舞雉鸡啼。
山花漫野香幽径，雾雾萦松隐鼠栖。
柳浪斜风撩俪影，榆钱叠水饰云霓。
夕阳尽染辽河岸，芦海渔歌过远堤。

夏日盘锦湿地一日游

仲夏消闲车自驾，初阳漫道赏繁花。
长桥水架盘营外，湿地滩红无际涯。
苇海行舟观鹤鹬，沟渠掩笱堵鱼虾。
汐潮需待未时涌，小女归心意已遐。

湿地二首

赵　平

草塘非草堂，保护愈加强。
湿地地球肾，思危沙漠荒。

丽日蓝天近，秋来万物新。
盘锦文如锦，吟诗湿地人。

记忆·辽河口

下

盘锦市文学艺术界联合会 主编

北方联合出版传媒（集团）股份有限公司

春风文艺出版社

·沈阳·

目 录

辽河风情

历史跫音

风华时代

辽河风情

田家大集的故事

田家大集，沿着辽金时期遗址的足迹，穿越黑风关，从古集镇一路走来，迄今已有160多年的历史。

田家大集，早已深深烙上地域的印记，以古集为特征的文化内涵沉淀下来，成为滋养田家人创造一个个辉煌的不竭动力。

田家大集，是田家现代专业市场枝繁叶茂的"根"，是田家生态新城繁荣兴旺的源泉，是田家人奋进前行的精神图腾。

一部田家大集的发展史，就是一部市场转型升级史，就是一部商业文化发展史，更是一部田家镇的变迁史。

古集嬗变

田家史称"田家坟"，因清嘉庆年间一田姓总兵建石墓于此而得名。后居户增多，人丁渐旺，觉其不雅，故去坟字叫田家。到了咸丰初年形成了辐射方圆百里的集市，凡集市之大者为镇，遂叫田家镇。

田家镇因集市得名，可见，田家镇天生具有"市场"的品格，周身打上"市场"的烙印，血脉流淌着"市场"的基因。难怪现在人们把田家先有"集"，后有"市"，先有产业发展，后有"生态新城"的发展模式称为"田家模式"。

清咸丰年间，田家镇就香火旺盛。镇内有一座庙宇，名为"镇海宫"。每当庙会之日，北至盘山，南至营口河北，东到沙岭，西到西河沿，方圆百里的人都不错过这难得的机会，从四面八方赶来逛庙会。

田家大集几经迁址，被保留下来。如今竖立起一块石碑，以示铭记

庙会，催生了一个辐射周边方圆百里的集市。起初，来自田家附近十里八村赶集的人自发地买卖对换牲畜，形成了牲畜交易场所。慢慢地，北镇、黑山、海城、大石桥、锦州等地的牲畜贩子慕名前来交易。再到后来，内蒙古、河北、吉林、黑龙江的牲畜贩子也进入了田家牲畜大市场。

那时，田家古集不仅有牲畜市，还有苇席市、粮市、布匹市、菜市、小商品市、肉市、鱼市7个集市。

田家古集的兴旺，催生了各业的发展。有李家炉、鲍家炉等铁匠炉，有同兴德、聚发合等染布坊，有车店、旅店、小酒馆、烧饼铺等。

改革开放后，田家大集恢复了往昔集日的繁荣兴旺，衍生出六大辐射方圆千里的集贸市场。有辐射北京、吉林、黑龙江等地的年交易额5亿元的旧机动车交易市场，有辐射辽西地区的年交易额3亿元的旧物市场、年交易额2.5亿元的建材市场，还有辐射盘锦地区的农贸市场、小商品封闭市场、砂石料市场。

如今，在田家大集周围繁衍出9个"亿字号""大体量"的现代专业大市场，其中有2011年10月建成的居然之家盘锦店，2012年10月建成的辽宁汇美建材交易中心，2012年11月建成的昆仑商厦，2013年9月建成的盘锦中国食品城，2014年部分项目竣工营业的义乌小商品批发城。这些项目总投资超过200亿元，成为辽宁省最大专业市场集聚区。

古集文化

田家古集文化，内涵丰富，有凤凰产蛋的美丽传说，有田家人走出国门赴苏联经商数十载并得以发迹的真实故事，有众多流传的奇闻逸事。

相传，有一来自内蒙古的大贩子，在田家牲畜市很有名气。这位老客每次到田家贩马，都不急于卖马，做的第一件事就是向当地人传授相马的学问，"先看一张皮，后看四只蹄，回手摸摸牙齿齐不齐""春买骨头，秋买肉"等。果然，当地人按照老客传授的知识挑选牲

新中国成立前田家大集上的商贩

畜，一买一个好。卖马的货真价实，卖得安心；买马的不担心上当受骗，买得放心。渐渐地，这位内蒙古老客的生意越来越火，当地人也买到了好牲畜。一些赚到钱的当地马贩，还主动给内蒙古老客提供各种方便，不时尽地主之谊拉着老客到家里吃河蟹、炖大鱼，盛情款待一番。后来，内蒙古老客又拉来许多内蒙古马贩加盟到田家牲畜市。于是，田家的牲畜市越来越兴旺，闻名遐迩。

田家古集有个"凤二爷"，开了一家名叫"永兴厚"的商铺，很有名气。"凤二爷"按着商号"厚道"的宗旨去经商，童叟无欺，货真价实，誉满一方。在那兵荒马乱的年代，散兵游勇不勒索"永兴厚"，小偷不偷"永兴厚"，胡子不抢"永兴厚"，土匪头下令：不允许伤害"永兴厚"的"凤二爷"。

古田家大集已渐行渐远，但田家古集的传说、故事、逸事仍被田家人世代铭记留传。如今的田家人，又在津津乐道地续写田家发生的一个个新故事。

10年前的田家旧物市场，重新火了起来。每当周一、周五集市，人山人海，摩肩接踵。市场火的原因可以用"全、廉、好、信、活"五个字来概括。全，旧家电、旧建材、小百货、小商品一应俱全。货全是一个成熟市场必备的要素。廉，价格便宜，这是市场积聚人气的重要因素。好，虽是旧物，但好用，好用就有市场。信，厚道、诚信。活，田家人的头脑灵活。城里人家用电器更新换代淘汰了，放在家里还碍事，稍微给点钱就处理了，田家人用低廉的价格收来，拿到旧物市场上稍加一点价就被抢购一空。农民朋友买到七八成新的旧电视，觉得实用又便宜。不能不佩服田家人"骨子里"就有的市场基因。

现在，田家正在演绎现实版的"内蒙古老客传经卖马"的故事。浙商顾宏亮，盘锦义乌小商品批发城的老板。他把义乌的经营理念、义乌的发展模式、义乌的直销渠道、义乌的管理方式带到田家，还启动了培养当地商人的计划，设立1亿元培训基金，把田家当地人送到义乌学习。他的目标是培养1000个当地小老板。不仅如此，他还把浙商盘锦中国食品城、百年江南皮草等一批南方客商介绍到田家落户。

田家大集是历史穿起的一个个故事。从田家古今大集故事的背后，人们看到田家人经商先做人的厚道，人们看到田家人"卖得安心，买得放心"的诚信文化，人们看到田家人敞开胸怀接纳外商的开放包容文化，人们看到田家人豪爽盛情好客的亲商文化……

实践证明了这样一个道理：文化是软实力。一个地区没有文化软实力是不诱人的，也是走不远的。

古集新颜

相传200多年前，上界有条龙坠入田家。善良的田家人便为其搭棚浇水，使其得以重新升空遨游。后来那条龙知恩图报，每逢干旱，只要这里敲锣打鼓，便有一场及时雨，遍洒古镇的每一个角落解救旱灾，造福黎庶。

今天的田家人，不仅津津乐道于田家悠远神奇的历史传说，讲起当下这里发生的一件件新鲜事也是滔滔不绝。

改革开放后，田家建成的旧机动车交易市场

如今的田家大集

昔日田家古集的牲畜市、苇席市不见了，如今被现代专业市场群所取代；昔日田家古集的李家炉、鲍家铺、染布坊，如今演变成以华润辽河啤酒有限公司为龙头的一批现代工业企业；昔日田家古集的大车店、小旅馆，如今变成昆仑大酒店、大众花园酒店、小时候宾馆；昔日古集一条街，如今变成田家最繁荣的餐饮商贸一条街。

产业兴旺，为农民创造了就业岗位。在田家，可以这么说，只要身体健康，不懒，不出镇就可找到工作。

如今的田家人实实在在享受到发展现代服务业带来的红利。

田家人兜里有钱了，不用你逼着进城镇，纷纷主动改善居住条件：田家农民住的是环境优雅、服务一流的安居生活小区，呼吸的是清新的空气。全田家街道绿地面积260万平方米，绿化覆盖率达到45%；用的是自来水；行则是出门就可乘坐镇里开通的环路公交车或开私家车；玩可以到田家街道文体中心（1.3万平方米）免费健身娱乐，每当夜幕降临，华灯初上，农民到田家街道内11个大型公园广场跳舞、扭秧歌、健身；农民看病可以报销医疗费；农民想学技能，可以得到免费培训；农民老有所养，田家敬老院为五保户提供了宾馆式服务……

田家人过上了城里人一般的生活。连城里人都羡慕田家的宜居环境，纷纷前来定居。田家街道常住人口现在迅速积聚到15万人，是2017年的5倍；田家居民住宅小区现在多达30多个，建筑面积达到350万平方米，是2017年的10倍。

今天的田家，人气旺盛、高楼林立、产业兴旺、环境优美、生活幸福，远非昔日一个"镇"的内涵所能涵盖，俨然变成一座散发现代气息的生态"新城"。

　　"神龙"泽后世，"古集"展新颜。今天，善良、勤劳、智慧的田家人，沐浴着时代的甘霖，续写了现实版"神龙飞天"的新传奇，"造福黎庶"的美好期盼变成了生活现实。

使用中国最窄的轻便轨道

在盘锦西部，有一条曾经地跨盘锦、锦州两市的专门运输芦苇的轻便专用小铁路，分布在辽河口生态经济区内东郭和羊圈子镇辖区苇塘内。这条铁路与京九、青藏等铁路相比实在是小得可怜，不过，就因为它小才有特色，它是中国最窄的芦苇运输专用轻便运营铁道之一。

盘锦的窄轨运苇专用铁路

盘锦这条全国最长最窄的运苇专用轻便铁路，轨距是762毫米，刚刚超过标准轨距（1435毫米）的一半。早期使用蒸汽机车，现在使用内燃机车；只拉货，不拉人（不做客运）。到2010年已有75年的运输历史。

1. 日伪时期因造纸修建铁路

20世纪30年代，日寇在殖民统治盘锦的14年间，对芦苇资源进行了疯狂的掠夺。他们的目的是造纸——芦苇就地加工纸浆——纸浆运回本土，再进行深加工获得成品。

1935年，日本钟渊纺绩株式会社社长津田信吾到伪满洲国"视察"，在飞机上看到盘锦一带有这片大苇田，产生了用芦苇代替木材生产人造丝浆的想法。回国后进行生产性试验，后研制成功。钟渊纺绩便在奉天市太和区琴平町8号设立了康德公司，厂址在奉天省营口市振兴区昌庆街213号（均为当时地名，下同）。1936年9月，康德公司在营口市北三家子（即营口市振兴区昌庆街）买地建厂。该厂1936年

老式小火车

12月动工兴建，定名为康德公司营口工场，后改为钟渊制纸株式会社营口工场，1938年5月正式投产。

钟渊纺绩垂涎盘锦芦苇资源得手后，日本王子证券株式会社和大阪商业株式会社红了眼，1937年，从安东调来15名日本人、6名中国人组成勘察队进行勘测选址，选定锦县彰良村三合屯建厂。1939年，以每亩2元满币强行收买了27户农民土地。6月21日，在彰良村三合屯建设锦州制浆株式会社，厂名为锦州巴尔布株式会社锦州工场，代表机构设在锦州市锦华区浪速街5号。1942年2月11日开工生产，造纸能力居东北各造纸厂第一位，所产苇浆部分运往日本。

两大造纸厂所用原料均为盘锦的芦苇资源。营口纸厂的芦苇是用驳船、拖轮在盘山地区沿河小码头水运出去的，锦州纸厂则是用小火车拉走的。

1939年，王子证券株式会社为解决芦苇运输问题，从金城起点至东郭苇区修建了一条长24.79公里的专用轻便小铁路，深入盘锦沼泽区（今东郭、羊圈子两大苇场）内的储苇垛场，每年运苇量2万~3万吨。

1945年后，国民党政府接收了纸厂。辽沈战役后，国民党军逃跑时放火烧了纸厂。

2. 新中国成立后为发展造纸工业续修铁路

新中国成立后，党和人民政府在原纸厂的废墟上恢复造纸，命名为金城造纸厂。这条专用铁路产权确定归金城造纸厂所有。

该厂从1950年开始恢复建厂，1952年正式投产，后历经多次设备更新改造，生产规模、产品产量、经济效益都有很大改善和提高。

据盘锦市有关史志资料和《锦县志》及金城造纸厂相关史料等记

载，盘锦境内所产的芦苇主要供应金城、营口两大造纸厂。盘锦有苇塘面积84.5万亩，号称全国和世界苇田之最。芦苇产量最高年份1987年达36.4万吨，其中大部芦苇生产在东郭、羊圈子两个苇场。两个苇场又是主要供给金城造纸厂最近的原料芦苇产地，所需原料全部通过小铁路用小火车运输。到2010年已有70多年的运输历史。

1958年开始至1985年，在不同的历史时期，这条运苇专用轻便铁路曾7次续修，并增设9个芦苇储存垛场，铁路也陆续向东郭苇场南北部及羊圈子苇场延伸。1958年修建东郭到羊圈子半拉岗子干线8公里和半拉岗子垛场内的6条专用线路。1964年修建东郭南部王家荒到小榆树垛场内的5条专用线路及1条侧线。1965年4月1日，开始动工大修厂内到东郭22.5公里的轻便小铁路干线线路。1967年修建东郭南部大岗子垛场内的3条专用路线和一条侧线及13公里长的干线线路。1970年修建东郭南部流子沟垛场内的3条专用线路和一条9公里长的干线线路。1982年修建东郭南部小道子垛场内6条专用路线和东郭南部王家荒垛场内的6条专用线路及1条侧线。1985年修建东郭北部前进队垛场内的6条专用线路和1条侧线及东郭南部小榆树北垛场内的3条专用线路。

现在，小铁路羊圈子线延伸到立新岗子以北，东郭线延伸到流子沟以南，两线有月牙子、万金滩等多条支线。

至此，这条铁路总长达111.3公里，其中厂内9条线路合计10公里，厂内到东郭22.5公里。东郭往南到流子沟25.5公里，东郭往北到羊圈子苇场前进苇田队10公里，王家荒到小榆树3.5公里，小塘到万金滩8公里以及东郭各个垛场内的专用线路总长25.4公里，11个垛场侧线总长5.5公里；东郭、东郭小楼、马圈子、张良、小塘车站等5处侧线总长0.9公里。锦县境内28.5公里；盘锦境内82.8公里，占总里程的74.4%。

这条铁路沿线建有桥梁14座，涵洞44个，道口30个，道岔166组，13个道房。建有5个车站：纸厂东门车站、张良车站、青年路道口车站、马圈子车站、东郭办事处车站。各站负责运输机车的联络，传递信号，设有昼夜值班员人员。运输芦苇铁路上行驶的机车13辆，台车460辆。

现代内燃车机车

据《金城造纸厂志》载，1952年至1985年34年间，原料收购总量为366.9万吨，其中在盘锦境内购入的原料芦苇196.2万吨，占总量的53.5%。平均每年5.77万吨（其中最高年份1984年在省内收购12.4万吨，1985年为11.9万吨）。财务付款资料记载，1986年至1990年5年间，在盘锦境内采购

穿梭在芦苇荡中的小火车

而运入的芦苇达82.1万吨（其中最高年份1988年达20.1万吨）。1952年至1990年的39年间，在盘锦境内即东郭、羊圈子两大苇场共采购原料芦苇278万吨，平均每年7.13万吨，这些芦苇全部通过轻便小铁路于芦苇产地就近运到厂内生产车间。

这条铁路为单线铁路，现仍使用臂板式信号机、人工搬道岔管理，很有旧工业时代铁路遗存的原始风味。一列列以柴油内燃机为牵引动力的小火车头挂着一节节装满芦苇的轱辘马（盘锦人对拉芦苇的铁道车辆的俗称）纵横驰骋，在大苇荡中穿行着，它很老，很小，却不知疲惫……

2007年，辽宁振兴生态集团在东郭镇建立了集芦苇原料基地、制浆、造纸生产为一体的大型企业——辽宁振兴生态造纸有限公司。原料也是用东郭、羊圈子两大苇场的芦苇，小火车从此只需在东郭镇折

返到振兴生态造纸有限公司，盘锦的芦苇已不必运到金城造纸厂。东郭至金城段（锦州部分）近年已拆除。而盘锦市辖区段（盘锦部分）仍然在继续使用。

这条轻便小铁路，为辽宁省芦苇造纸事业发展、造纸原料基地建设和锦州、盘锦两地经济和社会发展做出了重要贡献。作为工业遗产，这条全国最长的最窄芦苇运输铁路，已引起政府文物保护单位的高度重视并认真加以保护。在盘锦市大力发展旅游业的良好环境下，也应该尝试作为旅游观光项目，让人们了解芦苇荡中的历史和故事，欣赏国内唯一在芦苇荡中穿行的小火车。

附：我国的窄轨铁路历史与现状

窄轨铁路具有铺设成本低、曲率半径小、车厢重量较轻、机车动力不需太大、可用于较大的路线坡度等特点。我国至今还有几条窄轨铁路仍在运营。

1903年至1910年，法国殖民者修建的轨距为1000毫米的铁路，从昆明出发蜿蜒至中越边境口岸河口，全长468公里，成为"云南十八怪"奇景之一："火车没有汽车快""火车不通国内通国外"。1970年停运，2008年重新运行。

1958年，四川嘉阳煤矿修建了总长19.84公里的芭蕉沟至石溪铁路，解决煤炭运输问题。1959年7月正式通车。由于其轨距为762毫米，称为"寸轨"铁路。至今每年有大量国内外游客到此参观。2006年，四川省乐山市政府将其列为工业遗产加以保护。

河南省周口郸城有一条窄轨线路，原来每天有两趟客运列车往来郸城和许昌之间，现已经停运。轨距是762毫米，用柴油机车牵引。还有开封电厂经新郑至登封间也有一条窄轨线路，不做客运，以运煤为主。

大兴安岭、小兴安岭、完达山脉、长白山脉组成了东北四大林区。在这些森林深处的崇山峻岭中，也有许多条鲜为人知的森林窄轨铁路。

营口、锦州的盐场目前还在使用窄轨铁路运输。

窄轨铁路历史与分类

1825年，发明家斯蒂芬孙研制出最原始的"运动"号蒸汽机车，它带动了正式启用的第一列旅客列车。当时，列车所行驶的铁路轨距是4.85英尺，折合成国际单位制为1435毫米。1846年，这个轨距被英国国会确立为标准轨距。从此，世界多数国家采用的都是1435毫米宽的轨距，以纪念被誉为世界"铁路之父"的斯蒂芬孙。1937年，国际铁路协会规定：1435毫米的轨距为国际通用的标准轨距，1520毫米以上的轨距是宽轨，小于1435毫米标准轨距的为窄轨。大部分窄轨距轨道的宽度是1067毫米或762毫米。

双台子河的前世今生

盘锦是古代辽泽之地，境内河流到明清时才见有文字记载，清末后才见地图有明细标注，正史更是一带而过。在了解、探索我市境内的21条河流的历史及现状的过程中，通过查阅一些历史文字资料和地图，发现历史中记载和标注的双台子河在同一时期的称谓极不统一，如碱河、减河、简河、双台子河、大辽河等。虽知这些名称之间有着密切的联系，但较起真来就说不出它的准确性了，大多是民间相传和依此猜测和判断加少许史料佐证。

双台子地名的由来

双台子河是因双台子地名而得，有关双台子地名的来历，据盘锦地名的传说和典故记载，目前有两个版本。

一是明代朝廷在山海关外大筑边防。修筑工匠们在一个不到20户人家的村落的小沟边上，夯土筑成两座台子。这台子既不像烽火台，又不像炮台，它是里程标记还是备战工事之用不得而知。

年深日久，两座台子风吹雨淋，剥落侵蚀得很厉害。一天，两座台子倒塌了，露出一块碑碣来，碑上有刻"台子沟，台子沟，台子倒了出码头"字句。台子倒后小沟逐年扩展，水深沿陡可航行三桅大船。小沟变大河后，关内载货大船成帮结伙来这里抛锚，交易粮谷、苇席、鱼虾……船只来往多了，这个无名的荒凉小村也兴旺起来，行商店栈多了，粮店、榨油、酿酒作坊也相继出现了。

小村无名，大船停泊在何地得有个地名，船工们听说这里有过两座台子，于是顺口说叫"双台子"吧。从此"双台子"这名字就传开了（此版本由原双台子区地方志负责人张培心整理，目前在双台子区政府词条中沿用）。

二是"双台子"在碱堡屯（位于原盘山县渤海乡粮家村，现碱堡屯已随着城市防洪工程改造消失），在20世纪30年代以来的地图中可查到。根据明朝辽东镇长城军事防御体系特点，双台子是明代烽火台。

根据《明史》《辽宁古长城》《军事地理和地形学》等资料分析，盘锦古台、屯堡是按一定规则排列的。明万历年间，从盘山驿城到盘山盐场之间有一条滨海防线，从盘山驿城起每隔5公里设置据点（堡、台）一处。据点内有数量不等的驻军，依次为位于北镇市吴家镇（原盘山县第四区）的盘山驿、五家堡，盘山县的无名台、杨家堡、杜家台、五棵树台、黄金堡、谷家台（朱仙台）、裴家台、兴隆台、中心

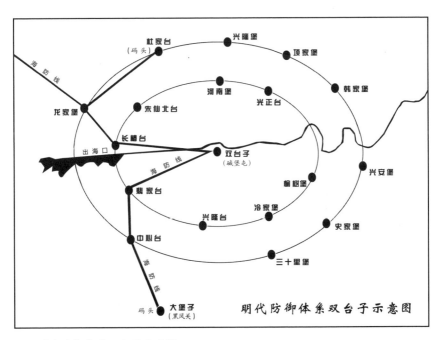

明代防御体系双台子示意图

017

台、青堆子台、大小堡子、盐场北台、盐场台（今地址名，原名无查）。双台子附近是沿海靠河的码头，也是军用物资中转站，物资来自山东、天津，海运到右屯卫。陆路不便自然依赖水途，双台子是防御要冲，成为居中咽喉。

如以碱堡屯为中心点在盘锦地图上画一个圆，发现周边的兴隆台、裴家台、朱仙北台（谷家村）、光正台、榆树堡等几乎都在圆周弧线上，与碱堡屯的距离相等，碱堡屯在当时核心位置。

另据《大明会典·兵部》记载，万历二年（1574）题准造空心敌台，两台之间用砖与石为墙，台墙相连，以便固守。这种台子都建在要冲地方。空心台一般高6～14米不等。建筑下层是用联式拱券为支架，在拱券上面建筑二层平台。作为重楼式建筑，四壁皆用砖砌，中心用了两个圆形的联式拱券，纵向并列，两个券洞落在中间一个券脚之上。四周墙壁皆设有窗口，为"铳""箭"的射击孔。二重楼式的第二层是一个方形的平台，建筑在第一层拱顶的上部（此版本由盘锦地域文化爱好者丁伟成整理）。

双台子潮沟

双台子河的形成应在明代以前，最初是一个无名潮沟，称为双台子潮沟，潮沟的名字因双台子地名而得。

第四纪冰期后期，辽河下游发生规模较大的盘山海侵，在距今5000～6000年以前，海面上升到最高位置。据辽河下游平原50～60米深处海相地层和海相化石的分布，海侵达到盘山以北地区。海侵后，滨海部分地区被淹没，未被淹没的近海部分，因排水不良形成大片沼泽。今辽宁黑山以南、北镇以东、台安以西的近海部分出现大片沼泽化滩地，唐代以后称为"辽泽"。

从肖忠纯的《辽宁历史地理》及王育民的《中国历史地理概论》中参考辽东湾顶部海岸的历史变迁，得知汉唐时期辽东湾顶部的古岸线，当在今右卫、闾阳驿、杜家台、双台子（原盘山镇）、沙岭、牛庄、人石桥至盖州一线。在辽河三角洲与大、小凌河三角洲之间，隔着一个向西北深入到间阳驿的被称作盘锦湾的浅海湾，注入湾内的东、西沙河输入的泥沙发育成小型三角洲，使海湾逐渐向东南推移，明代岸线南移至今盘山县杜家屯、双台子之南。

潮沟因土壤、气候等因素形成。辽河下游接近海口的平原区土质疏松，一经雨水冲刷即土随水去，水中泥沙含量特多。而辽河流域的降水量多集中在夏季，上、中游经过暴雨之后，河床中便出现了洪峰，洪水与泥沙俱下，对下游构成严重的威胁。再加上发源地海拔在千米左右，洪水一泻千里，清朝以前无堤防，洪水不受约束，任意流动，不可收拾。

1909 年的地图显示，那时的潮沟顶部仅到今坝墙子镇的圈河村。由此推断明代时潮沟的顶端只到双台子的碱堡屯左右。

碱河、减河、简河

碱河的称谓应在双台子潮沟之后，最初多见于在 20 世纪三四十年代地图所标注的河名。因无文字记载何时改双台子潮沟为碱河，名称的来历也是根据当时地理及人文状况推测。

据丁伟成研究，碱河河名来源于碱堡屯。他认为碱堡屯是明代烽火台双台子所在地。碱可理解为碱滩、烧碱的作坊。堡可理解为城堡，即明代军事要冲地点的防守用坚固建筑物（双台子）。又因碱堡屯靠近这条河的河边，以此推断碱河的由来。

减河则有文有史可依。依历史地理名词解释，减河为分泄河流洪水，用人工开挖的河道。开挖减河的目的在于减杀水势，防止洪水漫溢或决口。据《奉天通志》记载，清咸丰十一年（1861）辽水盛涨，右岸冷家口溃决，顺双台子潮沟刷成新槽，分流入海，是为减河之起始。

1861 年，猛涨的辽水在辽中县瓜茄岗子下游冷家屯北（今台安县何家村、南盘山县六间房村）的右岸（盘山一侧）决口溃堤，河水顺落到圈河（今坝墙子镇）冲入碱河，经过烟里、孤家子、吴家、狼窝、碱堡、双台子、夹信子直泻大海，临时形成了一条辽河分流入海河道。

简河，虽然在地图上有标注，只是同音，但没有别的意义可查找，可能是误写或白字。

双台子河

据《盘山厅志·水》和《盘山县志略·河川》所记，双台子铁桥下游至任家屯八里称"双台子河"。可见，双台子河名称使用在碱河、减河名称之后。可认为当时的双台子河是"减河"加"双台子河"。减河是从冷家口分流口到圈河开掘的河道。碱河是圈河到双台子河段，双台子潮沟是双台子到入海口河段，两段相加称双台子河。

清同治十二年（1873）春旱，当地数百民夫在地主乡绅驱使下，又将已经形成的河道出口堵死。此后辽河又经常决口漫堤。

光绪二十一年（1895），又遇洪灾，冷家口门东西两岸决口35处。当地官员依克唐阿（依尧山）向民间征求治理之策，当地（今属台安齐家窝铺）举人刘春烺提出分导辽河、重新疏浚双台子潮沟建议被采纳，四县两万余民工动用土方20多万立方米，疏浚河道15公里，开支白银1.4万两。工程于1896年7月开工，次年7月分流竣工，双台子河由此诞生。

因双台子河成为辽河下游分水河道，双台子河又称辽分水。《清史稿·志三十·地理二》称呼辽河分流的新河"减河"为辽分水。

减河改称双台子河的时间另有一种说法。盘山厅原临时设在城子街（盘蛇驿），1908年获准迁至双台子关帝庙。因有火车站，河南碱堡村附近的码头、商铺陆续迁到河北岸，1913年全国府州厅改县。双台子成了盘山县城，从此双台子河取代减河。

在1932年的地图中还发现双台子河道标注过大辽河，营口段辽河口标注为辽东河口。

双台子更名为辽河

1922年，帝国主义势力指使"营口辽河工程局"雇用鲁冀民工两万多，用两年时间，花白银万两，北从二道桥子起，南至夹信子平地挖掘45里长运河"新河"（今新开河）。这条运河开挖后，造成双台子河水流量减少，大量海水倒灌，使下游沿河两岸百万亩沃野被海水浸压，盘山地方群众对此极为不满。1930年辽河航线营口到上游航运停止。

1958年4月，为利于洪涝治理，辽宁省政府决定在盘山县六间房村将外辽河拦腰截断，使辽河水全部归入双台子河，将辽河下游的"一分为二"变为"合二为一"。从此，经营口入海的大辽河与经双台子河入海的辽河成为两个完全独立的水系。当年，省政府决定将双台子河的河道正式定名为辽河。

然而，由于各种原因，直到2011年的50多年里，辽河这段河名使用混乱，大多仍沿袭双台子河称谓。2005年、2009年、2011年盘锦市三次以市政府名义行文报省政府，提请将双台子河更名为辽河。

2011年11月16日，辽宁省人民政府下发文件，将双台子河更名为辽河。这条不到150年历史的流经盘锦的新河道，接续着5000年的辽河流向大海。

盘锦泽地与"辽泽"

　　泽地，在气候湿润的地区，河水夹带着泥沙流入湖泊，由于水面突然变宽，水流速度减慢，泥沙在湖边沉积下来，形成浅滩。一部分细小的物质，随着水流漂到湖泊开阔的地方，沉淀到湖底。年深日久，就使湖泊变得越来越浅。随着湖水深浅的不同，各种水生植物逐渐繁殖起来。在沿岸浅水区，生长着芦苇、香蒲等杂草。低洼平原上的河流沿岸，在河水浅、流速慢的情况下，也生长水草而逐渐形成沼泽。沿海的低地反复被海水淹没，海滩上杂草、芦苇丛生，也可形成盐沼泽。我市就属这类自然状况。

　　古代历史时期，辽河流域下游平原形成了许多沼泽，这些面积广阔的沼泽湿地史称为"辽泽"。"辽泽"没有类似古代云梦泽、巨野泽等的大面积的湖泊水体，而是沼泽、湖泊、河流等共同组成、交互错杂的自然综合体。

　　在漫长的历史时期，下辽河平原的"辽泽"经历了形成、发展和衰亡的过程。盘锦因地处于"辽泽"末端，且因退海之地形成时间较短，至今在苇田和辽河、大凌河入海口的大片区域仍有泽地面貌。

"辽泽"在各历史时期的地理区域

　　远古至秦汉时期的"辽泽"。此时期大片集中的沼泽湿地分布在今北镇至辽中之间，大致为今北镇、黑山、新民、辽中、台安、盘锦所围成的区域。下辽河平原从原始社会到秦汉时期的文化遗址均分布在这片沼泽地之外。至今在这片沼泽区域内尚未发现原始社会时期文化遗址，秦汉时期遗址至今也尚未发现。战国时期燕国在东北设立辽东、辽西、右北平三郡。西汉明确记载了辽东郡下辖18县，辽西郡下辖14县，而这些县镇均分布在这片沼泽地之外。

三国至隋唐时期的"辽泽"。这一时期，"辽泽"在南北方向上有所扩展。三国时期辽河以东为公孙氏割据，辽河以西为鲜卑占据，中间地区属于两不管之地，因此"辽泽"东南部险渎县、房县建置废弃，一直到中华民国初期才有台安县的设立，中间1600多年空无州县。"辽泽"地区由于疏于管理和经营，加上河流众多，多雨季节经常泛滥，使湖泊、沼泽得以持续扩展。推测南部扩展到今台安全境和盘锦东北部，北部扩展到今新民中部。

《资治通鉴》记载贞观十九年（645）五月唐太宗东征高句丽："庚午，车驾至辽泽，泥淖二百余里……壬申，渡泽东……丁丑，车驾渡辽水"。这段史料说明"辽泽"范围很大。

辽金元时期的"辽泽"。辽金元时期，"辽泽"扩展到辽河以东至沈阳西部地段。12世纪，许亢宗使金，在所记《宣和乙巳奉使金国行程录》中记述："地势卑下，尽皆蓷荇，沮洳积水。是日凡三十八次渡水，多被溺，名曰辽河。濒河南北余里，东西二百里，北辽河居其中，其地如此。隋唐征高丽，路皆由此。秋夏多蛟，不分昼夜，无牛马能至。行以衣包裹胸腹，人皆重裳而披衣，坐则蒿草熏烟，稍能免。"许亢宗又言："离梁鱼务东行六十里，即过辽河……过河东亦行五十里，旧广州（即辽代广州，在今沈阳西南章义西北大高花口）。"这说明12世纪时自辽中段辽河以东25公里内存在沼泽湿地。

明清时期的"辽泽"。明万历末年，辽河平原仍是"地下多水患，自驿堡墩台而外，居民绝少，四望无烟，唯芦苇萧萧耳"。原辽河以西"辽泽"地区仍然河流、湖泊众多，同时辽河以东地区沼泽进一步扩展。大约在明清时期，辽阳以南至牛庄地段也形成了沼泽湿地，致使"盘山、牛庄低洼，天雨连绵，水辄泛溢，行旅阻隔"。

明清时期除了前代"辽泽"以外，辽河以东至沈阳西部地段沼泽湿地继续扩展，在辽阳以南至牛庄地段也形成了沼泽湿地。此两段地区沼泽的扩展主要是辽河、浑河、太子河的泛滥改道所引起。

清末、民国以后的"辽泽"。由于清廷招民屯垦政策和闯关东活动，居民聚落、村屯增加。为了生产和生活，人们对于沼泽的治理力度加大，使沼泽面积逐渐缩小。

目前，泽地面积已缩小到盘锦境内辽河右岸至大凌河入海口的部分区域，所以清末以后的史料就不再使用"辽泽"称谓了。

"辽泽"形成和变迁的自然因素

地势低洼、排水不畅。下辽河平原地势低洼，其东西两侧都是低山、丘陵地带，北部地势也相对高耸。古时大致也是此种态势，由东、北、西三面向中部、南部倾斜。西起北镇、黑山，东到辽阳、海城地区地势低洼，使得辽河及其西部支流在盘锦东北部以上汇聚，然后由盘锦、营口地区入海。由于排水不畅，河流决口泛滥，形成湖泊、沼泽。这是形成沼泽的地形因素。

河网纵横、水源丰富。下辽河平原成为众多河流汇聚入海之地。历史上辽河南北贯通，西部有绕阳河、柳河、西沙河、羊肠河等多条支流，东部有浑河、太子河、沙河等多条支流，其他小型河流还有许多，形成河网切割的沼泽平原地貌。这是形成沼泽的水文因素。

河流改道、漫流淤积。由于以上诸多自然因素和人为屯垦活动，使得河流经常改道漫流，形成新的湖沼，这是形成沼泽湿地的最后动因。

辽河、浑河、太子河的汇合处的位置不断南移，这种趋势在明朝以后速度加快。而三河汇流口位置的不断南移导致今辽阳以南至牛庄地段沼泽湿地的形成。尤其明清以后，人为屯垦使河流泥沙增加，加上东部丘陵山地逐渐抬升，辽河、浑河、太子河西迁改道更加明显，沼泽面积又向辽河东部、南部扩展。

盘锦近海滩涂

　　古代海侵的影响。由于第四纪海侵和元朝时期海侵的影响，海水沿着辽河河道回侵，因地势低洼，排水不畅，也是形成沼泽的一个因素。

"辽泽"自然环境的特点

　　"辽泽"是多种自然地貌的综合体。下辽河平原沼泽地区不仅有丛生芦苇和其他水草的沼泽，而且河流纵横，大大小小的湖泊遍布其间，形成了沼泽、河流、湖泊交互错杂的自然综合体。

　　"辽泽"的沼泽湿地范围随季节而变化。沼泽湿地的水源，一般都是由地表径流、地下水和大气降水混合补给的，水量减少以至干涸时，湿地生态系统演变为陆地生态系统，水量增加时，该系统又演化为湿地生态系统，水文决定了系统的状态。下辽河平原沼泽地区伴随降水的变化，主要表现为夏秋多雨季节面积增加，而冬春少雨季节面积缩小。唐太宗东出兵高丽时，时值五月，"泥淖二百余

盘锦泽地潮沟

里”，九月撤兵时"阻淖八十里车骑不通"。清初高士奇叙述辽阳以南至牛庄地段"湿雨后泥潦，时困行旅。……时方晴霁，遂无泥淖之患"。

"辽泽"地区人烟稀少。蚊虻蔽天，水患严重，泥泞难行，致使"辽泽"地区生态环境极其恶劣。清朝以前的史料都说明了这种状况。到明朝万历末年下辽河平原仍是"地下多水患，自驿堡墩台而外，居民绝少，四望无烟，唯芦苇萧萧耳"。因为人烟稀少，也无州县设置。如今北镇至辽中之间的"辽泽"地区，历史上除了西汉到三国时期在其东南边缘地带设立险渎县外，大部分时间空无州县，在文献中也没有提到村镇和驿站的名称。

"辽泽"衰退的主因

清朝末年，沼泽面积不断缩小，造成"辽泽"历史变迁的原因除了地形、气候等自然因素以外，人为因素也起到重要作用。

到清朝末年，重新设立县级行政机构。清光绪三十二年（1906）

设立辽中县，民国初期（1914）设立台安县，说明了从清末开始下辽河平原人口增加，广泛垦殖，疏干沼泽，才使沼泽逐渐消退。

清朝时辽河东部"辽泽"地区属奉天府下辖辽阳州、海城县管辖，辽河西部"辽泽"地区属锦州府管辖，其中在北镇地区设立了广宁县，黑山地区清初也设八旗兵驻防城，于1902年改名为镇安县。在"辽泽"南部，盘锦地区在清初便辟为牧放官马之场。清同治二年（1863），在盘蛇驿设总管衙门。清光绪三十二年，设盘山厅，两年后迁至双台子，同时又设立辽中县。民国初期设立台安县。这些都说明"辽泽"地区州县、村屯、人口的增加，是人为因素所起的重要原因。

与"辽泽"存在的漫长时间相比，"辽泽"消亡的时间显得极其短暂，但也经历了从清末开始的半个多世纪的逐渐消亡过程。

古代下辽河平原"辽泽"地区一直是相对独立的地理单元，其恶劣的自然环境对于东北古代历史政权的演变和东北各民族的发展都产生了重大影响。新中国成立后，"辽泽"的自然环境彻底改观。目前辽宁的大片沼泽地区主要集中在清朝末年以后形成的盘锦沿海

盘锦泽地原貌（芦苇荡）

地区，而昔日的"辽泽"地区除了少数沼泽苇田外，大部分沼泽变为良田。如今"辽泽"地区已经成为辽宁重要农业区，而且交通便利，城镇繁荣。昔日的"辽泽"就成为一个在历史书上才能找到的名词了。

从坨、岗、台、岭的地名
了解盘锦典型地貌

　　盘锦多水无山，地势低洼，古称"辽泽"。作为退海之地，曾一度被认为人类进驻较晚而没有历史。《资治通鉴》卷一百九十七记载了唐太宗贞观十九年（645）五月太宗到达"辽泽"时的状况："泥沼二百余里，人马不可通"。宣和六年（1124），宋朝派遣许亢宗出使金朝，在其所著《宣和乙巳奉使金国行程录》中记述了穿越辽泽的艰苦："离兔儿涡（因野兔多而得名，在今黑山县镇安乡境内）东行，即地势卑下，尽皆蒿苇，沮洳积水。是日凡三十八次渡水，多被溺"。

　　到宣统二年（1910）编修的《盘山厅志》仍记载："厅（盘山厅，1906年置，1913年废厅改县）故泽国，一遇积雨辄虑成灾，上来淡水，川泽交错，速泄为幸，数逢其害，未蒙其利。"这是辽泽盘锦段历史真实情况。见如此记载，我们很难相信这样的地理环境下能有人择地而居。最近，阅读了由杨春风、杨洪琦主编的《辽宁地域文化通览·盘锦卷》，这个疑问便迎刃而解。

　　《辽宁地域文化通览·盘锦卷》介绍：在盘锦境内7处新石器文化遗址的发现，显然推翻了这一说法，并将本境地域文化的起源切实上溯到5000年前。5000年前的本境境域尽管仍以沼泽居多，然而远远高出其周围地表的坨子地、岗子地、台子地等，却使古人类得以在此择地而居，休养生息，从而使本境与中华大地一起开始了人类文明篇章的谱写。是的，以考古角度论证是最严谨的学术研究，而且无可挑剔。如今《辽宁地域文化通览·盘锦卷》的面世，更加明确了盘锦典型地貌形成的原因。综合近年来我市研究地域文化的成果，又查找了近百年来有关盘锦的地图、海图标注，从坨、岗、台、岭的地名来了解盘锦典型地貌，是为归纳整理，加以统计。

坨子地、岗子地的形成

坨子地的形成，有两种方式。（1）在成陆前的地质年代里，经过长期海水岸流作用，回旋冲刷淤积而形成的海拔1.5~2米的海滨圆形高地，分布在境内西半部。如大洼二界沟的老坨子和东郭苇场的狼坨子。（2）由河流冲积而成。我市大小河流21条，以辽河与绕阳河为例，在并无河堤防护的历史时期，两条河流都免不了常常泛滥，致使河水溢出河床，于两岸自由漫流，随坡就势地蜿蜒涌向西南，奔向大海。进程中遇到阻碍即"挡头儿"的时候，河水流速就会放缓，河泥就会在此沉积。久而久之，浅滩的规模就越来越大，地势也越来越高，终于成为高出周围地表的坨子地。这种形成模式呈现在本境东北部。东北部的坨子地由河泥淤积而成，土质相当肥沃，这些坨子地间杂在成片的沼泽地和盐碱草甸子当中，虽然仅仅高出周围地表几米至十几米，却是至关重要的一个高度，这使坨子地成为本境最早葱郁起来的土地，使第一群沿辽河而下的原始人类得以栖居于此，并能够在此获取相应的生活资料，从而长久地绵延下去。本境的原始文化亦由此发轫。由于土质肥沃并紧临河流，这些东北部坨子地上的原始居民，就以农耕为主业。

西南部的坨子地是由海水与河流冲击而成，其土质盐碱含量高，最先能在这里自然生长的植物，就是耐盐碱的碱蓬草，因为它是潮间带上的先锋植物。待盐碱渐退之后，芦苇等植物才紧随其后。由于濒海，此类坨子地通常会成为原始渔民的落脚点和聚居地，其文化遗留以贝壳等海洋物产为主体。

从考古发现可知，新石器时代以至接下来很长一段历史时期，本境东北部的坨子地均属土质，现今眼见的沙质只是后来的变化，否则原始人类断不可能栖居于此，也就不可能留下如此丰富的文化遗存。土质的沙化大致发生在辽金元以后。由于境内人口渐增，土地开垦范围日益扩大，逐渐导致水土流失，来自西北的风沙随之而至，风走过，沙留下，堆积在高出地表的坨子地周围，将其慢慢包裹成岗子地。

岗子地，它的最初形成与坨子地没有差别，区别之处是地面的高度及面积都大于坨子地。

台子和岭的形成

坨子地和岗子地是经过水、风、泥、沙土等自然因素而形成的，本境的台子和岭的形成除了这些因素之外，还增加了许多人为干预因素。

盘锦地处要塞，是古代兵家争夺的重要战场。大辽河、三岔河及古镇田庄台、沙岭、高升、双台子等地，均为历代兵家必争之地。隋唐时在三岔河北岸设有三岔关（即西宁堡，今盘山县古城子镇外辽河、浑河、太子河交汇处）。明中叶，朝廷构建了防御体系，修筑了从山海关到鸭绿江边长880多公里的长城，古称"辽东边墙"。明末清初，津、鲁、沪、杭商船进入辽东湾，可直抵田庄台、双台子码头进行贸易。

明正统七年（1442）及明成化五年（1469），先后建立女边堡，修筑了长城，建立了由山海关至辽东都指挥使司的驿站。继而建立了屯田、冶炼及煮盐等制度，以供军需，并委派总兵守辽东各镇，使广大地区形成一个完整的陆海防御体系。在今盘锦地区修建了北起盘驿、南到三岔关的辽河套长城防御体系，并设有卫、所、堡等屯兵城，称为海防系统。这段防线，也是当时的粮食、布匹等运往辽东的运输线，可谓"盘锦防线"。

"盘锦防线"由西南向东北依次排列有河东堡、无名堡，河东堡位于东郭镇西3公里、盘锦锦州交界处，为沟通辽西驿路、海防陆路中控制哨所。下马台，在羊圈子镇杨屯村西北，为警卫沿海的通信哨所。

赵官堡，在羊圈子镇西2公里，盘锦与锦州交界处，管理屯垦、马账房、沿海制盐事务，沟通驿马坊与盐百户所在的控制据点。无名台，在大羊河北岸，警卫沿海的通信哨所。板桥堡，在甜水镇西，管理屯田事务，沟通卫城司阳驿与大台子码头的支援、防御据点。小台子，在甜水镇西，警卫沿海的通信哨所。大台子，在甜水镇西南6公里处，西沙河小旗杆码头控制哨所。沙河堡，在胡家镇西8公里处，防御、支援、控制据点。杜家台，在太平镇西7公里处，码头控制哨所。龙家堡，在大平镇西2公里处，海防前沿控制据点。黄金堡，在太平镇西2公里处，海防前沿控制据点。双台子，盘锦北市区，码头口岸控制哨所。裴家台，在双台户西南10公里处，警卫沿海的通信哨所。兴隆台，盘锦南市区，警卫沿海的通信哨所。中心台，在田家镇附近，警卫沿海的通信哨所。大铁厂堡，在田家镇西南，沿海口岸、官厂，控制据点。青凤台、中央堡、7号地台、榆树台，位于大洼、王家、榆树镇，是"盘山制盐官场"管理点并警卫沿海的据点哨所。田庄台、南兴隆台，是码头口岸控制哨所。防线到此东行，转至哈巴台，平安镇境内为警卫沿海的通信哨所。再东向东北，为无名台、狐狸台，位于西安、东风两镇内，为警卫沿海的通信哨所。再东北为夏家堡，转西南走向，到达三岔关，过三岔河，防务为海州（今海城市）管辖。从防御作用上看，口岸、码头、官场要害处的河东堡、刘三厂、板桥堡、大台子、杜家台、裴家台、双台子、大铁厂堡、田庄台、三岔关等堡台都设有海防火炮。

双台子在"盘锦防线"中部，地处龙家堡、黄金堡、兴隆堡、大铁厂堡、榆树堡的中心点，为防御要冲之地。因此，仅明时的军事建筑就布满盘锦全境。而这些军用设施大多均建在坨、岗、台、岭的高地上。

坨、岗、台、岭地名形成的特征

1. 以象形取名：如大脑袋坨子、两瓣坨子、四方台、马蹄岗子、大屁股岗子、庙岗子、扁担岗子、四爪岗子、门头岗、南石柱岗、躺岗子、腰楼台、下马台等。

2. 以拟物取名：如狼坨子、狐狸岗子、挂网岗、仙水岗子、老许坟岗子、狐狸台、窟窿台、榆树台、蛤蜊岗、瓦瓷岗子、菜园地岗子等。

3. 以数字取名：如七棵树沙岗子、幺台子、二台子至九台子、双台子等。

4. 以颜色取名：如黑坨子、青沙坨、黄沙岗子、灰岗子、白岗子等。

5. 以一个基准居住地或某个标志物向外方位取名：如东、西、南、北坨子，前坨子，后里胡岗子，东岗，南岗，西岗，北沙岗，中心台，东台，南台，等等。

6. 以面积大小取名：东大坨、西大坨子、朱家大坨地、大岗子、大台子、小台子等。

7. 以姓氏取名：丁坨子、钱坨子、朱家坨子、郑家坨子、邓家岗子、顾家岗、郭家岗子、史家岗子、姚家岗子、杜家台、刘家台、裴家台、高家台、田庄台等。

有些地名已消失

随着历史变迁和社会发展，有些地貌发生了根本变化，有些地名也随之消失。有的在地图上已找不到了，有的只能存在于老一辈人的记忆里。如滑楼子坨地、狼坨子、滚龙岗、挂网岗、下马台、长椿台等原始地貌都发生了根本变化，有的开辟旱田、稻田种上了庄稼，有的开辟了苇田，原来的名字就废弃了。有的因原来的名字不雅，如窟窿台改为兴隆台，狐狸岗子改为胡里岗子、南屁股岗子改为南屁岗。还有原烽火台都因时代更新而废弃，原先的名字就把烽火台舍掉留下前面的名字，如光正台、谷家等。再如坨子地已不再是坨子了，就把坨字去掉了，如甜水坨改甜水，朱家大坨地改朱家了。

明代后大凌河河口的四次变迁

大凌河，今为盘锦市与锦州市的界河。历史上其河道及入河（今辽河）入海的位置唐代前众说纷纭，没有定论。明代以后说法统一，走向清楚而流经具体地点不详。根据2015年1月辽宁省水利水电勘测设计研究院完成的《辽宁省典型河流变化情况分析》研究结果报告，结合2010年至2015年与盘锦市水利局有关技术人员多次实地考察的结果分析，综合东郭苇场和石新镇当地水利管理人员的介绍，对大凌河在明代前后的河口走向及流经具体地点有了较为清晰的了解。大凌河河口在明代前后有三次在我市入河入海的过程，新中国成立后改道至目前的位置。

大凌河概况

大凌河是辽西最大的河流，辽宁第三大河流，也是中国东北独流入海的较大河流之一。今大凌河总长397公里，流域面积2.02万平方公里，支流有20余条。大凌河谷是古代沟通东北与中原地区的交通干道，齐国北伐山戎、曹操征讨乌桓、前燕入主中原、北齐攻打契丹、隋唐平定高句丽，均以大凌河谷为行军主道。

据《锦县志》（1989年）记载，大凌河是一条多沙河流，每年携带大量泥沙入海，使入海口不断向前淤进。由于河床逐年淤高，入海口河道历史上曾多次发生迁移。

大凌河位于滨海平原的西部，隋时柳城郡在白狼水（大凌河）入海处建有临海顿（一名望海顿），作为海路漕运至辽东的转运站，其地在今凌海（1993年由锦县改设）右卫之南。

辽时于上京道潢水（今西拉木伦河）沿线设置仪坤、饶、丰、永、降圣、龙化、乌等州，进行移民垦殖，"专意于农"。金、元时进一步大规模耕垦，使植被破坏，土壤侵蚀，水土流失严重。辽河及其支流的来沙渐丰，随着辽河三角洲的延伸，海岸逐渐向外推移。这段时期，海岸伸展不是很显著。如辽时东京道所属海州（今海城）附郭县称为临溟，仍濒临海边。元代大凌河入海口称临海乡，即隋朝的临海顿，也临近海边。辽金元时期严重水土流失的恶果在明清时期显现出来，从而使明清时期海岸线变迁较大。

大凌河名称演变

大凌河在历史上曾有多个名称。（1）汉朝以来称"渝水"，又称"白狼水"。白狼水的得名，是因大凌河主源出自建昌县要路沟乡吴坤杖子的水泉沟，附近有黑山，古名白狼山，此地区在秦汉时期右北平郡下设有白狼县（今喀左黄道营子村汉城址）。建安十二年（207），曹操北征乌桓，曾"登白狼，望柳城"。（2）唐朝时期大部分河流名称改水为河，白狼水也改称"白狼河"，唐代诗人沈佺期在《古意呈补阙乔知之》一诗中曾提到了大凌河："白浪河北音书断，丹凤城南秋夜长。"（3）辽时称"灵河"，是以白狼北源之神水为名。（4）金、元时改"灵"为"凌"，称"凌河"，盖为塞外寒河，取寒冷冻结冰凌之意。也有记载称"凌江"（元至正年间《通济桥碑》中记载"城东合龙山下，有曰凌江"）。（5）明朝时始称"大凌河"，以与"小凌河"相区别。（6）清朝时名称沿用，但在蒙古语中称"傲木楞河"。大凌河有北、西、南三源。北源出自朝阳凌源万元店乡热水汤村打鹿沟，由此向南至凌源南辛杖子汇入西源；西源出自河北省平泉市宋营子乡水泉沟（古名"榆河"，今称"南大河"），至辛杖子与北源汇合后折向东南进入喀左县境大城子附近汇入南源；南源出自葫芦岛市建昌县要路沟乡

东郭苇场王八嘴（大凌河老背河）是我市与锦州市界河的入境处

吴坤杖子的水泉沟。一条河流有两个以上源头，一般以水流最长、水量最大或海拔最高的一支为主源。从古至今，大凌河均以出自今葫芦岛市建昌县要路沟的南源为主源。今凌源市的得名，是由于这条主源而来，并非得自北源。另与行政建置的设立有关，清乾隆三年（1738）于今凌源城关设塔子沟厅，乾隆四十三年（1778）撤厅置建昌县，民国三年（1914）为避免建昌县与江西省建昌府重名，遂依大凌河主源发源地改称凌源县。新中国成立后将其东南部划出，另设建昌县，大凌河主源仍划在建昌县境内。

古代大凌河河道变迁的不同说法

大凌河在今朝阳以下河道变迁众说纷纭，莫衷一是，源于对郦道元《水经注》的理解不同。《水经注》云："辽水右会白狼水，水出右北平白狼县东南，北流，西北屈，径广成县故城（今建昌东北后城子汉城址）南。"又称："白狼水北径白狼县故城（今喀左黄道营子村汉城址）东……又北径黄龙城（今朝阳市）东……又东北出，东流分为二水。右水，疑即渝水也。……又东南径一故城东，俗曰女罗城（今义县东南王民屯对岸）……其水东南入海……一水东北出塞，为白狼水，又东南流至房县（今盘锦大洼附近汉城址）注于辽。"

《水经注》说白狼水经今朝阳后，分为两支，一支自塞外东南入海，名为渝水；一支从东北出塞，又折转东南，注于辽河，名为白狼水。后人曾相信此说，为之作图，使白狼水穿越医巫闾山，汇入辽河。但此河何时消亡不得而知，因北魏以后的史料无法详考。若此河果真存在，则是大凌河的大变迁。

唐代在今辽河平原北部有一白狼水，《唐会要》卷九十五记载："（贞观）二十一年，李勣……班师至颇利城（辽河以东，今新民东部境内），渡白狼、黄岩二水，皆由膝已下，勣怪二水浅狭，问契丹辽源所在，云此二水更行数里，即合南流，即称辽水，更无辽源可得也。"此处白狼水在今新民东部，此水与《水经注》中的白狼水是否有关系呢？林汀水先生（厦门大学历史系教授，参编中科院《历史自然地理》，对辽河平原、珠江三角洲的历史自然地理的研究较深入，在学术界有一定的影响）考证，古时之白狼水应有两支，一支发源于白狼县，为今大凌河之上源；另一支入辽河，乃是辽水的支流，而郦氏不知其情，遂致混二为一耳。林先生认为《水经注》记载有误，大凌河在今朝阳以下并没有北部白狼水这一支流。又称"此白狼一水，或为《铁岭县志》卷二所云之长沟"。《满洲历史地理》卷一认为，李勣所渡之河，黄岩水为辽河之上游名（古时称潢水，今西拉木伦河），白狼水为今养息牧河。冯立民（锦州历史文化学者）则赞同《水经注》的说法，并认为："历史上，大凌河曾先入辽水，后西摆移到今娘娘宫一带，与小凌河汇合后一并入海，以后又分开，东摆移至今凌海市大有乡入海。其历史遗存为双台子河（辽河）至小凌河间的沼泽湿地以及大小凌河入海口间的三角洲地貌、众多的河口与海汊。此时汇合后的两河分别以东西凌河为称，现有东凌河堡地名可以佐证。"但没有指出变迁的具体时间和具体材料。

大凌河河口的历史变迁

大凌河每当汛期洪流滚滚，夹带大量泥沙流入渤海，使入海口不断向前延伸，河床也逐年淤高，下游河身曾多次移动，河口也随之改变。

大凌河的入海口有迹可循，在隋朝开始有明确记载，以后屡有变化，简要归纳：（1）隋朝时大凌河入海口称望海顿或临海顿（今凌海右卫），元称临海乡，曾是东北地区重要的海港。（2）明代以前大凌河主流经右屯卫（今右卫镇）东入海。明代后期主流经王段村（该村已被1930年洪水冲毁，今王段草甸子），东南流经大有屯东至元宝坻西，折南入海。明代设广宁右屯卫，但河道迁徙，遂称故道为枯凌河。（3）清朝末年，光绪三十一年（1905）出版的《大清帝国全图》和光绪三十二年出版的《二十世纪中外大地图》等清末地图所示，大凌河主流又北移，改从自王段经古龙湾、狼坨子至鸳鸯沟入海。（4）民国时期，又走枯凌河道，主流北移到右屯卫东南半里流经大黄屯西，抑向东北

大凌河入海口

而东过龙王庙北，东南流10公里入海。据《申报图》，大凌河在张家屯附近入海，而《奉天通志》则说是在龙王庙东南入海，二者的差异，应因后说包括渤海浅滩之凌河暗流部分的缘故。（5）新中国成立后大凌河再次南移，自古龙湾以下，从明、清时的两条故道夹裆，于今凌海市南圈河与辽河口经济区东郭苇场南井子之间入渤海。

大凌河南井子排灌站

伴随海岸线的延伸，大凌河河口不断向南推移。今天的河口已经在隋朝临海顿（今凌海右卫镇）南24公里左右。大凌河水系变迁多数发生在下游，制约河流变迁的主要是地形因素，河口附近泥沙大，土质松软。大凌河流域地势由西北向东南，从山地、丘陵过渡到山前倾斜平原，至渤海西岸，呈阶梯式降低。故大凌河水系变迁属一般冲积洪积扇河流变迁的类型。

今大凌河虽与我市于界河的河道很短，只有20公里。但历史上曾是辽河右岸的支流，依据是它的河口几次变化都是在我市境内注入辽河后再入海。一次到东郭苇场考察潮沟河、小道子河和南屁岗子河时，东郭苇场副场长秦国辉介绍，这三条河现在的部分河段应是大凌河的原河道，俗称为背河。因多处变为农田及苇田，河道宽度和河床深度大大缩小。

佐证田庄台有600余年历史的文字记载

2005年春节过后，我父亲于河北大城寻祖，在大城老家的家谱中发现了一份有关佐证田庄台历史的谱牒。回来后他把这份复印件交给我说，"这是记录咱刘家繁衍生息过程最早的一份文字资料，用文言文写的，我看不懂，你找个懂古文的人翻译一下。"并说那上面写着我们刘家在600年前就来到关外，居住地就在田庄台。

我在20世纪80年代初曾在大洼县县志办公室工作过，知道田庄台虽历史久远，但缺少文字记载史料，多年来市、县文史部门一直在寻找有关文字记载的史料。父亲带回的是民间谱牒，在文史资料中可作为重要的参考依据。所以，这份资料对田庄台历史上限的追溯，能作为一个新的佐证。我请曾在报社做过主任编辑的杨显光老师对这份谱牒做了详细的注释。原来，这份谱牒是我们家谱中主持修谱人刘锦云写的家谱序言或是编后。文内清楚地记录我们祖籍在山西洪洞县，于明朝永乐二年（1404）迁到关外田庄台，并生活较为富足地居住了200多年。大约在明崇祯年间又迁到河北大城。

谱牒原文

记曰奠祖故敬宗敬宗故收族之有谱以深报本追远之思而为取纠别宗之便且当触目惊心必思敦本而睦族其为义岂浅鲜哉粤我之刘氏祖之原籍山西洪洞人也自前明永乐二年北迁于关外田庄台奠阙攸居田中陇亩为累业之箕裘架上诗书作传家之琬琰服畴食德二百余年迨我六世祖

记载田庄台历史的刘氏谱牒

廷选公以庠生游学入关滞迹于此即今大城古舒也每忆归计初无意于谱
牒之有无乃事业日起繁衍日多入关以先困难所至即自廷选公后二百年
亦莫究其端绪矣以祖宗之默佑丹陛分符武以副总开厅澄黄浦堂拖绶以
文以邑令并仕川乡而入泮掇芹殆如拾芥迪为先昭兹来许而世系妄传岂
非憾事我祖大来公由廪膳生捐纳知县分发四川候补奉先思切追远情深
乃远冒风涛恭谒坟墓遂得于始祖列祖之官爵年岁及祖母之姓氏里居二
备录将谓帙牒之成在此一举不意途中舟覆险及未身而所录之族谱归于
湮没我祖又得喑病而赍志以殁矣宗瑶锦云岁每思再涉重洋一观宗庙又
以老亲在堂不果于行仅以廷选公以及锦云几世其间列祖之官爵字表寿
数与祖母等之所自出遂求详尽尚多阙略图于文契所载故亲戚之家无不
细心咨访而墓中之碣石因年久世远为风雨所剥蚀不能辨认矣但万一今
年六十有九残膜尚尽倘不及之身亟完此举恐即此七世之中亦未有人传
也何以慰先灵何以示后世亦何以见我祖于地下乎于四月下旬命用霖专
司缮写薄霖注霖而为考察宗瑶湘霖等裱褙裁定方以廷选公为始祖以下
注明原继配某氏某衔字之第几女子几名而有出嗣者即名下注明出嗣
某人其无子而有承嗣之子者亦注明以某人之第几子为嗣其有女者分别
长次注明适某宅某公之几弟子此为内谱又为世系之图一派相继一线相

联此为外谱虽七世之中尚未有几于明而实日之考核或校稍易而关前之谱亦将得所考据矣宗瑶锦云年迈学荒久疏文墨惟期后之聪明特达者匡予所述则绳绳继继各数典之不忘济济跄跄尽承先人之志且知沿流经委具有本源派别支分依然骨肉相亲相爱而累世无怨恒士农而家声丕振外又有宗瑶之厚望也夫爰陈颠末以志于后。

谱牒译文

在书本上有过这样的话：祭祖要敬宗，要尊敬祖辈。敬宗，要有族谱，才能追念先人，知道族内发展变迁，知道先人事迹，会使后人感到震撼。所以，有了族谱，才能思源而不忘根本，这个道理很明显。

刘氏家族祖籍是在山西洪洞县，在明朝永乐二年，迁到关外田庄台。在那里盖房种地，以农耕为主，生活较为充足，并以诗书做传家之美德。就这样，靠田地和美德生活于世，在田庄台生活了200多年。

到了六世祖刘廷选时代，他做了官府的老师，经常到各处讲学，由此入关，落脚到河北大城古舒这个地方。当初，无意记载家族世系的事情。但家族日益发展，人丁兴旺，在刘廷选入关后的一段时间里，家境不宽裕，所以，200年里没有人整理家谱。是祖宗在暗中保佑，使家族有人在仕途

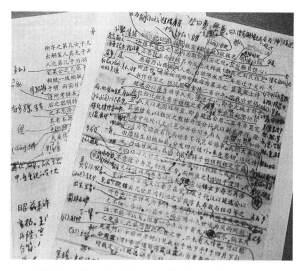

《盘锦日报》原编辑杨显光在刘氏谱牒原文上的注释

上得以发展，受到朝廷重用，当上武官的也是由军队学校毕业后被提拔任副职，当上文官的去四川任县令，获取功名。这是刘氏家族的后代争气而名声远扬。这些如不记载下来，而后生遗忘，岂不是一件遗憾的事。

我爷爷刘大来，是个廪膳生（当时官府每月发给六斗米俸禄），因捐个知县，被朝廷分配到四川候补。他祭祖心切，追远情深，就远冒风涛，去拜谒祖坟。于是，他得知了始祖列祖的官位、年岁和刘大来祖母的姓氏、家乡，一并记录下来，录入家谱，还装订成书。不料，途中船翻，人没伤着，家谱却掉入水中淹没。刘大来回家后嗓子又得了病，一直为这次遭遇不幸未能成行而后悔。

到了刘锦云（字宗瑶）这一代，他年年都想再涉重洋办成此事，但因老母在堂，不能远行。就想把刘廷选以下到刘锦云几代之间列祖的官位、名字、寿数和祖母所养儿女，尽可能都记详细。缺少资料，就到亲属家去访查。又因祖先墓碑的碑文年久，风吹雨蚀，不能辨认。他已69岁，风烛残年，如果不完成此任，恐到下代"霖"辈中没有人传下，就不能告慰先人，也不能传之后世。在当年四月，叫用霖负责缮写，溥霖、注霖做校对，他和湘霖做装裱，共同来完成这件事。

商定从刘廷选重新立祖。具体方法：注明原、继配某氏某某，下列子、女儿名，有后代者的注明生育人，无后代有过继子女的也要注明过继前的生父生母的第几子，其女儿也分别以长、次注明出嫁于某宅某公的几弟子，这为内谱，也是世系图，而一派相继，一线相连的为外谱。虽然七世之中，较为翔实考察的没有几个，在关外200多年的情况也不甚清楚。锦云我年迈学荒，疏远笔墨，盼望后辈能有聪明显贵者帮其续补。要继续把刘氏家族的历史记载下来，不忘自己的祖先。还要有步骤地继承先人之志，要知道刘氏家族的源流始末。虽有派别分支，但依然是骨肉相亲相爱，不能失去。要长久保持本族以仕农为祖训，这样，家族才兴旺，才能声振族外，这是锦云之愿望。

谨以此文陈述始末，记述于后。

年代推证

据父亲在河北大城老家寻访，我们刘家在河北大城又生活了200多年后，于清代道光年间（1821年后），我的六代之祖刘朝弼（哥仨中老三）伙同朋友王氏家族一支，用手推车、扁担将三个儿子和简单日用农具推挑来到盘山县坝墙子吴家卜村落脚，是为第二次"闯关东"。撰写这份材料的年代应在刘朝弼举家来盘山20年之后。因为手持原始谱牒的人与我父亲的辈分还能理清，在刘朝弼来盘山十几年后，他的后人曾回大城处理家产，如果是在这期间完成家谱，应该能带回盘山。因为，那时有文化的人举家搬迁，对家族祖训尤其是家谱是很重视的。我小时曾见过刘朝弼到关外重新立祖的家谱挂图（祖宗世系图）。

为了验证这份谱牒中所说的田庄台是否就是我们盘锦的田庄台，近年来，我一直在查找相关的资料。经查，关外田庄台在历史上未见有过重名，可以相信谱牒中说的关外田庄台，就是今盘锦的田庄台。第二，刘家本支在田庄台居住了200年后去河北大城，不是因生活窘迫而离开，文内用"奠阙攸居"表述是生活比较充足，是因刘廷选到关内游学而迁到大城。第三，据大城老家的人说关外田庄台当时有码头，而且离海很近。文中又记载刘大来祭祖是乘船，目的地应该是田庄台。如去山西洪洞是旱路而无须乘船。第四，本族先辈在河北大城生活200年后再次出关，大城的后代们能从曾在田庄台生活的老人口传中对关外有所了解。所以，他们再次举家搬迁，落脚点是田庄台附近。第五，据原辽宁省水利水电勘测设计研究院潘桂娥《辽河口演变分析》的文中图表所示，盘锦在辽代时由营口梁房口到东昌堡，向西北至田庄台、大洼大堡子、盘山陆家、甜水大板，再转西向羊圈子一线就已成为陆地。田庄台当时是辽河入海口最近的村落，从那时起至明代永乐年间的近400年的时间里，逐步发展成为一个水陆集镇是可信的。

至今，关于田庄台文字记载的历史有两种说法。一说是"千年古镇"，源于1969年《红旗》杂志第二期中"田庄台镇，位于盘锦垦区南部，是一个有1000多年历史的水陆小码头，商业和手工业比较发达，是工农业产品的集散地"。另一说是该镇有400多年历史，源于早年田庄台崇兴寺（药王庙）的残碑，碑文中有"寺之始建年代不可考察，明隆庆万历时刘普道父子重修之"的字样，由此认定这座古寺始建于明万历以前。按常理推测，在明代时的一个小镇，从有人居住到能修建寺庙这个时间应该是需要百年或更长的，而"重修"的字样应把寺庙的建筑时间前推更久些。因没有查到新的文字记述和考证，所以一直沿用田庄台有文字记载的历史是400多年的定论。

刘氏家族谱牒的发现，应该是对田庄台有文字记载的历史补充一个新的佐证。田庄台有文字记载的历史在600年以上是可信的。

谱牒利用

根据谱牒的记述，2006年我写了题为《一份佐证田庄台历史的谱牒》的文章在市报发表，文章发表后引起了市内文史同人和地域文化研究人员的关注。而后，市档案局《兰台内参》编辑部也征集此稿并刊发。2013年，《辽宁地域文化通览·盘锦卷》主编杨春风、杨洪琦在书中录用此谱牒记述的内容为佐证，并由此推断"田庄台早在明代初期就已对关内移民产生了一定吸引力，使之选择于此定居。那么最保守的说法是，田庄台迄今至少已有610年历史"。

家谱有姓氏渊源、始祖源流、支派迁徙、世系繁衍、人口变迁等诸多内容。家族的历史，反映的就是民族的历史、国家的历史。了解、熟知自己家族的历史，也就是了解熟知中华民族的历史、国家的历史、人类的历史。可见家谱不仅有文史价值和学术研究价值，也有着现代生活的指导价值。近年来，人们对家谱族谱的收集整理已越来越重视。通过记述家族活动的历史面貌，来传承历史，问祖凭证，也为地方志和正史的可信度提供了有力的支撑和佐证，对历史学、人口学、民俗学、社会学和经济学等方面的研究有着不可替代的独特功能。刘氏谱牒的发现、整理、利用，对本地挖掘史料，尤其是田庄台文字记载历史的追溯起到了佐证作用。

盘锦芦苇收割的历史演变

在渤海辽东湾北岸的辽河三角洲，有一片世界第一大的苇场，主要由盘锦全市和锦州、营口两市的一小部分组成，盘锦占2/3以上。这片芦苇荡在新中国成立前有142万亩。为了发展粮食生产，新中国成立后至盘锦建市前，逐步地把芦苇地开发为稻田耕地。目前120万亩芦苇，是为了辽河口自然保护区的自然生态和保证造纸工业的原料而保存下来的。

盘锦芦苇生成的历史

清嘉庆年间，关东连续几年出现罕见的滂沱大雨，积水达四五尺深。由于雨量大，东沙河、西沙河、鹞鹰河、羊肠子河、沙子河、鸭子河、大羊河水势凶猛，并夹大量泥沙顺水向渤海盘山湾倾泻，使河道入海处出现了大面积落淤和拦门沙。落淤面积由小到大，由近到远，由低到高，形成了河沟交错、一望无际的滩涂。清光绪初年，沿

镰刀割苇

手扶拖拉机割苇

河下滩繁衍了上滩，生长出清塘芦苇和清塘纲草。至民国初年，沿河下滩已长成了两米多高的大芦苇，上滩因盐碱度高，则生长3～4尺、4～6尺不等的矮芦苇。由于苇连成片，形成了人进不去、鸟不能飞、一望无际的浩瀚苇荡。

可再生的"禾草森林"

芦苇可用来造纸、加工建材和秸秆发电，也可以开发芦根的药用价值，还能开发生态旅游项目等。对盘锦的工业发展而言，芦苇是造纸的重要原材料。每年生长的芦苇，到了秋冬季节必须收割，如果芦苇自生自灭，易引发火灾；如果芦苇不收割，还影响来年芦苇的生长，使新生芦苇植株纤细、过分密集，导致芦苇倒伏，使之减产。因而，年复一年，去旧来新，盘锦的芦苇资源是可再生的"禾草森林"。

据资料记载，1949年，辽河三角洲芦苇收割面积为79万亩，产量38.25万吨，其中在今盘锦区域为50.20万亩，产量4.37万吨；建市初期的 1988 年收割面积为 79 万亩，产量 38.25 万吨，其中在今盘锦区域为 75.79 万亩，产量 37.45 万吨。目前，盘锦芦苇收割面积 80 万亩，芦苇产量 50 万吨。芦苇资源面积占全省的 80%左右，收割面积占全省的 82.69%，收割产量约占 85%。

盘锦市的芦苇收割面积和产量，占辽河三角洲的 95%以上，芦苇资源主要分布在东郭、羊圈子两镇（苇场），大洼盘锦红海滩湿地旅游度假区（赵圈河），辽东湾经济区（辽滨），以及省司法系统鼎翔集团（新生）和盘山县胡家、甜水等镇。百年来，芦苇收割面积和产量不断增加，由 1949 年单产 104 公斤提高到现今 550 公斤以上。东郭、羊圈子、赵圈河和辽滨四个苇田（苇场）的收割面积和产量，与 1980 年相比，面积年均递增 1.32%，产量年均递增 9.1%。

冷土上流动的刀客

刀客，不是武侠小说中挥刀舞剑云游四方打抱不平的侠客，而是每逢冬季来盘锦苇塘割苇谋生的一些农民工。刀客，就是用刀干活儿的外乡人。

刀客在盘锦有文字记载的历史已有百年。那时，人们又把刀客称为塘驴子。割苇是"人进苇塘，驴进碾坊"，无论生活环境还是劳动条件都是极其艰苦的。冬天的苇塘气温低至零下二三十摄氏度，穿多走不动，干起活儿来就得出汗，一干上就不能停下来，因为一歇气，汗就会结冰冻成冰人。白天干活儿累得够呛，晚上回塘铺，屋又空又冷，只好靠喝酒暖身入睡，好多下塘人都落下风寒的病根。早年形容下塘人"狗皮帽子乌拉头，腰系草绳怀揣酒。甩膀舞镰一身汗，嘴啃凉馍冷飕飕。晚归塘铺腰散架，炕凉屋冷泪枕流。睡醒还做昨天事，煎熬仨月方解愁"。苇海深处，寒风无挡，逼人肌髓。

苇塘成规模收割始于伪满时期，日本关东军分别于 1936 年、1939 年在营口、锦州建了两个造纸厂（营口、金城）。那时，奉天、锦州两省向苇区以县为单位派劳工，为造纸企业承担芦苇收割任务。

因是季节用工，芦苇收割的分配形式一直是采取包干的办法延续至今。20世纪70年代以前，收割的劳动力由省统一安排计划、组织。省按照芦苇生产计划和用工指标，向各市、地区、盟及所辖县、区、旗分派任务，县、区、旗向所辖公社、农场分派任务，公社、农场以生产大队组成的作业队为派出形式，多以基干民兵为出工队伍，实行半军事化管理。

1978年，芦苇收割改由各苇场自行组织，采取签订合同的办法，从外地征集劳动力、运力。收割芦苇的民工，以县为单位成立芦苇收割指挥部，下设大、中、小队和收割小组，小组由5～7人组成（割苇3～5人，捆苇2人）。

20世纪五六十年代，收割期所需3万名劳力和2000辆马车，由盘山县、锦县（今凌海市）解决。按场社、大队分塘段组织芦苇收割会战，限期完成收割任务。80年代后，仅盘山县、锦县的人力、运力不能满足需要，从外地如河北、内蒙古、吉林、黑龙江等省征集劳动力收割。

入冬后，刀客们几天之内，在沈山铁路羊圈子站、石山站，沟海铁路盘锦站，沈大铁路营口站和盘山、大洼两个汽车客运站下车进入苇塘。刀客们都住在苇荡中间的塘铺，塘铺内有大约5米长的火炕，要睡十几个人，也有大铺可睡30人以上。男女如果同睡一个大铺，中间用苇帘子隔开。苇客们早、晚饭吃在塘铺，午饭由人送到作业现场，主食以前一般是玉米饼子和高粱米饭，现在是大米饭、馒头。菜是没多少油水的白菜炖土豆，有大豆腐就是改善了。隔三岔五也会改善一下伙食，包些饺子、包子或做些有少许肉的菜肴。人们在苇塘背风处赶快吃完，不然菜就会结冰。

1948年以实物高粱或玉米付酬，1952年以货币支付，工资标准为定额2元，马车运输定额为18元。1958年收割工资标准增加到2.4元，马车运输定额为20元。在具体分配上，以收割单位单独核算，收割工人个人所得80%，20%作为间接生产人员的工资和杂支费用。1986年工资标准为3.6元，大车运输24元；1988年改由苇场与收割单位协商，平均工资标准4～4.2元。2000年后，劳务费改为市场化，每个刀客每月收入1500元。2010年后，随着国家经济的快速发展，人工费也有很大提高，刀客日收入可达到120～150元。

1958年后，政府对收割工人给予适当补助，规定每完成一个定额补助原粮0.5公斤，布票0.5市尺；运苇大车每完成一个定额补助原粮1.5公斤。1978年后，芦苇收割工人住上砖瓦房，吃甜水，每日三餐，主副食多样化，收割工人生活条件有了很大改善。

芦苇收割逐步实现机械化

近20年来，收割芦苇由笨重的体力劳动逐步改为机械化作业。割灌机、手扶收割机、轮式收割机，不仅减轻了刀客们的体力强度，也使收割效率提高了几倍甚至十几倍。

在机械收割普及之前，120万亩芦苇全都要人力一镰一刀地割。据资料显示，20世纪50年代，盘锦境内共有苇场从事芦苇工作的职工1600多人，到1990年也不过4600多人。而每年收割大约需要劳动力3万人，1998年，五大苇场外来雇工人数达到5万人。

实现收割作业机械化，一直是政府研究的课题。新中国成立后，曾引进两台日本北海道生产的马拉割草机进行试验，因只能割小苇不能割大苇，速度慢、割量小而未能推广。

1956年，从苏联引进HCK-2.1型大麻收割机一台，后由北京农机厂复制4台用于收割芦苇，经过两年试用，每年收割芦苇4500吨左右。该机缺点是霜天夹取皮带打滑，夹不住芦苇；收集台倾角过大，芦苇堆放不整齐，轮子易下陷等。

1974年，又将研制的前悬挂LS-3.0型立式芦苇收割机和后牵引HCK-2.2型卧式芦苇收割机定型，由大洼农机修造厂当年生产10台，东郭苇场生产卧式芦苇收割机5台在东郭、羊圈子、赵圈河3个苇场进行收割试验。

1983年，营口市芦苇科学研究所改制出4LW-3型芦苇联合收割机样机3台进行收割试验。该机比原芦苇收割机有所改进。

1984年1月，营口市芦苇科学研究所制订出4W-1.5型芦苇收割机设计方案，采用12马力四轮拖拉机为动力，液压前悬挂单刀曲柄往复切割，横向输送右侧放铺的小型芦苇收割机。经几个苇场的部分塘段试验，适应性能良好。而后，辽宁省芦苇研究所又研制出了小型割灌机，一台能顶上15把镰刀的工作效率。

轮式拖拉机割苇

大型芦苇机械收割机割苇

2005年，为解决以往应用割灌机造成的芦苇生长点受损、芦苇收割杂质多、土壤腐殖质减少及土壤板结等问题，盘锦市农机局与盘锦市芦苇科研所利用8年时间，成功研制并生产出4W-2.0型集堆式芦苇收割机样机3台，效果很好。

2005年，兆海苇业公司（赵圈河苇场）及东郭、羊圈子苇场引进4G-160、92GHB-1.8两种芦苇收割机试验成功后，经2006年改进，两种收割机稳定性能达到了要求，并通过了省级农机产品质量鉴定。

2006年，辽宁省农机局将4G-160等三种型号的芦苇收割机列入农机具购置补贴范围，在盘锦推广芦苇收割机360台，全市保有量达550台，日进度1万余亩。到2007年1月全市芦苇收割结束时，比常年提前大约20天，实现机收芦苇68万亩，比上年增加45万亩，节省用工万余人，降低作业成本1500万元。

2014年以来，由丁实现机械化收割，刀客的数量已经急剧减少。由每年5万人减少到5000人。全市节省雇工费用6000万元。从发展趋势测算，人工收割芦苇不久将成为历史，刀客也会淡出人们的视线。

盘锦大辽河古渡口

常言说，有河无桥则设渡。渡口，即用船或筏子摆渡的地方，是道路越过河流以船渡方式衔接两岸交通的地点。盘锦河流较多，渡口也就很多。较大河流都靠渡口用船舶摆渡，解决行人和车辆的过河问题。盘锦境内自古以来较大渡口有三岔河、下口子、田庄台、沙岭。较为著名的渡口，是三岔河渡口。小型临时渡口也很多，凡有河、沟而无桥，两岸有村屯，都由村屯或个人设摆渡。设施很简单，只用一条小船，盛水期用橹或双桨，常水期在两岸立木桩系绳，人站在船上捯绳往返。

据现藏于大连市档案馆的资料记载，"盘锦境内大辽河沿岸（含外辽河），明清时代曾有渡口26个。其中外辽河（当时为辽河）有双台子河合流点（六间房）、二十里堡、水圈子、乌拉沟子、秃尾巴沟、榆树坨子、九台子、沙岭、小河口、六台子、七台子共11个，大辽河有三岔河、古城子、岗皮岭、海青湾、驾掌寺、苏塘、王塘、上口子、剪子口、马家坟、下口子、亮子沟、老纲堡、田庄台、营口（辽滨）共15个。沙岭、下口子、田庄台、营口为官渡，余者为民渡"。民国后田庄台下游又增加一处魏家沟。

新中国成立后，政府在盘锦境内大辽河上先后修建6座桥梁，极大地改善了交通条件，也使辽河渡口时代走到了终结。

现在，只有营口渡口的人渡仍在经营。

大辽河航运及渡口历史追溯

辽河通航历史悠久，早在汉魏时期，辽河航运已具规模。据《三国志·吴书》记载，东吴孙权于嘉禾二年（233）"使太常张弥、执金吾许晏、将军贺达等将兵万人，金宝珍货、九锡备物，乘海授渊"。渊即公孙渊，驻地襄平（今辽阳市）。孙权派遣的这支庞大的东吴船队，从东海一路来到渤海并溯辽河北上，抵达辽阳。

辽、金、元以后，有关辽河航运的记载屡见不鲜，金王寂著的《辽东行部志》以及《元史·罗璧传》都有"运槽辽东""溯辽河以运军粮"的记述。

明清时期，据记载："通江口下游的主要码头有英守屯、马蓬沟、三面船、石佛寺、巨流河、马厂、羊草沟、老达房、荒地、沙岭、下口子、三岔河、田庄台等，其中一些码头平时泊船都有上千艘，樯帆如林，人来车往，一片繁忙。河面上更是白帆片片，航船往来，络绎

上口子渡口遗址

055

不绝。最盛时辽河上航运船只多达两万余艘。"光绪二十四年（1898），日本旅行者小越平隆在其《满洲旅行记》中写道："辽河有东西二源，然此间未能通航。下至通江子始见舟楫，直达营口，延长八百里间，舳舻相接，帆影覆河。"

据现藏于大连市档案馆的资料记载，在营口至郑家屯763公里的水路里程中，有188个官方渡口和民间渡口。

日俄战争后，随着京奉、南满等铁路相继建成，辽河运输量越来越少。1977年，田庄台大桥通车后，沿河物资运输多放弃水路。到1985年，田庄台以上区段基本停航，辽河航运逐渐成为历史，渡口也失去了功能。

三岔河渡口

三岔河渡口为盘锦境内最古老的渡口之一。此渡口位于盘山县古城子乡古城子村东南外辽河、浑河、太子河三河汇流处。除明朝在三岔河曾一度架过浮桥外，各朝代都靠渡口过河。明代自建辽东边墙之后，在三岔河设三岔关。三岔河在历史上曾是东北三省以及朝鲜进关内的咽喉要道，是水陆交通枢纽之地。

三岔河渡口在明朝至清朝，都是官方经营的，由官兵和囚犯做劳役摆渡。清末和民国时转为由当地民众经营，当时在岸边有个叫庙岗子的地方，有三间草房，住着一个叫张殿生的人，带领儿子张柳桥，经营三岔河渡口几十年，用舢板船靠摇橹摆渡。后来张家父子相继去世，草房倒塌，又由八家子村张某继续摆渡经营此渡口。

新中国成立后，直至1965年，营口至三岔河之间仍有货船通行，并有客轮往返。

沙岭解放后，三岔河渡口为村办。1949年三河区（沙岭区）区长宋景环批准安排刘希荣等五名荣誉军人经营此渡口，收费由五人自行分配。1958年后改由沙岭公社管理和经营，船员为工资制，组长每月45元，船员42元。1961年古城公社成立后将渡口交给古城子大队管理，船员挣工分（为大队最高工分）。渡运设备都是木船，摇橹或捯绳，可渡人和分解的畜力车。20世纪70年代后，三岔河的航运已终止。但渡口仍为大孤山至盘山的省级公路的重要渡口。

1974年，古城子大队将木船安装上12马力柴油机，两岸用人工搭跳板，将两只大木船连在一起，可渡运解放单车两台。1978年，田庄台渡口的机动轮渡移至三岔河，并增造一艘定员30人的客轮，轮渡一次可载解放车拖挂5列。

到1990年年末共有渡船两艘，职工40人，日渡运解放单车600辆左右，行人千余人。由盘山县公路段经营，是辽宁省内仅次于营口渡口的第二大渡口。

20世纪90年代三岔河渡口

2002年8月21日，大盘公路三岔河特大桥正式竣工通车后，三岔河渡口撤销。

沙岭后壕渡口

沙岭后壕渡口，位于盘山县沙岭镇北郊的辽河（今外辽河）上，通台安县高力房、黄沙坨至辽中及至小河口、腾鳌堡、鞍山市等地。渡口由民间经营，木船摆渡，形成年代不详。

1958年，由于外辽河上游的棠树林子乡六间房将辽河堵死，辽河由盘山入海，但因是辽河故道，又由于农田排水、潮水倒灌等原因，河水仍然很深，人车都不能涉渡。这一时期，后壕渡口仍由后壕村民经营。1969年，沙岭后壕公路桥建成后，渡口随之撤销。

下口子渡口

下口子渡口，位于大辽河田庄台上游，大洼区西安镇小亮沟村东，彼岸黄家塘（现村屯迁出）。渡口始建时期无从考证，在清朝咸丰和光绪年间为兴旺时期。渡口由官方设置，称官摆渡，由满族人管理，供驿传和车马行人之用，朝廷从海城县派囚徒在此渡口服役劳动，清末取消官摆渡，改由当地经营。

1924年前后，该渡口和码头尚存。当时此地设水上第八警察分局，总局设在新民县巨流河。下口子分局上与张荒地相接，下与营口相接，有武装警察60余人，主要职责为来往船只押运，以防土匪沿岸劫船。此渡口还设有税捐机构，收过往船只和渡口税捐。到1931年，东北沦陷，由于行政体制隶属关系及交通走向的变化，内河航运萧条等原因，该渡口随之倒闭。

由于治水修筑防水围堤等原因，两岸村屯农户搬入堤内，船户搬往外地，现渡口码头旧迹已无。

田庄台渡口

田庄台渡口，位于田庄台镇南端的大辽河之上，南岸营口市水源乡，是盘锦境内最大的渡口。

田庄台的历史早于营口，为最早的辽河沿岸的重要商埠之一。明朝就有官军在此设防，当时渡口在上游曹家湾子一带，开辟于清光绪年间。由田庄台刘秀才（回族）在保灵宫附近大辽河右岸筑渡口经营摆渡房子，用木制驳船运载车马行人。1922年刘氏后裔不再经营，转管辽河封冻时打通河上道口，收大车过河钱。在此期间由对岸盖家堡子的六大排船户用舢板摆渡。

1938年有朝鲜族人李起顺，用一只木制机动船渡运，利用快速优势垄断了该渡口。之后，发展到3艘汽船，两艘较大的一次渡运行人

80余人，致使对岸渡船因此而停渡。1945年中国人民抗日战争胜利后，李起顺携船他去。此渡口一时停渡。

新中国成立后，田庄台镇几家船户组成互助组，用小舢板摆渡。1956年2月，又组成水上运输生产合作社。后又分开单独成立渡口合作社，整修河岸，设置水烫，有木船2只，摇橹船数条，开始摆渡自行车、手推车和少量货物。

1970年，田庄台渡口开始使用机动双体渡轮，渡轮设有两台120马力柴油机，双向驾驶，一次可渡汽挂车5列。船体两头设油压自动搭板与岸坡相接。

1970年大洼区成立，田庄台镇政府归其所辖，渡口由田庄台镇经营。是年，又增加120×2马力渡轮1艘，一次可渡运汽车（带挂）6列。冬季封河时期，渡口负责在冰河上将冰排铲平，打通冰上道口供车辆通行，收取过河费。

1977年7月，田庄台辽河公路大桥通车。渡口人员和设备调往盘

20世纪70年代，田庄台渡口曾是人们留影的外景地

山县三岔河渡口，该渡口随之撤销。

营口（辽滨）渡口

营口渡口已过百年历史。营口依河靠海，历史上就是海陆交通要塞，关内外物资的集散地，营口因此而昌盛。

1900年，沟营铁路竣工。1907年，北宁铁路局为了方便乘客到河北（辽滨）车站出行，雇用"辽东"号小火轮，来往于辽河南北两岸，开辟了营口轮渡史，也随之出现了扬帆舢板拖带并联舢板运输车辆的车渡。

当年，辽东半岛人员、车辆进出辽西、出入关内，从营口渡过辽河是最便捷的路线。车渡运输繁忙时，等候摆渡的车辆排出数里。随着社会的发展，摆渡完成了由扬帆舢板拖带并联舢板到机动船拖带驳船，再到汽车轮渡船的进步。

1948年秋季，营口解放。当时，两岸的百余户渔民每家出一条舢板船和一个人，以互助组的形式组建了最初的"航运站"。

至今还在经营的营口（辽滨）渡口摆渡客船

1977年，田庄台大桥建成，大部分车辆开始通过庄林公路跨越大辽河，但仍有部分车辆摆渡过河。20世纪80年代后，盘锦建市，脱离营口市管辖，行政、经济来往锐减，车渡历史结束，但人渡仍保留。

　　营口渡口是辽宁内河最大客运渡口，目前拥有客渡船3艘，日客流量2000多人次。此渡口由营口市管理。

　　大辽河古渡口大多今已无迹可寻觅，渐在人们的记忆中消退。但抚摸这些关于大辽河古渡口或码头的记忆，仍能增添人们对家乡这一历史的思念和感怀。

辽河口典型的文化符号——民间寸子舞

2016年5月21日，在中国盘锦第三届插秧节大型原野情景展示"印象辽河口"活动现场，一个极具观赏性又有地道盘锦地域文化色彩的民间寸子舞，得到了现场众多观众好评。年长的老人们看后频频竖指称赞：这才是咱这疙瘩的玩意儿，几十年没见了，演得就是咱这早底根儿那回事。年轻的当代人看了觉得很新鲜：这时候的大脚咋能穿上三寸小鞋跳舞呢？挺有趣！演出之后，记者带着寸子舞的起源、发展、停滞过程，和它的地域性、特殊性及面临接近失传的现状及我市文艺工作者挖掘、抢救、整理、创新的经历等问题，分别采访了原市群众艺术馆研究馆员、本次展演活动的执行导演李润中和市舞蹈家协会主席、民间寸子舞编导付素霞两位本土艺术家。

中国女人裹足的历史

女人裹脚是封建社会遗留下来的一种摧残妇女身心健康、违反人道的陋习。它起于何朝何代有多种说法，多说南唐后主李煜这位风流皇帝在位时，令宠妃窅娘把脚缠裹，五指弯曲紧贴脚掌，长年累月日复一日，最终使双足纤小作新月状，供他玩抚欣赏。李煜一道圣旨下来，群臣皆效仿，一时宫内宫外朝野风行，将各自女儿妇人的双脚用布帛紧扎。此后，这种陋习繁衍不止，成了俗例。男人们择偶，也要以脚的大小论美丑。

清康熙帝曾立诏废除这一陋习，诏禁裹脚，康熙三年（1664）又罢禁，太平天国时又禁裹脚，辛亥革命号召废绝。新中国成立后彻底扫除裹脚这一延续千年的陈规陋习，是广大妇女翻身解放的一大佐证。

我市寸子舞起源及发现

踩寸子舞，是流行于辽宁盘锦辽河口一带的民间舞蹈，已失传70多年。30多年前，据老艺人石维玉讲，他10岁时见过他舅舅表演过踩寸子，是自己琢磨学会了表演。

咱这儿什么时候才有寸子舞呢？相传早年有个绰号叫"大脚娘"的女人，本来她的脚大，但平时看着脚形很小，走起路来也十分"标致"。原来这位"大脚娘"是用竹帘将脚束紧，穿上小鞋、套上肥裤腿以假乱真。后来民间艺人根据这一方法用于秧歌表演，观众非常叫好。旧时扭秧歌全是男性，大老爷们儿穿上三寸小鞋扭舞就更加新鲜，更加逗乐儿。但这种表演需功夫才行，平衡难以掌握。所以，真正能在表演中受到赞许的寥寥无几，在盘锦，石维玉当数第一人。

1988年，在列入国家"六五""七五"计划的重点科研项目之一的《中国民族民间舞蹈集成》资料卷的重要组成部分《辽宁民族民间舞蹈集成》编写过程中，盘锦卷主编孙学英（已故）、副主编付素霞、音乐编辑吴广田意外发现挖掘了失传多年的踩寸子舞，并将资料进行整理和记载。

寸子舞传承艺人石维玉

石维玉（1919—2008），男，生于大洼区田庄台镇高家，后在平安镇生活到晚年，是盘锦民间著名高跷秧歌艺人。

石维玉自幼受其舅舅影响，酷爱扭秧歌。12岁师从海城著名艺人贾万忠（绰号贾迷糊）、田某某（绰号田大烟袋）。14岁又拜吉林评剧演员刘艳霞为师，专攻评剧旦角。结婚后，他开始对民间高跷秧歌中旦角、老抠、妞、二开花等不同性格人物的舞蹈动作进行深入研究并表演得形态逼真。他继承老辈各派艺人的精华，把戏剧（喇叭戏、京剧、评戏）旦角的手、眼、身、法、步糅进高跷秧歌的上装表演中，逐渐形成了自己独特的表演风格。

寸子舞表演艺人石维玉晚年生活照

石维玉多才多艺，心灵手巧。不仅擅长高跷，又会唱秧歌（又称抠灯碗，是晚上卸下跷腿表演的小戏），还会唱评剧、二人台、民间小调、太平十三鼓等，学啥像啥。不仅如此，他对高跷秧歌各角色人物的化装、头饰、服饰、绣鞋也有研究。他演出的行头（服饰），多是自裁自绣，与众不同。他先后曾到锦州、营口、海城、牛庄、田庄台、大洼、盘山等地，与著名老艺人浪刘、齐大辫、于黑子等一起演出，受到各地百姓喜爱，人送绰号"石大妞""石大娘们儿"。

"大切身""十八掏"等是他的绝活儿。他的代表作品有《挂画》《丑开店》《三人场》《寸子舞》《清场》等，深受同行和各地专家们的好评。生前他培养徒弟百人之多，遍及我市城乡，并为骨干活跃在民间。其中刘小楼、徐四等为其得意门徒，在本地颇有影响。

石维玉为继承、发展高跷艺术，多次受市、县级表彰和奖励，为我市民间秧歌艺术的传承做出了重大贡献。

寸子舞的道具和表演

寸子指的是一种特制的小鞋，长11厘米，宽6厘米。穿寸子的方法：先用宽2寸、长9尺的裹脚布将脚裹紧，再用特制的布包竹帘一头放在裹好后的脚心处，另一头放在脚脖处，然后用竹帘上的三条绷带系紧。如此人为地把脚掌与小腿的"直角"板成了"平角"，随之把小鞋穿在脚尖上。表演时用宽腿彩裤遮住捆绑部位，只露"寸脚"，以达到掩人耳目的目的。

寸子舞原是一旦一丑男扮女装（旦角穿特制小鞋）而表演的舞蹈。戏中表现旧时青年男女的爱情生活，丑角对旦角小脚产生了强烈的神秘感，旦角对此既避又逗。旦角的特色一是"稳中怯，柔中俏"。"稳中怯"是指一个眼神、一个手势都要稳中含怯、怯中带媚，形象地表现出封建时期女人的羞怯；柔中俏，俏主要突出在对比手法上，如"行步"的慢，"切身"的快，"展翅"的大，"悠花"的小。二是"站而不稳，碎而有序"。"站而不稳"是指脚穿小鞋，全场是脚尖和脚掌着地，即使原地站着也要不停地做"碎步"，给人站不稳的感觉；"碎而有序"是指旦角碎步多，表演动作多，但舞蹈动作有固定的程序。丑角的动作风格与高跷中的下装基本相似，"下走矮子步""肩肘、腕子活"的特点，表现丑角诙谐、风趣的喜剧人物性格。

寸子舞的挖掘和整理

寸子舞，从舞蹈艺术的角度再现了民间生活习俗，表现其趣味性，同时真实地反映了我国千余年被扭曲了的封建审美意识，是辽河口历史沉淀的地域文化元素和可继承利用的典型民间艺术。

20世纪80年代，盘锦市群众艺术馆馆员孙学英、付素霞曾把石维玉老人请到馆里，让其亲传寸子舞，他们将舞中音乐《八条龙》、造型、服饰、道具、动作、场记、传承艺人状况等都进行了详细记录和整理，并在1993年出版的《辽宁民族民间舞蹈集成》盘锦卷中，将盘锦辽河口地域在历史演进中形成的这一民间艺术收录其中。因当时挖掘、整理工作翔实而具体，为后来的继承创新提供

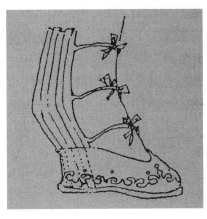

寸子舞的穿小鞋道具示意图

　　1988年，寸子舞表演艺人石维玉（中），在盘锦市群众艺术馆向孙学英（右）、付素霞传授技艺

　　由付素霞改编的寸子舞剧照

了可靠依据。2016年，盘锦市政府举办中国盘锦第三届插秧节大型原野情景展示"印象辽河口"活动，策划、编导人员在众多的本土民间文艺种类中，一致选定寸子舞为主打项目进行展示。本着继承创新的精神，主创人员在体现原汁原味的前提下进行改进。如李润中将原《八条龙》（曲牌名）音乐改为《柳青娘》音乐，使乐曲更加欢快而火爆，突出表现了居住在辽河口的盘锦女人那种泼辣性格和乐观逗趣的艮劲儿。付素霞将原两男人扮女装反串表演改为十一个女人表演，主演由两人改三人主演，又增加八人配舞，使舞蹈增加了本土文化的厚重性和群体性。为了使演员增强理解历史背景，还编写了动作表演顺口溜"小脚走道地当腰儿，大脚走道溜墙梢儿，小脚走道胳膊绕，大脚走道驴刨道儿"。

我国各地寸子舞的不同之处

东北满族寸子舞，演员所穿的寸子鞋是满族妇女的传统服饰，俗称"花盆鞋"。演员穿上寸子鞋，无论是走是舞，都有迎风摆柳般的独特风韵。寸子舞中，要求演员动作幅度非常大，没有专业演员的功力是很难完成的。

山东踩寸子是用一种比高跷矮的木制道具，演员踩在上面表演。寸子的底部套上尖尖的绣花小鞋，表演者长长的裤腿盖住寸子的木柱，精致玲珑的花鞋随着表演者的扭动若隐若现，十分风趣俏皮。

踩寸子"前走走，后倒倒"步法，是从隋代的拉旱船演变而来。隋朝时，姿容秀丽的宫女牵拉着一条扎缚精致的旱船，边走边唱。隋炀帝端坐船中，命人在地面上撒满栗子，使宫女行走困难，表现出前走后倒的窘态，以此取乐。民间有人模仿宫女们的步子表演舞蹈。后来，为了使表演更为逼真，就在脚底下踩上木杠，后来木杠又改成了寸子。

河北寸子舞名为沧州落子，是冀中一带具有浓郁地方特色的民间歌舞。传统的落子，女的脚踩寸跷（也称踩寸子），演员手持花扇或小竹板，男的手打霸王鞭。其舞蹈特点是，突出地刻画女性"三道弯"

的舞姿造型：头是歪的，腰是拧的，腿是曲的。线条美，韵味浓，使人感到典雅、秀美、端庄。而河北青龙的满族寸子秧歌则是用不足一尺的小高跷代替花盆鞋。

纵观全国各地的寸子舞蹈，盘锦辽河口的民间寸子舞的艺术特点尤为突出，其表演道具和形式及风格都紧紧地与辽河口地域文化相关联，作为独特、综合性的民间舞蹈形式而独树一帜。

"渤海金滩"蛤蜊岗

盘锦文蛤繁育历史久远。资料表明，文蛤几乎同人类祖先同时来到这个世界上，而且人类也很早地发现和掌握了食用文蛤的方法。南北朝时期的陶弘景整理《神农本草经》时对文蛤就有过记载。在唐代，文蛤曾是给皇家的贡品。清乾隆皇帝尝到二界沟蛤蜊岗文蛤时，不禁赞不绝口，这位风流倜傥的天子当即为之冠以"天下第一鲜"的美称。如今，凡是尝过蛤蜊岗文蛤的人，都不觉得这是过誉之词。

素有"盘锦文蛤库""渤海金滩"之誉的二界沟蛤蜊岗，资源面积0.77万公顷。所产文蛤味道鲜美、个体肥硕，饮誉海外，曾行销到日本、欧洲等国家和地区。随着潮汐隐现，这里文蛤世代繁衍，密布如星，俯拾即是。

文蛤养殖的历史痕迹

我市文蛤滩涂养殖业从20世纪60年代初开始，至今已有60多年的历史。1961年，大洼成立了第一个专门从事文蛤滩涂养殖的贝类场。管养滩涂面积1.3万公顷，年产量1000吨左右。建场之初，由于从养殖到捕捞都按计划和程序管理，使文蛤资源得到充分的保护和发展。据在养贝场工作过的老人回忆，为了保护文蛤资源，我市在文蛤养殖发展的过程中，采取措施由过去的单一自生自长、自然采捕的原始护养方式，逐步发展成为滩涂移苗围网养殖。几十年前，10平方米左右的沙滩可以采到两三千斤。曾采到的最大文蛤生长近百年，单个重量达到1斤。

20世纪60年代和70年代初，蛤蜊岗岗上文蛤资源量分别为22000吨和27000吨。80年代初蛤蜊岗岗上文蛤资源下降至5100吨。之后对蛤蜊岗等文蛤资源未进行相关调查。2009年，辽宁省海洋水产科学研究院展开"文蛤资源可持续利用与保护技术研究"的项目，才对蛤蜊岗潮上带文蛤资源进行调查，结果显示蛤蜊岗只有3小河滩约有89吨、322吨和982吨。

调查后分析：1. 敌害生物对文蛤资源量缩小有重要影响。尤其是氏昌螺、纵肋织纹螺等敌害生物对该滩涂的文蛤稚、幼贝危害严重，使文蛤苗种至商品蛤的成活率大大降低，这是造成文蛤资源量急剧下降的主要因素之一。病害发生的原因是在21世纪初的几年间，在从外省购入文蛤苗的同时，病毒随着苗种带入我省养殖水域，经排、换水，也使滩涂文蛤受到感染，致使我省文蛤红肉病暴发，造成本地区滩涂文蛤大量死亡。虽然近年病害明显减少，但由于资源量的急剧下降，已形成不了生产规模。

2. 酷采滥采。由于管理及制度跟不上，文蛤生产进行无序采捕，甚至偷捕行为大量发生，文蛤幼苗和成蛤一并捕捞，文蛤自然资源量不断下降，给文蛤资源带来了极大的损害。

20世纪70年代采蛤会战时的情景

渔民在船上称斤

据我市从事贝类养殖的专家介绍，蛤蜊岗文蛤资源下降的主要原因是历史上的两次大的灾害，一次是人为的，一次是自然的。第一次发生在20世纪70年代初，省里提出要省城的人都吃上文蛤，搞了一次文蛤"大会战"。于是，数百人汇集蛤蜊岗，进行毁灭式捕捞。当时捕捞盛况空前，文蛤堆积如山。第二次是发生在21世纪初，渤海辽东湾海域出现大量氏昌螺、纵肋织纹螺等敌害生物，致使文蛤幼苗和成蛤大面积死亡。

保护资源　重造蛤蜊岗昔日辉煌

一位从事海洋环境研究的专家表示，从专业的角度讲，辽东湾的现状可称为"亚健康状态"。目前，辽东湾近岸局部海域水质劣于第四类海水水质标准，主要超标物质是无机氮、活性磷酸盐和石油类。其中，渤海劣四类水质面积达到3220平方公里。

中国海洋可持续发展面临多种生态环境问题的挑战，一是近海环境呈复合污染态势，危害加重，防控难度加大；二是近海生态系统大面积退化，且正处在剧烈演变阶段，是保护和建设的关键时期；三是海洋生态环境灾害频发，海洋开发潜在环境风险高；四是沿海一级经济区环境债务沉重，次级沿海新兴经济区发展面临新的危机和挑战。为解决生态环境问题，我市采取了有效措施。

措施1. 实施封海禁捕

2009年秋，我市开始对蛤蜊岗实施6年的禁捕举措。21世纪初，因为贝类病害，导致文蛤大批量死亡。时任二界沟蛤蜊岗管理站副站长杨立军介绍，当时的采样分析结果，约有60%的文蛤受到了传染。之后，随着海洋环境的日渐转好，加之有计划的采捕作业，并辅助人工培育的蛤苗连续进行了3年增殖放流，目前文蛤种源相对有所增加。但文蛤这一重要贝类资源的恢复，受潮汐、天气、地质条件、卵成熟度等条件限制，需要一定周期才能完成。据估算，10年前岗上的文蛤产量约在500吨，仍然和鼎盛期相去甚远。为给文蛤的自然繁殖、增产增量创造有效的时间和良好的生存环境，大洼县（今大洼区）对18万亩的蛤蜊岗进行完全封岗状态。大洼县做出明确规定，境内所有单位和个人，都不得以任何理由上岗实施捕捞作业；与此同时，大洼县海洋与渔业局还委托省农业产业化龙头企业——盘锦光合蟹业有限公司积极培育蛤苗，继续进行行之有效的增殖放流作业。为防止偷捕情况发生，二界沟蛤蜊岗管理站还安排了专门人员，出动看护船只，对6个繁殖岗进行全天候值勤守护。

措施2. 发包蛤蜊岗，改制不改国有属性

蛤蜊岗的状况如果还按照过去的模式经营下去，昔日的渤海金滩只能变成死岗。2010年6月，采取定向招标的方式，盘锦光合蟹业有限公司接手承包经营蛤蜊岗。

该公司董事长李晓东介绍，经过长时间实地检测，对目前症结得出的结论是：首先是病害肆虐。20世纪90年代后期，因为引进来自疫区的贝苗导致蛤蜊岗上文蛤红肉病暴发。其次是环境污染。辽河流域特别是中下游地区经济高速发展，工业集群化和城镇人口激增导致工业废水和城镇污水大量经河入海，使文蛤繁殖力下降，同时抗病力降低。这也是导致病害肆虐的原因之一。第三，捕捞过度且只捕捞不增殖，采捕量大于自然资源增长量，使其失去生态平衡，导致资源量下降。

蛤蜊岗改制经营，不改变其滩涂的国有属性，以承包经营的形式，由民营企业代替政府来经营管理这块滩涂，并保证滩涂面积的完整和资源的恢复与增殖。

公司接手蛤蜊岗后，向这片海域投入价值五六百万元的数亿枚文蛤苗。从目前监测情况看，文蛤的长势良好，并未发现红肉病症状。

6年后，蛤蜊岗有望实现资源的全面恢复与可持续生产及旅游等相关产业的发展。预计将达到的指标分别为：岗上文蛤等经济贝类的总生物保有量在5万吨以上，年采捕量为5000吨，企业年创产值1亿元，利税5000万元，其中上缴财政税费超过2000万元。

措施3. 开辟旅游项目，游览神奇的海上沙滩

素有"渤海金滩"美称的蛤蜊岗，是一片富饶的沙滩。大潮涌起，海天一色。随着潮涨潮落，宛如一刚刚出浴的神女，身披彩霞，时隐时现，亭亭玉立在海天之间。它潮涨为海，潮落为滩；清雾薄罩，如梦如幻；沙黄水浅，开阔神奇。到此"踏浪踩蛤"，可尽情领略大自然物竞天择的内涵。

20多个岗区连成一体，一望无垠，极富诗情画意的是10多条或深或浅、或窄或宽的海沟，蜿蜒流动，犹如神女裙裾上的多彩飘带，随风摇摆。

去蛤蜊岗旅游观光，最佳时节是每年的4月15日到6月底。这一时期阳光明媚，春色怡人，雨季未到，波澜不惊，又避开文蛤产卵繁殖期。在8月末到9月15日之间，也是成行的好时光。这时秋高气爽，金风徐徐，水温适度。蛤蜊岗内除海沟两侧外，沙滩是比较瓷实的，赤脚踩上去也不陷。落脚就能踩出蛤子来，甚至跌倒都能压出蛤子。密集之处，蛤子多得简直像海滩上的鹅卵石，层层叠叠，俯拾皆是。

泥沙上凡有一两处挨靠得挺近、酷似斑点的小眼，挖下去必有文蛤，因为那小眼就是文蛤呼吸吐水形成的。有时，虽然沙滩上看不到小眼，但发现水洼里有一小串褐色的、犹如火石状的长柱形颗粒物，

游客在蛤蜊岗体验采挖文蛤

照此挖下去也必有收获，因为这是文蛤的排泄物。如此按图索骥，没有不成功的。

涨潮时船家会站在船上不停地喊你归来。直到潮水把船托起，才能起锚返航，满载而归。

蛤蜊岗风景区由金滩、拾贝构成了主轴风景线，形成了我国东北地区独具特色的滩涂游玩好去处，是我国东北地区极具开发潜力的风景胜地。

辽河油田第一井

　　辽河油田第一井，就是辽河油田第一口探井，俗称辽一井。

　　20世纪60年代，下辽河平原沟汉纵横，滩涂芦苇遍布，人烟稀少，一片荒凉，有"南大荒"之称。1964年2月，国家地质部第二普查大队的勘探炮声打破这片荒原的宁静。他们在辽河平原、今天的盘锦市东风农场西黄金带屯踏勘井位，确定辽一井位置。当年，这里没有路，交通不便，生活条件异常艰苦，地质部3207钻井队百余名钻井队员人拉肩扛，运来一批批生产物资，竖立起荒原上第一个钻塔，并

辽河油田第一井遗址

辽河石油会战初期，工人人拉肩扛把设备运到现场

于同年7月8日23时48分正式开钻。从盛夏到寒冬，在艰苦的自然条件下，奏响了辽河平原石油钻探的序曲。

历经半年多的艰苦工作，辽一井于1965年2月15日完钻，井深2720.48米。该井建立了下辽河平原第三系上部地层剖面，证实东部凹陷南部地区具有油气资源，辽河平原的油气勘探从普查勘探工作进入寻找油气田的新阶段，从此拉开了辽河油田波澜壮阔的创业序幕。

辽一井凝结了辽河创业者战天斗地、艰苦奋斗的壮志豪情，见证了辽河油田70多年的创业发展的光辉历程，是辽河油田的历史丰碑和精神财富，也是激励现代辽河石油人永久奋发向上的精神支柱。作为"中国石油企业精神教育基地"，"辽一井"在传播企业文化、弘扬企业精神、展现企业形象、推广企业核心经营管理理念方面发挥了示范作用，是提高员工队伍整体素质，实现辽河油田科学发展高质量发展的强大精神动力。

2003年11月，辽一井被盘锦市政府批准列为市级文物保护单位。2006年被中国石油天然气集团公司命名"企业精神教育基地"。2007年6月13日列为辽宁省第七批省级文物保护单位。

勘探辽河油田之初过程

1965年年底，大庆研究院向大庆工委汇报工作，工委书记徐今强（后为化工部部长）听取汇报，并做了重要讲话，认为大庆的石油勘探不能仅限于松辽盆地，应该对整个东北地区开展早期调查研究工作。

根据徐今强书记的讲话精神，大庆研究院决定由区域研究室成立外围组，童晓光任组长，成员全部是1964年、1965年分配来的年轻人。当时，根据松辽外围盆地的地质资料和早期勘探情况，认为三江地区、海拉尔盆地及下辽河地区具有较好的勘探前景。而下辽河地区原地质部第二普查大队已进行油气钻探，并见良好油气显示，确定下辽河地区为首选目标。

1966年大庆研究院决定由外围组组成地质小分队，赴下辽河搜集资料，成员有童晓光、谭时勇、陈玉根、赵宜振、顾志明、吴铁生、季诚兴、周达银、蒋绍金、贺泉福、戴伍元、胡小弟等12人，任命童晓光为分队长。

院领导对此举措十分重视，党委还对小分队提出明确要求：一是要发扬"铁人精神"，坚持"三老四严"的优良作风，出色完成任务；二是要牢记自己是大庆人，要做到"走一路红一线，住一处红一片"。这些年轻人，朝气勃勃、精力充沛，都认真按领导要求执行。

小分队成员一上火车，就照顾老人儿童，帮助乘务员扫地，为旅客送水，处处表现出石油人的精神风貌。他们5月中旬抵达下辽河，当时吃住在老乡家，帮助老乡挑水，打扫卫生，白天与井队地质组一起捞砂，查看岩屑，晚上整理资料，总结白天的工作，与井队工人、地质组人员相处融洽，受到领导和上级组织的好评。当时，小分队以"铁人"为榜样，发扬"硬骨头精神"，用忠诚和责任，用心血和汗水，用坚韧和无畏，奏响"我为祖国献石油"的辽河旋律，为辽河油田的勘探历程刻下了不可磨灭的印记。

辽河油田最初机构——大庆673厂

1966年11月，根据下辽河油气钻探形势，辽宁省经委和石化厅请石油工业部派专家组来辽河做进一步调查，提出勘探开发规划。石油工业部命令大庆油田派出专家组。专家组成员童晓光是当时的年轻专家之一（后为国家工程院院士），经20多天的调研，专家组对下辽河坳陷的勘探远景做出令人振奋的评价，并提出了第一批钻井部署，并向石油工业部、国家计委做了汇报。时任国家计委副主任李人俊听了汇报后非常兴奋，当场拍板建议由大庆油田首先组成1000人左右的队伍，赴下辽河接替地质部第二普查大队在辽河地区的油气勘探工作。

1967年年初，石油工业部下达40号文件，要求大庆"开展下辽河勘探工作"，并规定"下辽河是大庆会战指挥部直属的一个探区"。

同年2月3日，大庆油田派出了张文沼等15名同志组成调查组到下辽河开展调查。3月中旬，大庆油田军管会听取了张文沼的汇报后，决定立即开展下辽河地区的石油勘探工作。而后，经国家经委批准，首批抽调了32146、32145、32144三支钻井队，两支试油队及地震队、安装队、固井队等部分单位共579人组建新厂。因1967年3月开赴下辽河，故取名为"大庆673厂"。驻地设在盘山县沙岭公社。同年年底，大庆赴下辽河的队伍已达千人。

1968年到1969年，钻井队总数达到6支，并相应组建了固井、地质、供应、油建、机修、运输等配套单位。到1969年年底，673厂职工已达2300多人。厂部也由沙岭迁至田庄台镇，固井队在田庄台客运站院内，供应队在田庄台食品厂院内，机修厂在高家农场后院等地。

后来机修厂搬到小碾房西（现在的红村），其他单位有的搬到东风黄金带，有的搬到兴隆台。

1970年3月22日，经国务院批准，石油工业部正式决定在辽河盆

辽河油田第一列原油外运

地进行石油勘探会战。4月4日，中国人民解放军石油部军管会批准成立辽河石油勘探指挥部，从大庆、大港等油田调集近万名职工，组建332油田，会战辽河，开始大规模勘探开发建设。1971年9月18日，

辽河油田第一列车原油外运。

1973年，辽宁省批准332油田改称为辽河石油勘探局。1980年，国务院正式向国内外公布辽河油田建成。

辽河油田发展历程

辽河油田是以石油、天然气勘探开发为主的国有特大型企业，勘探开发领域横跨辽宁省和内蒙古自治区的13个市、34个县（旗），包括辽东湾海滩区域，总面积10.43万平方公里。辽河油田地质构造复杂，油气储量丰富，是一个具有多套生油层系、多种储集类型、多种油气藏的复式油气区，素有"石油地质大观园"和"石油百科全书"之称。

1955年，辽河盆地开始进行地质普查，1964年钻成第一口探井，1966年钻探的辽6井获工业油气流，1967年3月，石油部从大庆油田抽调近千人组建"大庆673厂"挺进下辽河平原，揭开了辽河会战的序幕。

2003年，辽一井旧址列入盘锦市市级保护文物

1970年，经国务院批准，从大庆、大港等油田调集近万名职工，组建332油田，会战辽河，开始大规模勘探开发建设。

1973年，辽宁省批准332油田改称为辽河石油勘探局。

1980年，国务院正式向国内外公布辽河油田建成。

1986年，生产原油突破1000万吨，成为全国第三大油田。

1995年，原油年产量达到1552万吨，创历史最高水平。

1999年，进行了大规模的重组改制、分开分立。

2008年，按照中国石油建设综合性国际能源公司的总体战略部署，辽河油田公司和辽河石油勘探局进行了重组整合，步入了新的发展纪元。

重组改制前，辽河油田在全国500家最大工业企业中位居前列。辽河油田的开发建设为国家做出了重大贡献，也带动了地方经济的发展，昔日的"南大荒"变成了美丽的石油城，盘锦市率先进入全国36个小康城市行列。

老石油人对673厂的评价

在庆祝辽河油田开发建设40周年座谈会上，曾担任辽河石油勘探局党委副书记、副局长兼总地质师，原石油工业部部长、党组书记的王涛，对673厂做出如下评价："673厂成立虽然只有3年时间，却是辽河油田发展历史上非常重要的历史阶段，她的两个历史功绩是不可磨灭的：在下辽河坳陷进行石油勘探获得了重大发现，特别是兴一井高产油流的发现，为下辽河石油勘探开拓新局面打下良好的基础，可以说，没有673厂初期的决定性的良好成果和重大发现，就没有今天的辽河油田；673厂所有干部职工在地面条件非常困难、地质异常复杂的情况下，发扬了大庆精神、铁人精神和艰苦奋斗、'三老四严'的光荣传统，克服了一个又一个困难，这是辽河油田会战的强有力的精神支柱，他们实践了大庆精神，传播了大庆精神，为辽河油田积累了非常宝贵的精神财富。"

丰潮围堤：一个用义工修建的水利工程

2014年11月初，笔者与盘锦市水利局副局长宗克昌去辽河口经济区考察西三厂（东郭苇场、羊圈子苇场、石山种畜场俗称为西三厂）辽河流域（盘锦有21条河流，西三厂占13条）在我市的支流现状。在察看潮沟河入境点时，见一条土坝沿着我市与锦州市的分界线弯弯曲曲向北延伸，看得出是多年失修或是已经废弃的水利工程。出于对盘锦历史的兴趣，我询问陪同考察的石新镇供水管理办公室主任张玉权，这条土坝与境内的河流和水利建设有无关系。张主任介绍，这条堤坝叫丰潮围堤。因当地自然地势西高东低，北高南低，以前雨季时客水毫无阻挡地流进我市，致使许多庄稼被淹。在20世纪70年代初，为了阻挡客水漫无边际地流入，就人工修建一条围堤将客水向南引入潮沟河，向北引入丰屯河。

丰潮围堤，两条河流各取一字，加上堤坝的使用功能，字与意连接严谨，通俗易懂，尤其"围"字用得恰到好处。既是一项水利工程，又和西三厂的历史发展有联系，对辽河流域的变化也起一定影响。回来后笔者试图查找有关丰潮围堤的资料，做详细了解。不料，查遍我市史料资源均无所获，只好委托张主任帮助查找。张主任告知查找资料需要时间。最后，资料发来，并把石新镇的镇情也做了介绍，这对了解丰潮围堤更有帮助。

石新镇的历史演变

　　丰潮围堤位于盘锦石新镇境内。石新镇建于1984年，其前身是盘锦市石山种畜场，原为盘锦市直属中型农垦企业。2009年成立辽河口生态经济区后将石新镇划归该经济区管辖。

　　石山种畜场始建于1956年，地处盘锦市与锦州市交界，西、南与凌海市（原锦县）的右卫镇、安屯乡接壤，东、北以东郭镇的小铁道、丰屯河为界，与东郭镇相邻，东西长12公里，南北宽8公里，总面积为96平方公里，位置优越、交通便利，素称盘锦市的西大门。

　　石山种畜场地处大凌河入海东侧冲积平原，四季分明、牧草丰美、水源充足、一马平川。早在清代时，这里就是备受清朝贵族瞩目之地。那时，清政府在锦州一带设大凌河牧场，目的一是专用于皇帝到东北行围，二是用于军备。牧场设立之初直属于清朝的兵部，辖区不准民间开垦，康熙八年（1669）改隶上驷院。石山种畜场即在牧场西场的范围

丰潮围堤与丰屯河右堤连接处。两堤为等高相接。站在堤坝上的是本文资料提供人张玉权

内，现在这里的满族、锡伯族人有些就是牧场管理者后代。康乾盛世是牧场发展最兴旺的时期，到清末，由于管理松弛等多种因素，牧场变得越发不景气，到光绪三十三年（1907），牧场余存2万多匹马全部变价处理了。

新中国成立后，石山种畜场得天独厚的自然资源引起了国家的重视。1950年，毛泽东主席率代表团访问苏联，斯大林回赠给中国一批苏高血军马，其中的56匹军马落户到辽宁省第一种马繁育场，即石山种畜场的前身。该地也从1948年还是一个只有13户人家、交通不便、荒草一片的小屯落迅速发展起来，据《石山种畜场组织史资料》载，该场是1956年根据辽宁省人民委员会及省农业厅的批示，以锦县（今凌海市）金城农场为基础，在锦县右卫区管辖的草原内新选场址——苏坨子成立的。该场所在地后来划归盘锦。如今，用马时代早已过去，苏高血的故事在盘锦也渐渐模糊，但它作为盘锦一段农业发展历史存于史册，也值得我们和后人去记忆和回味。

修建丰潮围堤的因由

石山种畜场境内原无河流，建场后为了排泄境内雨水，人工修建了六六排干、新开河、潮沟河护堤和丰潮围堤。其中六六排干和新开河是为了排泄境内地表水，潮沟河护堤是沿潮沟河左岸修建的一条抵御外水的堤坝。唯有丰潮围堤是沿石山种畜场与右卫镇边界向南至潮沟河护堤，是人工修建的既能抵御外水又兼具边界功能的一条堤坝。

丰潮围堤全长9公里，北部起源于丰屯河右岸（东郭镇与石新镇界河），南与潮沟河（石新镇太平村与凌海市小郑屯村界河）衔接。潮沟河发源于辽宁省金城原种场，流经东花乡、右卫镇、安屯乡进入盘山县境内，下游与南尼岗河连接后入海。

1973年夏，石山种畜场遭遇历史罕见外来洪水的侵袭，境内两万亩农田全部被淹，经济损失严重。其原因是外水来源由西、南部今凌海市右卫镇和安屯乡的地表水无序漫浸后涌入石山种畜场内。由于石山种畜场地势明显低于相邻两乡镇，遇到大凌河泄洪时，外水全部经石山种畜场后流入丰屯河入海，给石山种畜场造成极大水患。为了彻底抵御外水侵袭，石山种畜场党委与右卫镇政府多次协商，在边界处修建高2米、宽5米的丰潮围堤和潮沟河护堤，引导外水沿护堤进入潮沟河后入南屁岗河入海。

用义工的方式修建丰潮围堤

20世纪70年代初，当时修堤没有现在的机械化程度高，因初衷是为受损方解决水患，当地居民积极拥护修建丰潮围堤和潮沟河护堤这一做法。由于历史原因，两市边界问题时有发生，邻界两地居民也因水而争吵。因界而生矛盾是相邻两地最令人头疼的难题，尤其是新修建一条围堤，将客水挡在堤外更是难上加难。况且涉及的边界牵涉大康、西网、昌盛三个大队的几千户社员的利益，工作难度可想而知。

为了解决这一难题，石山种畜场党委成立了丰潮围堤工程指挥部，首先与相邻大队主管领导沟通。为了使这项工作得以顺利开展，石山种畜场采用置换土地的办法，对邻方做出经济补偿。对位于待建护堤外的自有土地与待建护堤内的对方土地采取以多换少的方式进行置换。虽然工作难度大，但工程指挥部的工作人员多次登门，到社员家里做耐心的说服工作。经过近三个月协商，双方终于达成共识。在当年的9月25日，指挥部正式进入施工现场。

最难的问题解决了，围堤怎么修？石山种畜场党委组织动员农场职工和各个大队农工近3500人义务挖土修堤。那时没有任何机械，全部是手搬肩扛，最好的运土工具就是手推独轮车。大家在现场施工，渴了就喝沟里水，饿了就啃几口自带的干粮，直到天黑才疲惫地走下护堤，步行回家。就这样，3000多人奋战了30多天，一条长9000米、宽5米、高2米的人工围堤终于修建完成了。虽然修堤的活儿很累很苦，但大家的共同目标明确，就是确保日后粮食丰收有保障，所以，再苦再累心里也有甜甜的滋味。

2014年11月，时任盘锦市水利局副局长宗克昌（右一）在辽河口生态经济区实地考察盘锦河流

丰潮围堤，经过50年的风雨侵蚀，渐渐地失去了它往日的宏伟和壮观。近10年来，由于降水量偏少，客水量也在缩减，水患已不再对当地居民生产和生活构成威胁，丰潮围堤的使用功能也趋于终结。但它在当时的历史时期所起的防御水患的作用是不可磨灭的，尤其是石山种畜场的职工用义务劳动的方式修建这条围堤，那种共产主义的奉献精神是值得我们后人永远纪念的。

丰潮围堤这个名字，在盘锦水利建设史的长卷中，当重重地记上一页。

仅用24天修建的沟盘运河

一条笔直的河道横跨盘山县南北全境，它是新中国成立10周年时人工修建的运河，叫沟盘运河。这条运河全长28公里，修建时全县动员民工8000名，采用大兵团作战，人推肩挑拼体力，仅用24天便竣工，修建的速度令人赞叹。60多年过去，当人们回想起修建时那一呼百应、你争我抢、不甘落后的劳动场景时，至今还感到悦心自豪。

千人修建运河　24天工程竣工

1958年到1960年，盘锦地区在水利工作中，坚持国家灌、排、蓄综合治理方针。盘山在修建三座中型水库（红旗水库、八一水库、青年水库）增强蓄水能力的同时，全县动员民工8000名，于1959年11月17日至12月10日，仅用24天开挖一条起自北镇县（今北镇市）沟帮子镇，南经东风人民公社（今胡家镇）至六里河，全长28公里的沟盘运河。这条运河的修通，不仅使辽河（双台子河）同六里河、太平河、一统河、绕阳河、西沙河、二夹河以及刘裴大沟、张家沟、落不干沟等六河三沟相连接，并可引水注入青年水库，扩大农田灌溉面积，还可排除胡家地区北部内涝。盘锦就自然地势而言，北临医巫闾山，每到夏季洪水顺山而下，北部客水全部向南漫延至绕阳河、张家沟等河流入辽河（双台子河）后入海，甜水、胡家、太平等地就成为过水之地，庄稼被淹不可避免。多年来靠自然河流泄水难以保全。当时修建沟盘运河的初衷，应该说是以排除内涝为主。

加速盘北开发　并入双绕总干渠

根据辽宁省1965年制定的《盘锦地区水利规划（含部分营口区域）》，作为双台子河闸水利枢纽工程的配套项目之一，为加速盘北地区荒原开发和水田区域的拓展，辽宁省革命委员会决定成立辽宁省双绕总干渠工程局（双绕总干渠工程建设指挥部），由盘锦垦区革命委员会统筹建设工作，决定双绕总干渠工程将原有双绕、沟盘运河合并改造。

双绕总干渠南起盘山镇东1公里处的双台子河闸，渠首为与双台子河闸连接的三孔进水闸，双绕总干渠呈梯形断面，底宽55米，边坡比例为1∶2，设计流量为每秒75立方米，向西北走向穿过高家大队、沟盘铁路后向西，在距离双台子河闸5公里处的盘沟公路西侧双绕节制闸（附近后为盘锦地区师范学校）分岔。一路向西的为双绕一分干，通称为双绕河，末端为太平农场与新生农场交界的龙家堡闸，注入绕阳河，双绕一分干呈梯形断面，底宽50米，边坡比例为1∶2，设计流量为每秒75立方米，全长12公里；一路向西北为双绕二分干，即原沟盘运河，通称沟盘运河，与绕阳河交叉通过，渠末为大板桥闸，双绕二分干呈梯形断面，底宽30米，边坡比例为1∶2，设计流量为每秒42立方米，全长17公里。沟盘运河在甜水农场境内还有延长连接线，可通达张家沟、沙子河、月牙子河等。双绕总干渠控制灌溉面积14.3万亩。

工程自1968年3月18日正式开工，经过7个月建设，于10月底完工。计划投资520万元，建设实际支出为619.8万元，超支99.8万元。

引入辽河水源　扩建沟盘运河

1973年的金秋时节，在盘山区30万人民热烈迎接国庆24周年的喜悦之情中，沟盘运河引水扩建工程开工。在整个运河扩建工程中，来自盘山区各国营农场、人民公社的男女民兵、贫下中农社员群众、下乡知识青年和机械化施工队员，一共3万多人，摆开了扩建沟盘运河的战场。

那个年代的物质和生活条件非常贫困，人力队伍主要靠手工，数九寒冬北风呼啸，会战人员住的是用草袋搭起的临时窝棚，吃的是高粱米、玉米面和清水白菜汤。工地上二十四小时灯火通明，人们分组轮流上阵，挥舞着锹镐，车推肩扛，甩开膀子喊着号子，在绵延几十里的工地上，人流如注，车轮飞转。

1979年，沟盘运河兴清淤工程现场

此项工程动用65台拖拉机参加运河推土加深、加宽作业。总计动用土方470万立方米，用工12.7万个，1974年4月竣工，辽河水经过绕阳河，直到大板桥排灌站。

河水被污染　水利曾变水害

绕阳河和沟盘运河是横贯盘山县境内农田灌溉的两条大动脉，也是养鱼养蟹的主要水源。2004年至2005年的一段时间内，由于上游河流污染，使两条河内原本清澈的河水变成了混浊的"酱油汤"。经过调查，污水是上游锦州市黑山县的一家造纸企业排放的。从这家企业排放出来的污水经过一个氧化塘过滤后再向下游排放，因在氧化塘附近种植水田的农户将氧化塘河坝的一角扒开，导致污水直接倾泻到绕阳河和沟盘运河下游。

受污染的河水殃及靠河为生的养殖户，他们投入的数万斤鱼蟹苗全部死光。家住太平镇的王先生年初花数十万元购买蟹苗投入水中，到了6月份，上游流下大量的带有刺鼻气味的黑水，把整个河道都污染了。他本以为只是偶尔泄漏的污水不能再来，又花50多万元买了5万多尾鱼蟹苗投入水中，到8月份左右，上游的污水又进入鱼塘，几万尾刚刚长大的鱼蟹全都"一命呜呼"。除了他以外，在绕阳河右岸还有十几家养殖户也都遭受了上游污水的侵袭，所养的鱼蟹全部死亡，损失由几万元到几十万元不等。

盘山县水利局的离休专家赵先生说："从上游流下1万立方米污水，下游就要用800万立方米的清水进行稀释，污染容易可清理就费事了。"尽管如此，事件要从源头解决。市、县两级环保部门积极采取措施，堵住了污染源，使两条河流恢复了原来水质。

修建带状公园　城区新景观

2006年10月，盘山县百年华诞，盘山县城搬到新址。新县城址位于盘山县太平镇绕阳河以南、太平河以北，东至沟海铁路、西至黄金屯区域，沟盘运河穿城而过。新县城以"一心两轴六片区，双重绿化网络"结构布局。一心指规划中的城市中心区，位于现有井下生活区以东，沟盘运河以西，包括行政办公中心、商业金融中心、文化娱乐中心、体育运动中心、科教中心，是城市功能的核心区。两轴指县城的空间发展轴：一是城市功能综合轴，以府前大道为主导轴向，是城区东西向发展的功能主轴线；二是城市生活服务轴，以曙光南路和曙光北路为主导轴向，以井下生活区为基础的城市生活服务轴线。六片区指城市的六大功能片区，即中心片区、3个居住片区、工业片区以及物流贸易片区。双重绿化网络是指分隔和连接城市功能组团的绿色防护网络，和贯穿城市功能组团中的绿色休闲网络。

从2002年7月18日，省政府正式批准盘山县新县城建设之后，盘山县在倾力打造生态园林城市的进程中，不断注入新元素，凸显"水韵盘山，绿美新城"的时代魅力，利用河流、道路、广场等城市开放空间，构筑绿化景观节点和景观视廊，通过"借水引文"加强县城绿

贯穿盘山县南北的沟盘运河

化与自然景观、人文景观上的共融，构筑生态、靓洁、人文的"水韵绿城"。在丽景湾公园、水岸蓝桥景观带、天鹅湖公园的建设全面铺开的同时，沟盘运河带状公园也利用原有水面进行了改造。通过"借水引文"，着力建设集观赏、休闲、娱乐等功能为一体的城市水系工程。目前，在绕阳河、沟盘运河、太平河、二夹河、西外环总干渠和京沈高速公路南侧，形成三纵三横环状生态水系网络，水域总面积达到2.5平方公里，还将围绕此生态水系网络建设12处水系公园，打造盘山县城"依线布点"的城市景观节点。

大辽河盘锦段上的6座桥梁

　　大辽河是盘锦市同鞍山市和营口市的界河。大辽河原是辽河临近入海处的下游河段，即辽河、浑河、太子河三河汇合处（三岔河）到入海口（永远角）的河段。1958年"导辽入双"工程，在六间房堵死南流口，辽河从盘山双台子河入海后，六间房至三岔河河段称外辽河，三岔河至营口入海口河段称大辽河。由此，大辽河也就成了浑河、太子河两大河汇流入海河段。大辽河全长95公里，右岸为盘锦市，临河约94公里。

　　20世纪60年代末期以来，为加快新盘锦和辽河油田的开发建设，国家陆续投资在大辽河上（由上游至下游），建设了沟海铁路三岔河桥、大盘公路三岔河桥、盘营客专盘海桥、盘海营高速公路桥、田庄台桥、滨海公路（辽滨）桥等六座大型桥梁，使盘锦的公路、铁路交通运输能力实现了跨越式发展。

沟海铁路三岔河特大桥

　　1969年，辽宁省革命委员会为解决盘锦垦区粮食外运问题，利用原来的沟营线路基，组织修复了沟帮子至盘锦段铁路。同年，国务院、中央军委决定建设沟海战备铁路。沟海战备铁路分两部分，一是修建盘海铁路，二是重修沟盘铁路。中国人民解放军沈阳军区组织3096部队驻辽南4个团、铁道部第三设计院及沈阳铁路局和锦州铁路局相关工程技术人员、总字505部队（铁道兵东北指挥所）下属3335部队和

3005部队的5个团零1个机械化营（兵力8750人）、盘锦垦区和营口市（当时海城县隶属于营口市领导）的民兵师等5万人参加沟海战备铁路施工。

三岔河铁路特大桥是沟海铁路盘锦出入境大桥，位于大辽河三岔河口下游1.1公里处，为全线控制性工程。设计全长1192.15米，单线、准轨，31.7米跨径36孔钢筋混凝土桥梁。3335部队和3005部队（共计26个连队，施工人员5000人）参加大桥施工，由3096部队某部完成桥头土方47.2万立方米。

施工部队于1970年1月进入盘唐现场，26日破冰进行架设大辽河特大桥的施工便桥，3月5日全面开工，大桥6月21日驾通，6月29日通车，1971年1月1日投入运营。

此后，1975年经历过海城地震（中断行车136小时）和大辽河洪水灾害，修复后使用至今。大桥由沈阳铁路局管理。

大盘公路三岔河特大桥

大盘公路（丹东大孤山至盘锦市区）是连接辽东与辽中、辽西地区的重要省级公路干道。位于盘山县古城子镇东南的浑河、太子河和外辽河汇合的三岔河交汇处下游约1.5公里，在海城市西四镇八家子村和盘山县古城子镇古城子村之间。

大盘公路由此经过，交通位置十分重要。多年来，两岸交通一直靠渡口、浮桥维持，既不方便，又不安全。20世纪末，辽宁省交通厅根据交通发展规划和人民群众需要，决定投资建设大盘公路三岔河大桥。大盘公路三岔河大桥的修建，解决了辽宁多年来因大辽河困扰交通发展的难题，既打通了我省公路瓶颈路段，也取消了我省公路干线网上最后一处渡口。

特大桥于1999年12月17日破土动工，2002年7月31日竣工。大桥全长8957米，其中，主桥全长1667米，海城市一侧引桥全长3960米，盘山县一侧引桥全长3330米，全宽13米，工程路面为二级公路标

大盘公路三岔河大桥、沟海铁路三岔河特大桥、盘营高铁客专盘海特大桥（从右至左）

准，总投资为1.32亿元。

特大桥由本溪市公路工程处承建，于2002年8月21日正式通车运营。

盘营高铁客专盘海特大桥

盘营铁路客运专线沿途经过锦州、盘锦和鞍山市，西接京哈线秦沈通道及京沈客运专线，东连哈大客运专线，是连接辽东半岛与辽西走廊和关内快捷便利的通道，也是辽南铁路高速客运网的重要组成部分，为双线电气化铁路。全长89.422公里，其中盘锦市境内61.63公里。

盘营铁路客运专线西起盘锦北站，终至哈大高速铁路下夹河线路所和海城西站。线路预留与京沈铁路客运专线连接线路，设计时速350公里。设立盘锦北、盘锦两个车站和赵荒地、中小、下夹河三个线路所。盘营客运专线于2009年5月开工建设，2013年3月完成全线铺轨，7月运行试验，9月正式通车。

盘营铁路客运专线盘海特大桥，位于三岔河口下游沟海线三岔河铁路大桥南。桥长20.9公里，桥宽13米，简支梁和连续梁结构。由中铁十九局集团承建。此桥由沈阳铁路局管理。

盘海营高速公路大桥

盘海营主高速公路大桥

盘（锦）海（城）营（口）高速公路是国家"九五"重要建设项目，是沈大高速公路与京沈高速公路的连接线，同时也是环渤海高速公路的组成部分。它的修建极大地缩短了辽宁南部地区与辽宁西部地区及关内的时空距离，加快了物流的集散，充分发挥了营口港的作用，极大地促进了辽宁经济发展。盘海营高速公路于1999年11月开工，2002年8月23日建成通车，此桥由辽宁省交通运输厅高速公路管理局管理。

盘海营高速公路大桥，位于盘锦市大洼区西安镇王家塘村和营口市大石桥市石佛镇魏家塘村之间，三岔河大桥下游25公里处、田庄台大桥上游20公里处。大桥净宽29米，全长240米，跨径为30米。

全桥采用分离式简支箱型梁

桥，上部结构为预应力钢筋混凝土箱型简支梁，下部结构采用柱式墩、埋置式墙台、钻孔灌注桩基础。

田庄台大桥

田庄台大桥位于305国道——庄林公路营口至盘锦段田庄台镇西侧的大辽河上，是大辽河上最早建设的辽宁省内第一座深水公路特大桥梁。因2004年6月发生悬臂梁断裂，同年11月在原桥下游40米处重建新桥。

原田庄台大桥全长878.9米，由T型钢构、简支梁、双曲拱3种混合结构组成。全桥22孔，主桥14孔，其中间6孔为T型钢构，其余为8孔简支梁，中间4孔跨径74.76米，两边过渡孔跨径48.48米。下部结构主桥主孔为重力式空心墩，边孔为双柱式墩。两侧引桥为跨径23.7米的8孔钢筋混凝土双曲拱结构。桥面净宽9米，两侧各附1.5米宽的人行道。大桥载重标准是汽-13，拖-60，主桥下为三级航道。

该桥是1969年经周恩来总理批准的"07021工程"之一，是由国防经费投资修建的战备桥。该桥是当时全省修建大跨径结构中，施工工艺最为复杂的一座桥梁。营口市革命委员会成立建桥指挥部负责全

田庄台辽河大桥

面指挥，辽宁省交通局勘探设计院设计，辽宁省交通局施工。1972年6月20日开工，施工中，由于受到潮差4.86米潮汐影响，浇注桥墩的围堰遭到水毁和冰毁，仅打捞被毁落水的钢板柱就费时近两年时间。1975年，在营口、海城的7.3级大地震中又遭严重破坏，使总跨径缩短，桥墩偏斜或下沉，工期拖延。1977年7月9日通车，历时5年，总造价2778.7万元，是当时全省造价最高的桥梁。

田庄台大桥的建成，结束了盘锦至营口交通在大辽河靠船渡的历史，便捷了通往辽南、辽西的途程，促进了辽宁公路运输的发展。

2004年6月10日，大桥因车辆超载发生悬臂梁端突然断裂，一辆农用车落水，两名司乘人员逃生。

2004年11月，在距原桥下游40米处建设新大桥。新桥全长888.31米，宽20.5米，双向4车道，一级公路标准，预算投资1.624亿元。是当时我省技术含量最高、施工难度最大、达到国内先进水平的省重点工程项目。工程的质量标准可通过百年一遇的洪水，同时，也将有效抗击地震和因潮汐带来的大量流冰的影响。

历经近两年施工，新桥于2006年9月8日正式通车。旧桥于2008年1月12日爆破拆除。

滨海公路（辽滨）特大桥

辽滨滨海公路特大桥作为滨海公路建设的控制性工程，是辽宁百年建筑。该桥建在大辽河入海口处，跨越大辽河，连接营口、盘锦两市。该桥起点于营口市新兴大街以北滨海公路延伸线，与滨海公路营口段对接；终点与营盘公路（盘锦向海大道）对接。此桥采用了双塔双索面钢箱梁斜拉桥设计，路线总长度为4440米，其中，桥梁长度3326米（主桥长866米，营口及盘锦两侧引桥长度均为1230米），宽度为30米。大桥建设为双向6车道一级公路标准，设计时速为80公里。建桥投资12.63亿元。

2008年8月11日正式开建，2010年7月22号合龙，2010年9月28

滨海公路（辽滨）特大桥

日正式通车。该桥创造了东北地区、全国多个第一。跨度达到436米，是长江以北地区跨度最大的桥梁，被誉为"东北第一桥"；主塔高150.2米，是当前东北地区桥梁第一高塔。同时，特大桥是东北地区第一个钢箱梁斜拉桥，也是我国第一座积雪冰冻地区的大跨径钢箱梁桥。

此桥的通车，标志着辽宁沿海经济带路网建设迈上了新的里程。它把盘锦辽滨开发区和营口沿海产业基地紧密连接在一起，把辽宁沿海经济带的20多个港口、100多个景点和众多城市乡村真正地连在一起，这对带动和协调辽宁沿海经济带"主轴"区域经济的快速、健康发展，加快辽宁沿海旅游开发开放，都具有重要的现实意义。此桥不仅能抵御7级强震，更能经受300年一遇的大洪水。特大桥通车，盘锦与营口的路程缩短了60公里，车程缩短至5分钟。在实现营口、盘锦两市区域经济一体化的同时，更带动沿海城市与内陆城市间的经济联动，实现了辽宁沿渤海和黄海海岸线无障碍贯通。

盘锦市水利枢纽辽河闸建设发展过程

辽河闸，原为双台子（辽河）河闸，2016年改为辽河闸。该工程位于盘锦市双台子区，是辽河下游重要的水利枢纽建筑物，也是辽宁省乃至于东北最大的河川水利枢纽工程。它建在感潮河段的末端，闸址距辽河入海口57.3公里。由深孔闸、浅孔闸、双绕进水闸、船闸、左右岸连接段、上下游导流堤、小柳河倒虹吸、过水斜堤和防汛交通桥等组成。

双台子（辽河）河闸枢纽工程建设背景

新中国成立后，水利部进行辽河流域规划，确定由松花江（第二松花江）分配给松辽运河航运及灌溉用水60亿立方米，在灌溉用水中辽宁省用水占30%，为12亿立方米。1959年，辽宁省松辽运河规划委员会及松辽运河工程局辽宁分局成立。中共辽宁省委向中央提出《根治辽河流域的规划报告》，要在3年内投资7.85亿元兴修石佛寺、参窝、观音阁、汤河、白石、上窝堡水库和营口闸、盘山闸等8大工程。营口是大辽河（也是规划的松辽运河末端）出海口，运河上马也对营口市发展影响巨大。1959年11月，中共辽宁省委决定在大辽河口永远角处修建水利交通枢纽工程——营口防潮闸工程。

1960年春，营口市辽河防潮闸工程局涉及枢纽位置选择等问题时，交通部认为在营口永远角建闸后，闸下外航通道很快淤积，影响营口港发展，要求进一步做方案比较论证。1961年2月，辽宁省建委指派设计单位到中央汇报，对枢纽位置进行了比较论证。

1961年3月，国家计委对《水电部关于营口闸设计的意见》批复指出，由于对河口淤积问题缺乏研究，一时不易得出结论。除对永远角及田庄台方案进行必要补充论证工作外，应着重研究上游引水方案，提出确切的灌溉除涝方案。1965年，国家水利电力部批准的辽宁省水电设计院编制的《盘锦营口地区水利规划》中，对大辽河引水方案进行了论证，否定了营口市永远角建闸方案。

1965年，修改后的《盘锦营口地区水利规划》上报国家。水利电力部以〔65〕水电规字第99号文件，对《盘锦地区水利规划》做了基本同意的批复。对于在辽河（双台子河）上，是采用建盘山闸，还是采用建站方案，经过反复辩论，采用了建闸的决策方案。按照《盘锦地区水利规划》，省水利勘测设计院于1964年9月和1965年9月先后完成《盘山引水枢纽工程初步设计》和《双台子河盘山引水枢纽工程初步设计》，1965年6月，水利电力部批准了两个设计。

盘锦地区水利规划的范围，主要为辽河（双台子河）以南，大辽河、新开河以西，南至渤海的滨海地区，面积为1590平方公里。还包括外围的双绕、东郭、沙岭、营口等四个地区的2979平方公里，总面积为4569平方公里。当时，盘锦农垦局在盘山县行政区划内，东郭地区隶属于锦县东郭农垦区，大辽河以南部分区域隶属于营口县。

为合理利用辽河水资源，开发盘锦灌区，提高粮食生产，1965年4月，经国务院批准，国家水电部以〔65〕水字第117号文件，决定在辽河干流距河口62公里处（今盘锦市双台子区东南部），建筑一座辽宁省最大的大型水利枢纽——双台子拦河闸。该工程由辽宁省水利勘测设计院负责设计。

双台子（辽河）河闸枢纽工程建设具体实施

1965年9月，辽宁省双台子（辽河）河闸工程局在盘山县成立，负责双台子河闸施工任务，营口市副市长王道举为工程总指挥，王道举任党委书记，陈绪乾、曲焕勇为党委副书记；卢炳春任局长，王茂申、邵志杰、刘忠义为副局长，张汝文为总工程师。1966年2月，盘锦垦区成立。1966年6月双台子（辽河）河闸工程动工。辽宁省双台子河闸工程局第一、二、三施工队，还有6个民兵团指挥部下属18个县的民兵营艰苦会战两年，拦河闸、拦河坝、船闸、双绕进水闸、双绕灌区小柳河交叉工程及左侧滩地过洪守流堤和小柳河公路桥相继交工。全工程动土26万方、石13万方，耗用钢材3000吨、水泥9300吨、木料6000方，工程总造价2655万元，于1968年8月竣工，11月投入运营。

　　拦河闸工程设计通洪量为5000立方米/秒（闸口下泄3000立方米/秒，溢洪区泄2000立方米/秒）。闸身长153米，总宽160.6米，共分7组14孔，每孔净宽10米，闸底高程负4米，闸墩顶高程为8米，交通桥面高为8.5米，宽5.6米。校核标准50年一遇。最大泄洪量3000立方米/秒；双绕进水闸孔1214.5米×3米，闸底板高程0.8米，最大引水流量75立方米/秒；船闸为6级航道，闸室净宽7.5米，长60米，引航道长120米；穿越小柳河河底的倒虹吸工程全长128.07米，由每排43节总计7

1966年6月动工建设的双台子（辽河）河闸工程，1968年11月投入运营

排直径为3米的钢筋混凝土预制管组成。1971年为增加蓄水能力，满足工农业生产和生活用水需要，又将闸门板加高0.6米。闸底板长16米。

双台子（辽河）河闸枢纽工程完成后的收效

双台子（辽河）河闸枢纽工程主要作用是防潮倒灌，改善水质，抬高水位，保证盘锦中、北部4万公顷水田用水，西部东郭和羊圈子两大苇场4.33万公顷苇田的部分灌溉用水以及大中型企业生产和部分城市居民生活用水。同时还可以节省压盐水，利用上游河道调蓄水量，提高灌溉保证率。

建闸以来，河闸年最大供水量66919.6万立方米（1987年），年最小供水量13334.8万立方米（1982年），年平均供水量37012.7万立方米，其中，工业年供水量2000万立方米，生活年供水量730万立方米。河闸为盘锦的开发建设发挥了极为重要的作用。到现在，工程由原设计的灌溉面积60万亩扩大到75万亩。全市75万亩水田、65万亩苇田的灌溉用水得到了保证，使盘锦农业生产一年一个台阶，粮食单产和总产逐年递增，成为我省一个重要的商品粮生产基地。拦河闸产生的经济效益是非常明显的。建闸当时就考虑了城镇居民用水的需求，在闸前修建了盘锦垦区机关驻地盘山镇城市自来水水源地（后因水质和个别年水断流原因，自来水公司又新开辟了水源），建闸后，盘锦化肥厂、盘锦热电厂、盘锦炼油厂、盘锦沥青厂、盘锦水泥厂和辽河化肥厂先后建成投产，拦河闸承担了工业生产用水供应任务。双台子（辽河）河闸，对促进盘锦地区工农业生产起到了重要作用。

双台子（辽河）河闸枢纽的改扩建工程

双台子（辽河）河闸枢纽工程自运营以来，由于上游地质及河道的变化，闸上水位逐年抬高。为了确保工程安全运行，尤其是经历

1985年、1986年辽河特大洪水之后，辽宁省和盘锦市投资对拦河闸、进水闸、小柳河交叉工程以及船闸等建筑物的有关部位加以改建。1995年10月，辽宁省和盘锦市共投资4692.33万元再次对河闸进行了改扩建，1997年6月主体工程竣工。

2013年9月，辽宁省发改委以辽发改农经〔2013〕1181号文件批准建设双台子河闸（辽河闸）除险加固工程。2014年3月开工，建设项目主要包括新建18孔浅孔闸、左右岸连接段以及加固过水斜堤、新建下游防护堤等。小柳河防汛交通桥拆除重建，深孔闸右岸下游导流堤加高，船闸导航桩、导航墙拆除重建，闸前河道清淤，变电所改建，等等。本次除险加固工程按100年一遇洪水标准设计，设计洪水位8.10米，相应泄量5000立方米/秒；按200年一遇洪水标准校核，校核洪水位9.08米，相应泄量6800立方米/秒。正常蓄水位4.3米。

新建浅孔闸，共18孔，每孔净宽10米，总宽225米。闸门采用露顶式平板钢闸门。闸底板高程3.0米，闸墩顶高程11.08米，交通桥面高程11.08米，设计水位4.30米。

2016年6月，双台子（辽河）河闸除险加固工程竣工。按设计要

2016年6月完成的双台子（辽河）河闸除险加固工程新貌。现改名为辽河闸

求，总体指标达到了闸上辽河干流堤防 5000 立方米/秒的泄洪能力和闸下盘锦市城市段堤防 6800 立方米/秒的泄洪标准。工程由国家、省、市三家共投资 18816.02 万元。勘察设计单位为辽宁省水利水电勘测设计研究院，施工单位为中国水利水电第六工程局有限公司。

为使河流、建筑、机构名称使用规范和统一，双台子（辽河）河闸除险加固工程完成后，盘锦市决定将双台子河闸改名为辽河闸，原盘锦市双台子河闸管理处改名为盘锦市辽河闸管理处。

近年来，辽河闸枢纽工程年均供水量在 6 亿立方米以上，为盘锦市 80 万亩水田和 70 万亩苇田提供灌溉用水并提供部分工业用水，对我市的工农业生产发挥了巨大的作用。目前，辽河闸枢纽工程已成为辽河生态示范基地和科普基地。

辽河闸枢纽工程犹如辽河上的一道长虹，成为盘锦一张亮丽的风光旅游名片。

历史跫音

辽滨鸭舌岛

——述说80多年前发生的"坠龙"故事

龙，一种看似虚幻的生物，在人世间却有相当真实的呈现方式。从远古的玉饰、陶器，到生活中的工艺、建筑、服饰，龙文化已烙印在中国人的衣食住行当中。然而受现代实证科学影响，龙渐渐成了远古的神话传说与祥瑞的象征图腾。

当代龙现人间的事例，冲击着现代科学的框架，也召唤着中国人深邃的文化记忆。龙是虚构或真实的神物，在讲求实证科学的当今更蒙上一层迷雾。

当有人目睹罕见的龙出现时，古人视为大事详加记录，收录于地方乡县志或各朝正史中。而现代人对于龙出现的事件则抱持着高度怀疑的态度，并试图以自然现象等原因去解读。

一、事出原委

80多年前的1934年7、8月间，营口地区阴雨连绵，连续下了40多天的大雨，老百姓都说这天漏了。当地的居民没有干柴火烧火做饭，有的居民把门窗拆下来劈成柴火。大辽河水暴涨，辽滨一带成为一片汪洋。

雨后天晴，阵阵小北风刮起，苇塘中飘出一阵腥臭的味道。8月8日午后，辽滨一个姓卢的看护苇塘的人，顺着腥臭味在鸭舌岛（现在的辽东湾新区，也有人叫东大头）的苇塘中穿梭寻找这臭味的来源，在苇塘的深处发现了一个巨大的怪物尸骸。这怪物身上长满了鳞片，那爪子似龙爪，体长约10米，头部左右各有一个犄角，长约1米，脊骨共有28节（另有一说29节）。之后，伪营口第六公署将其运送至营口西海关码头空地陈列数日，前去参观的人络绎不绝。当时《盛京时报》派人采访，称之为"龙""天降龙""营川降龙""巨龙"等，同时还配发照片。当地居民争相观看，附近各大城市专程来参观者纷至沓来，往返于营口的火车票出现一票难求的状况。

二、史料记载

1934年8月11日《盛京时报》首次报道，题目为《天龙降？长三丈有角四尺》。

8月12日《盛京时报》连续报道，题目为《巨龙全体二十八节臭气熏天 观者塞途》。

1934年8月11日，《盛京时报》报道

8月14日《盛京时报》再次报道，题目为《蛟类涸毙》："本埠河北苇塘内日前发现龙骨，旋经第六公署，载往河北西海关前陈列供众观览，一时引为奇谈，以其肌肉腐烂，仅遗骨骸，究是龙骨否，议论纷纭，莫衷一是。"

另据记载，"该龙体气参天，头部左右各生三支甲，脊骨宽三寸余，附于脊骨两侧为肋骨，每根五六寸长，尾部为立板形白骨尾，全体共二十八段，每段约尺余，全体共三丈余，原龙处，有被爪挖之宽二丈长五丈之土坑一，坑沿爪印清晰存在，至该龙骨尚存有筋条，至皮肉已不可见矣"。

连续数日，当地报纸又发表相关的连

营川墜龍
研究之一
水產學校教授發表
蛟類涸斃

1934年8月14日，《盛京时报》报道

续报道，营口水产专家判定此物为龙的一种——蛟类。

《营口市志》第一卷中记述，1934年8月8日午后，辽河北岸东小街一农民在附近苇塘发现一巨型动物白骨，长约10米，头部左右各有一角，长约1米，脊骨共29节。伪营口第六警署将其运至西海关码头附近空地陈列数日，前去参观的人络绎不绝，导致去营口的火车票一度紧张并涨价。

2004年，黑龙江人民出版社出版营口市史志办编辑、史志办主任周丛一主编、韩晓东等参编《营口龙之谜》一书。

营口市史志办主办的"营口春秋网"之影像营口中"营口龙之谜"界面里存有央视等电视台录制的视频。

说明："营口坠龙"事件当时发生地鸭舌岛确为营口属地，是因为在新中国成立前辽河北岸鸭舌岛属营口管辖。我市大洼区南部地区辽滨苇场（鸭舌岛）因归属变化频繁，新中国成立后还曾两次归营口管辖（一次在1959年1月，一次在1975年1月），直至1984年6月盘锦建市后重归盘锦管辖。所以，史料记载中一直通用营口之说。

三、目击证人叙述

上了年纪的老人回忆说，这个怪物曾经出现过两次，第一次出现在距离大辽河入海口20公里处。

肖素芹老人回忆，当年她9岁，她爸爸是给地主赶马车的，当时很多人都说在田庄台上游发现一条"活龙"，于是赶到那里。爸爸就把她放在马背上，扶着她看。她所看见的"龙"方头方脑，眼睛很大，还一眨一眨的，身体为灰白色，弯曲着蜷伏在地上，尾巴卷起来，腹部处有两个爪子伸着。而让她印象最深的就是感觉这条"龙"有气无力，眼半睁半闭，再加上眼睛有些发红，很多人都说是天气太热的缘故，就在龙的上面搭了个棚子为它避暑。还有人抬水往它身上浇，让它得以"解暑"。后来，下了很长时间的大雨，这条"龙"就不见了。

那时，老百姓认为天降巨龙是吉祥之物，人们有的用苇席给怪兽搭凉棚，有的挑水往怪兽身上浇，为的是避免它身体发干。当时人们都非常积极，即使平日里比较懒惰的人也纷纷去挑水、浇水。在寺庙里，许多百姓、僧侣每天都要为其作法、超度，此举一直持续到又一次的数日暴雨过后，这只怪物神秘地消失了。

然而，连续20多天大雨后，这只怪物又奇异地出现了，这次出现是在距大辽河入海口10公里处的芦苇丛中，此时它已不是活物，而是一具奇臭难闻的尸骸。

杨义顺老人回忆，在发现"龙"骨之前，曾听大人们说芦苇荡里总有噼里啪啦的响声，而且还有"呜——"像牛一样的叫唤声，听起来很沉闷，还能听到挣扎的声响，后来就没有动静了。后来，看管苇塘的一名卢姓工人发现大片芦苇倒伏，拨开后进去一看，吓了一大跳：里面躺着一个已经死去的庞大动物！这人吓得转身就跑，回到家里大病了一场。人们听说之后，结伴前去观看，并且报告给当时的政府。当时西海关附近的一家防疫医院人员穿着白大褂，给已经生蛆的动物尸体喷射了消毒水。"龙"骨被抬出来后，有人用4个船锚系上绳子将骸骨围成一圈，供大家参观。

孙正仁回忆，骨头不是原来的龙型，挺大的头，两个大角长一米多。趴在地上，身体弯弯曲曲的，能有十几米长。

著名正骨医生马子臣（曾亲眼见过"龙骨"）的儿子马国祥记得父亲曾对他说过，骸骨被发现时，肉还没有完全腐烂，看上去特别像"龙"。

当年有关方面曾邀遍老渔民辨认，但没一个人认识怪物尸体。人们议论纷纷，普遍认为是"龙"。

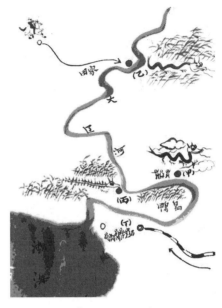

"坠龙"事件发生地示意图

后来《盛京时报》报道说，营口水产高级中学校渔捞科张老师判定"确系蛟类"。

当时的营口美大照相馆和英明照相馆洗印了大量"龙骨"展览的照片，在二本町胡同附近沿街贩卖，一些从外地来营口参观"龙骨"的人，争先恐后购买"龙骨"照片带回去给家人欣赏。

北京的漫画家李滨生老先生兄妹三人少年时都目睹过"龙骨"展览，20世纪80年代中期，李滨生根据记忆，在《营口日报》写下了当年的所见所闻，并勾勒了一幅漫画，可以再现当时盛况。他说："那一年我10岁，50年前西海关露天展览围的一圈是锚，用舢板下固定船的锚间断着围起一个圈，用绳子拦着，地下撒着白灰，因为人很多也挤不进去。随着人流的移动才能到前边看，人们都很好奇，只是传说中有龙，实际生活中没有见到的机会，都去看。它很长，有两三丈立着。脊梁骨朝上不像鱼。奇怪的是头上有角，任何水族没有角。"

四、事件发展

70年后，2004年6月16日，家住营口、81岁高龄的孙正仁老人，带着一件神秘的东西来到了营口市史志办公室。匣盒打开后，里面呈现出五块不起眼的骨片。然而，它一经披露，便在营口引起巨大轰动。据老人讲，这是"龙骨"，自己珍藏多年。

难道它们真是龙身上的骨头？难道这世界上真的有龙吗？营口市史志办主任周丛一介绍，经过媒体报道之后，市民对这个问题都很关注。有的见证人打来电话，提供线索。

为什么这五块骨片在营口会引起如此轩然大波？市民竟会有如此高的热情，难道营口真的有龙降临过？营口市史志办副主任韩晓东说，因为龙在世上是传说中的东西，突然间出了龙骨，大伙都觉得非常新奇。所以都想一饱眼福，看一下龙骨到底是什么样。

营口人对龙的青睐并不是仅仅由这几块骨片而来，实际上他们对龙所保持的特殊热情已经维系了70年。

中央电视台"走进科学"栏目于2004年12月3日播出了纪录片《破解七十年前的谜团》，认为营口"龙骨之谜"的神必动物是一条搁浅的须鲸。

五、对央视认定质疑

营口市三位当年曾经亲眼见过"龙"的老人谈了他们的看法，他们认为，中央电视台下的结论为时过早，也太草率，并提出质疑。

三位老人分别是蔡寿康、黄振福、张顺喜。蔡寿康老人说，70年前的夏季，一天下午大约5时左右，他们三个以及曹玉文（78岁）等几个孩子一起在外面玩，蔡寿康突然发现在营口市造纸厂方向的天空有一条"龙"，他立刻告诉黄振福、张顺喜和曹玉文，小伙伴们同时抬头往天上看，同时看到了"龙"。对看到的"真龙"，三位老人做了这样的描述：也就是15秒左右的时间，当时是阴天，那条"龙"是灰色，在云中动弹，动作和蛇一样，和现在画上画的一样，头如牛头，头上两只角，是直的，嘴上有胡须，两根长须，大眼睛凸出，身长10多米，身上有鳞，四只爪，和现在的鳄鱼爪一样，尾巴像鲤鱼尾巴。

2002年，蔡寿康老人曾经给北京动物园写过信，后来给中央电视台也写过信，反映当年他和小伙伴们看到"真龙"的经过，但北京动物园和中央电视台都没有给他回信。

六、今日鸭舌岛

曾经的辽滨，因80多年前"坠龙事件"轰动一时，过后又沉寂于荒滩。如今的辽滨，在辽宁沿海开发开放的大潮助推下充满了生机与活力。当年巨"龙"坠落的鸭舌岛，已经开辟了方圆5公里的湿地公园。

当你漫步在湿地公园的环岛路上，那奔腾不息的大辽河水为你欢歌，苇荡中的水鸟为你欢唱。走进苇荡，沿着铺设在芦苇之中错落有致的木制栈桥，仿佛和自然融为一体，随风摇曳的芦苇散发着阵阵清香，沁人心脾，令人心情格外舒畅。目前根据"坠龙事件"的民间故

今日鸭舌岛潜龙湾广场

事建设的以中国龙文化为主题的"遗迹"公园（潜龙湾广场）已粗具规模。用地面积1.25公顷（19亩）的文化景观项目沿大辽河水系延展，配合自然的湿地植物，通过线性的路径和开放空间的结合，营造了幽静、素雅、古朴的景观。广场划分为相互联系的三个分区，通过具有传统龙文化意蕴的龙形水池、雕塑等形式，在展现当地的历史文脉及传统龙文化的同时，也为人们提供独特的文化景观体验。

盘山抗日义勇军在沙岭的几处遗址

沙岭镇是盘山抗日义勇军首义之地，1931年九一八事变发生后，沙岭人张海天、盖中华，驾掌寺人项青山、蔡宝山聚义九台子村张海澜宅院日升堂，成立讨日扶民救国军。事变第五天即向营口立科水源地日军发起进攻，打响东北民众抗日第一枪。沙岭作为盘山抗日义勇军发源地，留下了义勇军司令部遗址、沙岭保卫战遗址、俘获大汉奸凌印青处、枪毙日本兵处等多个遗址。

2015年抗战胜利70周年前夕，沙岭镇党委政府为遗址树立标识，以不忘先烈永记英雄。标识采用凌海石山红色花岗岩，时任党委书记陈小天带领党史办王宝骞、阚文臣上山挑选石材，由镇党史办撰文，石山镇专业石匠刻字，铭文为隶书阴刻。遗址共六处，本次标识四处，另两处后续标识，供世人瞻仰纪念并警醒后人。

义勇军司令部遗址

遗址位于盘山县沙岭镇九台子村，黄沙线公路西侧，距村部北1里，是新中国成立前当地大户张海澜的住宅，堂号日升堂。宅已无存，宅基仍在，现本村王姓人家在此建房居住。据当地人介绍和史料记载，1931年九一八事变发生后，当地绿林首领张海天、项青山、盖中华、蔡宝山聚义抗日，成立讨日扶民救国军，后改称抗日义勇军。因张海天、张海澜是堂兄弟，便将司令部设在日升堂。1932年5月义勇军移驻高力房乾元达商号。当时大门悬挂讨日扶民救国军总司令本部牌匾，

盘山抗日义勇军司令部遗址

下设如北风本部、青山本部、中华本部、宝山本部。兵士戴红袖标写黑字"讨日扶民救国军"。九一八事变发生第五天，义勇军攻打营口日军水源地就从这个院子出发。1932年义勇军转移后，日军为报复，烧毁其30多间房子，后张家复建。新中国成立后曾用作学校，后拆除。标识立于遗址东侧。

义勇军烈士盖中华出生地

盖中华，名凌香，1901年出生于沙岭镇三台子村，1935年因叛徒出卖，壮烈牺牲于坝墙子镇圈河村，时年34岁。盖中华是名贯辽西的抗日英雄，2002年被省政府追认为革命烈士，遗骸安放于盘锦市烈士陵园，后人现

盘山抗日义勇军烈士盖中华出生地

居住坝墙子镇双井子村。其出生地三台子村位于沙岭镇烈士陵园西约 3 公里，二道桥子抽水站东侧，与义勇军司令部所在地九台子村为前后屯，相距约 1.5 公里。九一八事变后盖中华与张海天、项青山、蔡宝山共同举旗抗日，消灭汉奸凌印青后，由黄显声将军任命为东北民众抗日义勇军第三路军司令驻台安。标识立于原址南公路北侧。

沙岭保卫战遗址

1932 年 1 月 14 日，海城日军 200 人、伪军 300 人乘 13 辆卡车、2 台摩托车西渡辽河进犯沙岭。义勇军 3600 人分三路对敌反包围，一路由张海天率领，一路由盖中华率领，一路由卢士杰率领，于夜间发起总攻击，三面射击引起日伪军自相残杀，伤亡 100 多人，日军大尉河野基英被当场击毙。后日军为其立石碑，现存沙岭历史文化陈列馆内，成为日军侵华在盘山、沙岭的铁证，遗址暂未标识。

俘获大汉奸凌印青处

原址在沙岭镇九台子村原三道沟屯，现辽河大堤外双沙线公路东侧，距辽河三道沟浮桥渡口 0.5 公里，是新中国成立前当地大户王汇川的宅院。1931 年 11 月 3 日，抗日义勇军在此以诈降俘获汉奸、伪东北民众自卫军司令凌印青及日本顾问仓冈繁太郎及道源元助、松本德松特务员等日本官兵，同时俘获凌的伪参谋处长王槐三、军法处长刘培春、十五旅旅长冯仙州等 19 名军官及 200 多名伪军，并缴获步枪 300 支、机枪 6 挺、手枪 24 支、弹药 10 箱。史称"三道沟事件"。

那年 11 月 2 日，凌印青和仓冈繁太郎等日本军官率 200 余名伪军，携带军械弹药、军装等军用物资进驻沙岭三道沟。司令部驻扎在四角有炮台、攻防坚固的王汇川大院，并以"东北自卫军"师长的官位（也有旅长一说），诱降张海天、项青山等人。当时在锦州领导抗日的辽宁警务处处长黄显声闻讯后，命令熊飞率公安骑兵队到盘山劝说张海天等人擒奸抗日。在民族危亡关头，深富民族气节的张海天、项青山等人接受了黄显声的建议，共同决定消灭凌印青。经过周密商议，决定一边派人稳住凌印青，一边迅速把队伍集结在三道沟周围的圈河、二道桥子、九台子一带，形成了对凌印青的关门打狗之势。

11月3日上午，天降大雾。张海天、项青山、蔡宝山、盖中华、刘金彪（报号"北霸天"，曾参与过震惊中外的绑架营口英国人质事件，义勇军失败后撤到热河返回辽南时作战中牺牲）等人，率机敏精悍的警卫骑马来到三道沟。他们骗过哨兵和卫兵的盘问，迅速将他们缴械。张海天、项青山二人闯进凌印青、仓冈繁太郎的房间，先是毕恭毕敬地寒暄，假谈受降事宜。当凌印青等人刚有察觉时，黑洞洞的枪口已顶在了他们胸前，并被迅速闯进来的义勇军战士捆绑擒获。抗日义勇军一枪未放，便活捉了全部日本军官和伪军。

当盘山抗日义勇军擒获凌印青后，《盛京时报》报道此事件震动了全国。据史料评价，擒获大汉奸凌印青这一行动，是辽宁抗日义勇军取得的第一个重大胜利。

俘获大汉奸凌印青处

由于辽河清障，三道沟屯搬迁至辽河大堤内，原址已成蔬菜大棚，今标识立于原址南公路西拐弯处。

枪毙大汉奸凌印青处

原址在镇区旧西卡子门外荒地（旧时称北县道，在此出去有直达盘山县县城的大道），现粮库西南三河村文化广场西侧。1968年因镇内修路将原址压在路基下。

1931年11月18日，抗日义勇军将凌印青、仓冈繁太郎等人拉到沙岭的西卡子门外荒地枪决。同时被枪决的还有凌印青部的参谋长王槐三、旅长冯仙洲及姜姓翻译。项青山亲自执行，弹无虚发。刑场观者如潮，百姓拍手称快。由此，辽河两岸随之流传着"青山老北风，诚心把日倾，活捉凌司令，枪杀日本兵，缴获枪和炮，敌人胆战惊"的民谣。

从1931年至今90多年来，随着镇内居民逐年增加，镇区范围也在扩展，原沙岭城西西卡子门外荒地已成为居民区。因所处居民忌讳枪毙和法场字样，不便标明，所以暂未标识。

枪毙大汉奸凌印青处

枪毙日本兵处

原址在沙岭镇九台子村东，今外辽河堤下魏家口子河湾处，外辽河从东北在此处拐向东南，几十年来一直保持着河岸原状。当年，擒获大汉奸凌印青后，1931年11月8日，抗日义勇军将200多伪军押到西大院集合，盖中华口才好发表了抗日演说，宣讲了救国道理，张海天宣布愿意抗日的留下，不愿意的发路费回家，但不许当汉奸。处理完伪军，抗日义勇军宣布枪毙日本兵。抗日义勇军用大车把14个日本兵拉到魏家口子河岸，途中一个吓得掉下大车坐在地上，义勇军就地将其枪毙。其余13个跪在河坎面朝河水，一排枪响后便栽入河里顺流沉入水中。有

枪毙日本兵处

119

一个未中要害伏地不动，经包扎拉回沙岭，后与凌印青同时枪毙于镇西卡门外。"三道沟事件"狠狠挫伤了日军的嚣张气焰。

2011年，九一八事变80周年，盘锦市抗日义勇军研究会在原址组织活动，辽宁省九一八研究中心主任、历史学家王建学教授和市社科联原主席孙晓谦及沙岭镇领导干部10余人，面向辽河高唱国歌，令人热血沸腾。沙岭镇政府在原址立石标志，纪念盘山抗日义勇军的这次重大胜利。

盘锦国有农场群历史演变

辽河三角洲农垦开发的地域资源

据中科院沈阳生态所《辽河三角洲土地利用变化及其影响》介绍，由辽河、大辽河、大凌河等冲积而成的辽河三角洲总面积约40万公顷，为中国第四大三角洲，盘锦市是辽河三角洲的主体和核心。这里有辽河油田，也是国家重要的商品粮基地，还有面积达1000平方公里的世界最大苇田和118公里海岸线及大面积沿海滩涂，区域资源开发核心以油田、稻田、苇田和虾蟹田为主业，属于油气、农业、港口综合开发型的三角洲。

辽河三角洲的开发起始于土地、水利、农垦。农垦也称屯垦，古有民垦、军垦、商垦之说。其本意是指军队在驻营的地方垦荒农田，既能解决军队给养又能做到寓兵于民、巩固国防，所以称为"屯垦戍边"。历史上，今盘锦区域组建过营田股份公司，日本侵略者设有开拓农场、安全农村、朝鲜部落，国民党时期建有国防部屯垦盘山农场。新中国成立后有盘锦农垦局（1950年春，辽西省军区派一个师官兵在大洼王家、榆树一带开荒种植水稻。1958年4月，陆军预备八师军官1000余人集体转业来盘锦农垦局参加生产建设。而后，从1963年至1979年，中国人民解放军和武警部队有32个军垦农场。到2005年6月，几经整编后改名为部队副食品基地）。所以，盘锦当年南大荒的土地上，谱写了两首激昂的战歌，一首是农垦战歌，就是国营农场职

1949年，中共盘山县委书记兼盘山农场场长傅锋（前排右）

工战天斗地的主旋律；一首是军垦战歌，是军垦官兵为国为民高昂的
军魂强音。

国营政企合一的管理体制

新中国成立后，在辽河三角洲土地上产生了盘山农场，后来发展
成农垦局、垦区。又分解成独立经营的国营农场。国营农场是国家在
国有土地上建设的，从事农业经营的全民所有制农业组织。

盘锦农垦局成立后，农场与对应设立的乡合署办公，试行政企合
一体制。在改革开放前后，场社镇、场乡镇为同级政权组织。

1984年后，政府、企业分开，成立乡镇政府为农场服务，一套班
子几块牌子。现在，在农场区域设立的镇，则是同属一个（镇）党委
领导，农场则管理国有资产。国营农场时期的职工身份为农业工人，
退休后有退休金及相关福利待遇。

根据民政部门统计资料记载，2002年，盘锦市域4084.18平方公里，128.84万人。其中盘山县2145.4平方公里，除去沙岭、古城子、高升、陈家、陆家、吴家6镇648.6平方公里为集体土地外，其余1496.8平方公里为国有农场（场镇合一体制）土地。大洼县面积1683平方公里，除原田庄台镇、二界沟镇外，其余均属于国有（场镇合一体制）土地。兴隆台区194平方公里土地中96平方公里属于国有农场（兴隆农场、兴盛街道场街合一体制）土地。

盘山农场和盘锦苇场

1948年2月，盘山县全境解放后，人民政府接管了国民党国防部东北屯垦局盘山农场耕地17000公顷土地和全部资产，成立水田管理委员会。1948年年底，东北行政委员会接管"盘山灌区"，组建盘山农场，下设荣兴、榆树台、大洼、平安、二道桥子5个农业技术指导站。

1949年盘山、锦县苇田由营口造纸厂盘山办事处管辖，此后，设立国营盘锦苇场（行政隶属东北轻工业部，党组织隶属于盘山县）。

1950年，辽西省盘山劳动改造管教队（后对外称盘山新生农场）成立。

1950年1月，盘山农场划归辽西省军区。2月，由辽西省农业厅接管。到1952年年末，盘山农场水稻播种面积达9788公顷。1953年年初，将原盘山县的大洼、荣兴、平安、新开等4个区32个行政村142个自然屯并入盘山农场，改建成榆树、荣兴、平安、新开4个国营分场；把原来的3个自营农站也都改组为国营分场。当时国营盘山农场共组建成7个分场。实现生产资料国家所有，农民变为国家农工。1954年春，将原三分场撤销合于四分场，把七分场北部坝墙子一带划出成立新的三分场；1955年，将一分场铁道以东划出成立八分场。1955年，辽宁省盘山机械农场升格为辽宁省盘锦地区国营农场管理局，分场改为农场。

盘锦农垦纳入国家、省农垦体系

1956年，盘山农场改为农垦部盘锦农垦局。下属的8个分场，全部改为独立国营农场；并将原国家轻工业部管辖的盘锦苇场机关并入农垦局，苇场分劈成东郭苇场、欢喜岭苇场划归盘锦农垦局领导。

1956年，以新开农场划出区域成立新立农场、新建农场。到1956年年末，盘山境内共有清水、大洼、荣兴、榆树、坝墙子、平安、新开、新建、新立、唐家10个国营农场和欢喜岭、东郭2个国营苇场。农工人数14933人，耕地面积23136公顷。

1954年，大荒种马场在盘山县东北部成立（后与大荒公社合并为向阳农场）。

1956年，辽宁省第一种马繁殖场在盘山西部成立（距东郭5公里，当时行政在锦县右卫区，后来称石山畜牧农场、石山种畜场，1971年划归盘锦地区、盘山区），此后划归盘锦地区、营口市、辽宁省、盘锦

1956年，盘锦国营农场委员会全体委员合影

市管理。

1957年，以盘山县田家区部分农业社成立新兴农场，以盘山县白家乡曹蔡、药王、碾房3个村组建田庄台蔬菜农场，将1956年并入荣兴农场的营口苇田分场改为辽滨苇场。同年4月，将盘山县西安区的白家、高家、新屯、叶家和田家区的小洼、大岗子、躺岗子7个乡划入附近农场。至此，盘锦农、苇场共有清水、大洼、荣兴、榆树、坝墙子、平安、唐家、新开、新立、新建、新兴、田庄台12个农场和欢喜岭、东郭、辽滨3个国营苇场。

1958年至1959年，新兴、清水合并为清水农场。从荣兴农场分设成立国营二界沟渔业。成立盘山县红旗农场和大荒种马场。红旗农场后来划归锦州市青堆子畜牧农场、盘山县胡家公社。其间，盘锦农垦局一度被下放到盘山县，改为盘山县红旗人民公社，农场改为作业区。1959年，农垦局恢复，辽阳专区撤销后改由营口市领导。

1959年6月，欢喜岭苇场撤销，苇田划入东郭苇场，农田划入锦县。10月，荣兴（含榆树）与田庄台两场合并为田庄台农场。在大洼三家子成立畜牧示范场。

20世纪60年代后增加的国营农场

1961年，撤销田庄台农场，恢复荣兴、榆树两场，成立高家园林场，部分区域划入西安农场。清水农场分为清水、新兴两场。大洼农场分为大洼、唐家、新建三农场。新开农场分为新开、新立、坝墙子三农场。

1962年，西安农场分为西安、平安、东风三农场。东郭苇场划归锦县。锦县将东郭苇场分设东郭、欢喜岭、羊圈子三苇场。盘锦农垦局设立赵圈河苇场。盘山县设立盘山苇场。以后，欢喜岭并入东郭苇场。

1963年春，又将田庄台镇的马莲、碾房、自家、西庄、一面街，榆树农场的高家、吉家、张家、李杨，大洼农场的中央堡、庞家店，

20世纪50年代，盘锦农垦局前身（辽西省第一稻田农场）旧址

唐家农场的北窑、小房划出，组成高家农场。同时将高家园林场并入高家农场。

1965年，盘山苇场并入羊圈子苇场。后来，东郭、羊圈子苇场由轻工业部划归辽宁省管理。1968年，划归盘锦垦区管辖。

在"文革"期间，又新建一些农场，这些农场都是人民公社"过渡"而变。其中有盘锦垦区的4个农场和台安县（时属盘锦地区）的新华农场，是因在辽河（双台子河）新建一座排灌闸统一规划的需要而改建为国营农场的。

1970年，将甜水、胡家两公社合并成立五七农场，1971年分设甜水、胡家两农场。1970年，大荒种马场与大荒公社合并为向阳农场，后更名为大荒农场。田家公社改制为前进农场。后来，大洼农场更名为王家农场，大洼良种场更名为城郊农场。

1971年，成立盘山县渔场。1985年，分前进、新立两场，部分分场组建兴隆台区机关农场，后更名为兴隆台区兴隆农场。1990年，围垦滩涂开发小三角洲，成立大洼三角洲开发区（级别为副县级）。另外，盘山县还设有林场、良种场、渔场（建市后上收，改成公园）。

辽宁最大连片的国有农（牧、苇、林）场群

如今盘锦市，只有兴隆台区兴海、新工两街道（原属于盘山县渤海公社和盘山镇），双台子区（原盘山镇、盘山县的城郊乡、渤海乡和陆家乡），盘山县高升、陈家、吴家、沙岭、古城子不是原盘锦国有农垦（农、苇、牧、林、渔）区域，原盘锦农垦区域和国有土地资源占全市土地面积的75%。

目前国有农（牧、苇、林）场群，指盘锦地区时的清水、王家、荣兴、榆树、平安、西安、东风、唐家、新开、新立、新建、新兴、高家、前进、三角洲、城郊、兴隆、甜水、胡家、大荒、坝墙子、新生（省司法系统）、盘山良种场等谷物农场和石山种畜场及东郭、羊圈子、赵圈河、辽滨等苇场及盘山县林场、良种场等，均分属各有关县区、经济区管辖或托管。这些农苇场区域中还包括解放军沈阳部队、海军、第二炮兵、原铁道兵和武警等军垦农场及辽河油田和东电等企业的副业农场。

"辽化"建厂往事

从筹建辽河化肥厂至今已经43年过去了。如今，作为中国兵器工业北方华锦化工集团的一部分，当年的辽河化肥厂，是20世纪70年代我国首批从国外引进的13套大化肥工厂之一，在盘锦地区的国民经济建设和发展中曾是重要的经济支柱，还是盘锦有史以来第一个由国家投资建设的大型现代化工厂。

下辽河发现石油　盘锦石化发展应运而生

早在1958—1963年，东北石油勘探局和国家地质部第一普勘大队做出下辽河坳陷含油评价。1965年辽一井完钻获得原油和天然气，肯定了盘锦是一个富含油气资源的盆地。1967年春，石油部从大庆调钻井、作业、安装及地质、物资供应共579人组建大庆673厂，奔赴盘锦进行石油资源勘探开发。1968年，打出黄一井。1969年3月，石油部组织641厂3000名职工来盘锦进行石油会战。1970年春，盘锦成立322油田。

1970年7月沟海单线铁路竣工。盘锦垦区成立油田筑路指挥部，修建了兴隆台至上房沟等油田专用道路，为油田开发打基础。

此外，20世纪六七十年代，10多万知青来到盘锦下乡。"辽宁农业打翻身仗"和盘锦垦区的开发更需要用化肥提高粮食产量。由于以上的时势需要、油地开发、能源供应、交通、干部工人组织配备等条件，盘锦已具备了建设更大（时盘锦化肥厂已筹建）石化工厂的可能。

从一定意义上说，辽河油田的发现和开发，才有建设辽河化肥厂的基础。

项目落地盘锦　筹建具体事项明确分工

1972年底，辽宁省革委会通知盘锦地区革委会立即派人到省参加重要会议，盘锦地区派地区革委会副主任兼工交组副组长陶炎连夜去沈接受任务。次日早，辽宁省石化局局长孙宏志在辽宁大厦接见陶炎、张润和，传达省里决定：国家和省在盘锦利用天然气建设大化肥厂，要求立即组建筹备处，并派人去北京参加燃料化学工业部召开的引进装备的建设会议。

盘锦地区革委会接到决定后，当即组成筹备处。将盘锦地区革委会招待所（盘锦地区撤销时划拨给辽河化肥厂成立招待所，现址为辽河商业城区域）拨一栋小楼和三处平房的一个院子做筹备处办公地，拨给吉普车一辆，指定陶炎为筹备处负责人。抽调地区革委会财贸组副组长梁鸿润（离休前为盘锦市供销社经理）任办公室主任。由此，陆续抽调的工作人员开始工作。

1973年初，陶炎会同省石化局孙宏志及省计委李平去化工部参加研究大化肥建设问题的会议。副部长徐今强做引进大化肥生产设备的报告。会议决定：七套化肥厂所需全部资金和三大材、国拨物资由化工部直供企业。生产准备、行政工作由地方负责。盘锦大化肥厂项目总图和土建工程设计任务由化工部第一设计院承担，土建工程施工任务由国家建委二局一〇三工程公司承担，设备安装任务由化工部第九化学工业建设公司承担。家属宿舍及附属工程，其设计和施工由地方安排解决，生产准备中的技术骨干力量，责成省石化局和大连化学工业公司协商给其全套支援。

确定厂址厂名

厂址选择条件是：距离天然气供气要近，供水水源、铁路线要近，土壤承载力要高。此外，大型设备中有重达240吨的单机设备，国内尚无运输能力，考虑辽河水运。

筹备处组织省内专家、技术人员，经多次考察选址三处：盘山镇西北郊的陆家公社魏家、宋家、谷家大队和大洼田庄台镇郊西南侧及盘山区曙光农场友谊火车站附近。1973年夏，化工部副部长杨叶澎带设计院专业人员来盘锦考察，权衡预选厂址利弊，与省、地区取得一致意见，确定为谷家厂址（上稍子）。

关于厂名，陶炎代表筹备处提出：厂址处于辽河之滨，又由辽河油田供应原材料，为避免与盘锦化肥厂重名，应名辽河化肥厂。建议获得部、省、地区领导一致赞同，即以"辽河化肥厂"编写设计任务书，上报国家计委和燃化部。

指挥机构设置严谨　主要领导精挑细选

1973年，盘锦地区革命委员会决定成立建厂指挥部，由建设、设计、施工单位领导干部组成，负责整个建厂工作。

经过精挑细选，中共盘锦地委、盘锦地区革委会任命曹原为总指挥、党组书记，陶炎、张鸿树为副总指挥、副书记。不久，改陶炎为总指挥、党组副书记，曹原为党组书记、副总指挥，张鸿树、赵云生为副总指挥、党组成员。

1974年，为加强管理力量，任命地区革委会副主任、军代表王书林为指挥部党委书记、总指挥，陶炎、曹原为副书记、副总指挥。

陶炎分管设计和施工。

曹原分管政工、干部和生产准备。

张鸿树分管土建施工和大件运输。

赵云生分管后勤生活。

之后，省石油化工局又调当时在乡插队的大连化工厂原总工程师张步岩任总工程师。张步岩驻京参加引进设备的技术谈判，随后去荷兰验收设备，直到工厂设备安装基本完成才回国。

后来，由盘锦地委常委、地区革命委员会副主任刘振宦任总指挥兼党委书记，至设备安装、开车。

八方支援建"辽化" 攻克难关保工期

"辽化"建厂是盘锦地区最大的工程。参加土建和专业设计的国内施工队伍有20多个，高峰期施工人数8000人，辽宁省还组织69个单位2500人进行生产、技术、管理资料翻译的大会战。

1973年一季度到1974年5月是施工准备阶段。1974年5月到1976年4月是施工阶段，1975年4月到1976年10月是试车和技术考核阶段。其中建设阶段分五大战役，包括打桩、地下管道施工、基础建设、设备安装、工业管道的施工。盘锦地区还持续组织全地区机关干部、企业事业单位职工到"辽化"参加建设劳动。

装置中有9个外国制造的大型设备，美国凯洛格公司运输经理认为中方没有特种车辆运输，要求委托他们用360万美元请日商将150个压力高压容器9大块设备切割成108块，到现场再对接。如按此方法需要一年。大连港到盘山镇350公里，公路、桥梁载荷标准低，辽河口至盘山镇的河道在老虎头处水深只有一米，按原计划也不行，只有用铁路是唯一途径。

"辽化"指挥部在沈阳铁路局、哈尔滨铁路局、大连港务局、哈尔滨机车车辆厂、铁道部工厂局、石化部、国家经委、哈尔滨锅炉厂、石化进出口公司、交通部、齐齐哈尔机车车辆厂、齐齐哈尔重型机械厂、大连内燃机车研究所的大力帮助下，用了460万元制造了400吨大型拖车，改造了部分铁路弯道、道岔，终于在合成塔进大连港前一周，解决了超限大设备运输问题。

设备到达现场，在吊装250吨尿素合成塔时，荷兰总代表认为我方无法完成吊装就位。我施工人员在没有百吨大型起重设备情况下，用土办法卷扬机加小抱杆，实现了目标一次成功就位。当晚，荷兰总代表以每人25元的高标准宴请40多位吊装工人会餐（当时工人月工资

36~42元，宴请外宾标准为7元/人）。

"辽化"建成投产　带动盘锦城市化进程

1976年9月30日，辽河化肥厂产出合格尿素产品。设计能力48万吨尿素、30万吨合成氨、3200吨催化剂的辽河化肥厂分109个单项工程。全厂总占地104.8公顷，其中厂区53.6公顷，生活区和水源地51.2公顷。安装设备2100台，安装地下地上管道110749米，动用土石方工程35万立方米，建设总投资3.5635亿元。1977年至1978年实现利润7784万元，到1981年8月收回全部建设投资。

在盘锦，人们把北方华锦化工集团习惯称呼为"辽化"。作为城市的要素，"辽化"成为盘锦市区的重要组成部分。

1971年后，随着"辽化"建厂，驻贵阳的化工部第九化建公司、驻四川德阳的国家建委103工程指挥部因承建"辽化"，成建制整体搬迁到盘锦，建起了机关办公楼、子弟学校、俱乐部、生活区。还有"辽化"的外宾招待所、生活区、医院及中央、省的农资化肥办事处。

1976年国庆节，辽化投产报捷

1976年，初具规模的化肥厂

这些建筑使红旗大街向西延伸，城区向西和北扩展。

"辽化"的建设发展拉动了盘山镇的城市化进程。"辽化"在六里河畔建两个平房生活区及老六栋、老十栋楼房，使盘山主城区与辽化连接在一起，镇建成区规模扩大了一倍。"辽化"为盘山的发展发挥了无以替代的重要作用。

辽河化肥厂在不断壮大着。1986年，依托辽河化肥厂建立盘锦天然气化工厂。1987年，成立盘锦化学工业公司。1991年，成立辽河化工总厂。1993年，成立盘锦辽河化工集团。1998年，成立辽宁华锦化工集团。2010年，成立中国兵器北方华锦化工集团。

与盘锦建市并行的盘锦乙烯工程

在盘锦市中心城区的西北角，有一座规模庞大的石化城——中国兵器北方华锦化工集团厂区，占地近500公顷。在厂区西南部有一个大院，这里的装置区就是当年与盘锦建市并行建设的盘锦乙烯项目。

省委、省政府与石油部决策建设盘锦乙烯工程

1984年，经过国务院批准，辽宁省设立了地级盘锦市。同年，辽河油田上马烃处理装置，每年可为生产乙烯产品提供20余万吨轻烃原料。为了这座新型石化城市的腾飞，经时任辽宁省人民政府省长全树仁同国务委员康世恩、石油工业部部长唐克商定，石油工业部和辽宁省决定在盘锦共同建设盘锦乙烯工程。该项目紧靠辽河化肥厂，项目的最初设想是辽河化肥厂的二期工程，以此进行可行性研究及确立项目。盘锦乙烯工程对盘锦经济建设、对辽宁及全国塑制品原料短缺问题的解决意义重大。时任中共辽宁省委常委李贵鲜来盘锦调研指导工作时宣布：省里决定由盘锦市人大常委会主任刘振宦担任盘天化工程总指挥。

1986年，盘锦天然气化工厂建设指挥部和党委成立。指挥部成员来自盘锦市、辽河油田、辽河化肥厂、辽宁省石化局等单位。在中共盘锦市委、盘锦市人民政府、辽河石油勘探局、盘锦天然气化工厂建设指挥部有关领导共同努力下，国家有关部委正式履行审批程序。1986年年底，国务院领导圈阅同意批准该项目建设。此项工程同时列

入国家"七五"重点工程。

项目资金、技术、设备问题落实

1987年2月21日和2月23日，盘锦市人大常委会主任、工程总指挥刘振宦在北京人民大会堂代表盘天化同日本和意大利厂商分别签订了贷款1.7亿美元，购置乙烯、聚乙烯、聚丙烯装置合同。这意味着项目建成后，年产乙烯13万吨、聚乙烯12.5万吨、聚丙烯4万吨，总产值8亿元，利税数亿元。盘锦乙烯工程三套主要装置均是从日本、意大利引进，水、电、气等辅助性装置和设备是国内自行设计和制造的。原料由辽河油田每年提供22万~26万吨轻烃，水由辽河化肥厂自备第二水源供给，电力由辽宁省能源开发公司提供，从曙光采油区一次变压与辽河化肥厂、盘山县并网。

工程建设（一期工程）总投资14.11亿元人民币。外汇部分使用国外贷款1.7亿美元，国内配套人民币投资采取集资入股和经济协作（补偿贸易）的办法，由省政府重点工程办公室、辽河石油勘探局、辽河化肥厂三家股东，按5：4：1比例，集资4.08亿元，与北京、广东、安徽及省内有关单位签订了补偿贸易协议，解决了3.5亿元所需资金。三套主体装置的设备和技术全部从国外引进。乙烯装置从日本TEC公司引进，采用美国鲁姆斯公司专利技术；聚乙烯和聚丙烯装置从意大利TPL公司引进，聚乙烯采用英国石油化学公司专利技术，聚丙烯采用日本三井油化公司专利技术。在当时，采取的引进技术经济指标和主体设备都是先进的。

盘锦天然气化工厂与辽河化肥厂相毗邻。当时占地面积57.7公顷，总建筑面积19.76万平方米。该厂建有铁路专用线，公路交通靠近305国道，营盘、大盘、沈盘、盘石公路，物流极为方便。盘锦天然气化工厂厂区土地当时权属为盘山县陆家乡东洼村和盘山区城郊乡谷家村，生活区土地权属为盘山区城郊乡魏家村（今双台子区辽河街道天河社区）。

盘锦效率由盘锦乙烯工程建设而产生

盘锦乙烯工程从1984年开始筹建以来，经过万余名建设人员的团结奋战，以最快的速度、最好的质量、最省的投资，于1990年7月31日按合同规定提前5个月建成投产。此项工程由中国化学工程总公司所属中国化学工程第三和第九建设公司等企业承担土建工程和设备安装。主要设备乙烯装置从日本东洋工程公司TEC分十批引进。聚乙烯和聚丙烯装置从意大利石油技术公司TPL分八批引进，共1345台（套）。国内配套设备，空分从开封设备厂订货，空压从沈阳气体压缩机厂订货。在两年多的时间里，建设指挥部带领全体参建职工，克服了工期紧、到货晚等道道难关，圆满地完成了土建工程、设备安装和试、开车等任务，终于以最快的速度于1990年7月底提前5个月建成，

1989年5月4日，盘锦乙烯精馏塔重150吨，高65米完成吊装

创造了国际化工建设史上的先进水平。全面地实现了省委、省政府要求37个月建成盘天化的奋斗目标，被誉为"盘锦效率"。

建设期间，工程指挥部从省内外和盘锦市相关单位抽调人员进行生产准备，接收部分辽河油田职工子女成为生产人员。人民解放军有关部队派员参加了工程建设和现场保卫工作。盘锦市、盘山县（后为盘山区）在地方行政等事务上给予了大力支持。辽河化肥厂从大局出发，遵照"依托老厂建新

厂"的原则，从工程筹备、建设到投产，在基础设施、人力、物力、财力等各方面尽一切可能予以无私的援助，仅调去的厂领导、中层干部、工程技术人员和工人就达486人（投产前），均是化肥厂的骨干，成为盘锦天然气化工厂生产和经营管理的中坚力量。由于组织严谨，措施得力，参建人员干劲高涨，比与盘锦乙烯工程同规模、同时获得批复的抚顺乙烯项目早一年建成投产。

盘锦乙烯产品和发展

盘锦天然气化工厂年产乙烯13万吨、聚乙烯12.5万吨、聚丙烯4万吨、苯乙烯6万吨、聚苯乙烯3万吨、加氢汽油8万吨。主要产品有低压全密度聚乙烯，均聚、共聚聚丙烯，高抗冲级聚苯乙烯和通用级聚苯乙烯共50余种牌号。主要产品牌号有HD5070EA、HD5010EA，线性低密度聚乙烯LL0209AA，聚丙烯F401、P340等，高抗冲级聚苯乙烯825E、825TV，通用级聚苯乙烯525、535及苯乙烯单体等。产品销售国内23个省、市、自治区，并出口到越南、日本、朝鲜、韩国等国家。

该厂拥有种类专业技术人员1600多人。具有先进的塑料产品的形容和工发能力，可根据市场和用户的需求组织生产，开发新产品，同时开展了多种形式的售后服务项目。

盘锦天然气化工厂自1990年7月建成始，投产后连续五年进入中国500家最大工业企业和中国化工百强企业行列，两次荣获辽宁省先进单位荣誉称号，是辽宁省信誉特优（AAA）企业，是全国18家化工基地之一。盘锦天然气化工厂1993年1月更名为盘锦乙烯工业公司，1997年12月成为辽宁华锦集团公司全资子公司。2000年12月28日，实现了债转股并由辽河化工集团有限责任公司与东方资产管理公司以债转股形式发起成立了盘锦乙烯有限责任公司。现在，经过发展，重组改制成隶属于中国兵器工业集团北方华锦化工集团的北方华锦化工股份有限公司乙烯一分公司，规模达到18万吨/年。依托老乙烯改扩

北方华锦化工集团盘锦厂区全貌

建的45万吨/年乙烯项目已经于2010年建成，华锦乙烯规模现在近70万吨水平。盘锦乙烯为盘锦市和华锦集团发展做出了不可磨灭的贡献。

　　2010年7月，根据兵器集团的部署，以做强做大兵器军民融合石化产业基地、打造千亿级兵器石油化工产业为目标，在辽宁华锦集团和北沥公司的基础上，组建新的北方华锦化工集团，实现了兵器工业石化产业的优化整合。2016年前三个季度，华锦集团累计实现利润已经超过12亿元。

盘锦铁路交通的变迁

　　铁路是供火车等交通工具行驶的轨道。铁路运输作为陆上运输的一种方式，以机车牵引列车在两条平行的铁轨上行走，比汽车、轮船运输方便快捷。自1900年关外铁路通到盘锦地区以来，到现在120多年间，盘锦已经成为辽宁铁路交通发达的地区和重要的交通枢纽。

一、沟营铁路

　　修筑沟营铁路，是因中日甲午战争结束以后，1898年，清政府与英商汇丰银行签订了《营榆铁路借款合同》后开始的。当铁路修至沟

20世纪初在沟营铁路上的火车

帮子时，清政府又决定关外铁路直通新民，然后再接奉天，把沟帮子至营口河北改为支线，故营榆铁路被称为沟营铁路。

沟营铁路到1900年4月接轨通车。铁路为单线，全长91公里，轨距1.43米，设沟帮子、胡家窝棚、双台子（盘山）、大洼、田庄台、营口（即"营口河北"）等车站。该线建有桥涵15座，其中双台子河铁路桥长163米，为该线最长的桥梁。

1943年8月15日，日寇在太平洋战争节节败退，营口港停止进出运输。为了军事防御上的安全，日军便将营口河北至大洼的铁轨和枕木全部拆走，补修沈安线和安东至釜山铁路。

1948年辽沈战役期间，为阻止国民党两个师的残部从盘山向营口溃逃，盘山县委和县大队将盘山双台子河铁路桥拦腰炸断。

1958年，盘山县人民政府将盘山至营口河北段，利用沟营铁路路基上的碎石铺筑了宽5.5米、厚15～24厘米的泥结碎石路面，成为境内第一条有硬质路面的公路。至此，沟营铁路不复存在。

二、沟海铁路

1967年春，石油工业部从大庆油田抽调人员组成代号673厂来盘锦勘探石油。随着黄金带、兴隆台等油气田被发现、开发，辽宁省决定大规模发展盘锦石油化工工业。当时，盘锦的转运站设立在沟帮子站，人员物资运转已经不能满足盘锦发展需要。故此，沈阳军区主持有关单位勘探设计，将原设计大虎山至辽阳线方案确定为西起沈山干线沟帮子站东至长大干线唐王山站（海城站南一站），长101.7公里为单线战备铁路，命名为沟海铁路。

沟海铁路第一期工程是修通沟海铁路，第二期工程是对第一期工程的沟盘区间线路进行改造大修。工程于1968年12月7日动工，线路自沟帮子站向东引出，到1969年1月23日竣工通车，全长31.7公里的铁道线路和绕阳河特大桥梁等工程仅用45天就完成了。

1970年3月1日，沟海铁路第二部分盘锦站至海城县唐王山站间的盘海铁路开工。全长102.5公里的铁路，包括辽河、三岔河两座特大桥梁建设仅用120天就全线贯通，在唐王山站与长大干线接轨。

2003年至2004年，经国家发展和改革委员会批准，沈阳铁路局对辽宁省中南部地区的沟（帮子）海（城）铁路实施电气化改造。电气化改造总投资9.5亿元，改造后客车速度达每小时160公里。这样，与京秦沈铁路客运通道衔接，构成了山海关内与大连地区的客运快速通道。

沟海铁路是沈山、哈大及京秦沈客运通道三大铁路干线的联络线，也是辽宁南部地区与山海关内客货交流的捷径，缩短大连、鞍山地区进出关运距100～200公里。

三、秦沈客运专线和盘锦北站

秦沈客运专线铁路西起河北省秦皇岛市秦皇岛站，东到辽宁省沈阳市沈阳北站，全长405公里，为国家一级双线客运专用铁路。2001年10月开工修建，2003年年末建成。线路自京哈线上秦皇岛站起，过山海关站后向东北方向引出，沿京哈线北侧前行，经过锦州南站后，沿京哈线南侧东行，过凌海、盘山、台安、辽中县境后，经皇姑屯站抵达沈阳北站。秦沈客运专用铁路设计时速为180公里，属准高速铁路。秦沈铁路作为客运专线铁路，在我国铁路史上亦是第一次，是新

盘锦北站 盘锦疏港铁路

时期我国铁路建设及经营的一种新尝试。

秦沈客运专线是我国自行设计建造的第一条开通时速160公里以上的双线电气化铁路，是当时我国新建铁路中设计和运营速度最高的铁路。2002年12月31日18时交付运营。实际建设工期为3年又138天。

秦沈客运专线在盘锦境内经过高升、大荒、胡家、甜水、羊圈子五镇，预留高升站，设置有盘锦北站。盘锦北站隶属沈阳铁路局管辖，设计为四等站，办理客运营业。车站距盘锦市区31公里，距京沈高速公路盘锦北站25公里，距305国道1.8公里。

四、地方铁路——盘锦疏港铁路

建设盘锦疏港铁路是为保证盘锦市全面转型，向海发展战略顺利实施，实现盘锦沿海与腹地良性互动。这是全省第一条合资铁路，它结束了盘锦没有地方铁路的历史。

盘锦疏港铁路于2009年10月30日开工建设，2012年5月8日全线开通。

该铁路由沟（帮子）海（城）线渤海站海城端引出，上跨沟海线及盘营客运专线，向南经兴隆台区、大洼区到辽东湾新区港前站。线路全长48.39公里，占地3432亩，全线动用土石方415万方，桥涵101座，大中桥34座，桥涵总计14.7公里。为国家一级电气化铁路，设计年运输能力2000万吨。共设渤海、小胡、大洼、田庄台、金帛湾5座车站，其中渤海为接轨站，大洼为中间站，金帛湾为港前站，小胡、田庄台为预留站。

盘锦疏港铁路投资20亿元，由沈阳铁路局、盘锦建设投资有限责任公司、营口港务集团控股的盘锦港建设有限公司按45%、35%、20%的比例出资。中铁十一局集团负责施工建设。

盘锦疏港铁路是盘锦沿海与腹地连接的重要纽带，不仅可为盘锦港出海的货物提供强大的货物仓储功能，还可将沈阳经济圈，内蒙古及黑龙江、吉林的货物经济、便捷地运达盘锦港，打通了东北和蒙东地区的出海通道，使盘锦成为东北和蒙东地区最近、最便捷的出海口。

五、盘营高铁

盘营高铁（客运专线）是中国"八纵八横"客运专线网络中京哈客运专线的组成部分之一。工程总投资127.86亿元，由铁道部和盘锦市、锦州市、鞍山市政府共同建设，由中国中铁九局等单位具体负责施工建设。

盘营高铁又名盘营客运专线，于2009年5月31日开工建设，2013年9月12日正式通车运行。线路正线全长89.314公里，是辽南铁路高速客运网的重要组成部分，西起盘锦北站，终至哈大高速铁路下夹河线路所和海城西站。线路预留与京沈铁路客运专线连接线路，设立盘锦北、盘锦两个车站和赵荒地、中小、下夹河三个线路所。与哈大、秦沈两条客专相连。全线设正线特大、大中桥梁共11座729680双延米，各类涵洞30座，桥梁长度占正线线路长度的81.6%。

该客专通车后，从大连、营口东到北京不用再在沈阳中转，节省大约一个半小时时间。

盘营客运专线是经铁道部和省政府共同批准建设的国家重点工程。盘锦境内61.63公里，占总里程的69%。

六、在建沈盘铁路

沈盘铁路（火渤区间）正在建设，由沈西工业走廊火石岗端引出，至盘锦渤海站，线路全长108.5公里，在盘锦境内约27公里。火石岗至渤海铁路工程是我省的重点工程，为国家二级电气化铁路。该铁路主要为货运，兼顾客运，为国铁项目，由交通运输部、辽宁省合作建设，交通运输部负责工程建设。在盘锦境内设有陈家、渤海两个车站。

火石岗至渤海铁路工程是沈阳西站至盘锦港铁路（简称沈盘铁路）的一部分。沈盘铁路起点为沈阳西站，终点为盘锦港，穿越沈阳、鞍山、盘锦三个市，全长206公里，其中沈阳西站至火石岗50公里已修建完成，火石岗至渤海108公里正在建设，渤海至金帛湾铁路（盘锦疏港铁路）已经通车。

另外，拟建的铁路还有大盘铁路（大虎山—沈盘铁路高升附近）。

风华时代

下辽河举人李龙石二三事

李龙石（1841—1907），盘山县古城子乡青莲泡村（原名绕沟）人。原名澍龄，字雨农，后改名如耆，字龙石，号东白、西青居士等。幼年从学于沙岭的王钦天（清拔贡），后到海城父亲的塾馆攻读。1859年，考中秀才，"名已达于庠序"。1862年，考中举人，"名又达于礼部"。此后多次进京会试，均因不善攀缘而落第。

李龙石画像

1879年冬，在怀德、昌图看到百姓被官衙用苛捐斗税敲诈勒索，十分愤怒，便以"秽声噪沸，有玷官箴""斗捐猪税，办差肥己"等情，状告昌图知府和怀德知府。以"诬陷朝政"为由被捕，1882年发配萧关（今宁夏境内）。行至山海关附近在差官的帮助下逃出，隐匿于北京好友徐少云家。

漂泊北京期间，因替五府六部撰写公祭左宗棠挽联，才华为人所赞。

1886年返回故里。盖五间屋舍取名"养园"，设馆教书三年。

1888年，辽河发大水。曾为开浚减河、办地方团练代写过呈文和公告，并为其奔走呼号。

1907年初冬，病逝于八角台。

1930年，其学生于在藻收集、整理李龙石的遗著，于1931年出版

《李龙集》，传于后世。

对联挽联双出彩　才华展露北京城

1884年，李龙石在京城漂泊期间，经好友户部员外郎徐少云介绍，在比部官员李穆门家当塾师。

这年，京城尚王爷为祖母立节烈牌，慈禧太后特意送了副"节烈冰霜"的横联。尚王爷欲在横联两侧加竖联，在府中征集多副都不满意。尚王爷的祖母是孀妇，没等圆房未婚夫就夭折。此后，祖母抱养尚王爷的父亲为过继儿子，抚养成人。李龙石在茶馆听人议论此事，便以王爷家情拟了竖联，"竹未出土先有节，梅开雪里不知春"，落款"潘氏小民"差人送尚府。尚王爷展开竖联，细细品味，不禁叫绝。此联不仅把祖母的身世巧喻其中，对仗工整，又有高度赞美之意，其构思堪称一绝。府中文人们看后也连声称妙。尚王爷差人速请写联之人，李龙石受到尚王爷接见和当面夸奖。

1885年7月，军机大臣左宗棠病逝。清政府各个部门都为其写挽联。在农部任职的陈次亮是李龙石同窗好友，说吏部有人请他为吏部代写一挽联，怕写不好，恳请李龙石帮忙。李龙石提笔写下"才如贾谊而术不束，智如子房而学则过，合邓禹杖策，李靖知兵，共成一手，功在天下，泽在群生，叹间气独钟，中外咸钦文潞国。直若汲黯而去其戆，威若汾阳而不为奢，迈新建奇勋，赞皇宏业，佐命三朝，前无古人，后无来者，感大星忽陨，军民同哭武乡侯"（摘自《李龙集》第一卷40页）。

此联一经挂出，朝野一片愕然。各府、部要员纷纷来找陈次亮索写挽联。治丧期间，李龙石共为五府六部十三科道代写挽联11副，内容不同，文风一统。从此，李龙石名声在朝野乃至京城传扬。

这一年秋季，慈禧五十大寿大赦天下。大赦之列的李龙石，苦闷生活终于得以释怀。

辅助刘春烺上书朝廷　疏浚碱河为民造福

李龙石与刘春烺相识是在1875年前后。那时候李龙石是举人身份,才华已现,他写的游记散文《香山记》和大量诗歌,在辽海地区享有盛名。台安县秀才刘春烺早就向往与之结识。盛京(今沈阳)辽右四文人韩小窗、尚雅贞、荣文达和春树斋聚于盛京鼓楼"邸文裕",开设"会文山房",创办"会文堂诗社"以诗会友。李龙石和刘春烺在此相识,因台安与青莲泡一河之隔,两人一见如故,言投情笃,便以老乡相称。李龙石比刘春烺长七岁,刘春烺便称李龙石为兄长。刘春烺在"会文堂诗社"创作了不少优秀诗歌,深得李龙石赞赏。李龙石那时创作了《忆真妃》《麋氏托孤》等唱段。从此,刘李两家如亲戚一样来往。

1880年李龙石为民请命,得罪了知府,被枉加罪名,押在盛京城郊监狱。刘春烺四处奔走,为李龙石鸣不平。他联合举人李如柏等31位名人、官绅,上书奉天督军(《为请矜恤举人李澍龄禀》载于海城和台安县志)。但因"私通反叛"之嫌,呈文被朝廷军督部驳回。

李龙石漂泊京师时,刘春烺考中举人。刘春烺找到李龙石避难之所,送去银两。

李龙石赦免后回到家乡,刘春烺又送银子、粮食,资助李龙石办"养园"学馆。

1887年秋季,李如柏、刘春烺应李龙石之邀相聚青莲泡,刘春烺的长子刘继全与父同来。李如柏看到刘继全和李龙石的四女儿两个年轻人很般配,便从中做媒,李龙石和刘春烺也觉得合适,便定下亲事。第二年春天,刘李成为亲家。

这年夏天,双台子连降暴雨,辽河决堤,青莲泡村也被淹。为避水患,李龙石举家投奔刘春烺。

疏浚辽河是在1896年。那时辽河上游水道较宽,当流至三岔河时,又与浑河相交于此。三岔河河道很窄,汛期上游的水走不开,致使水位不断上升，两岸河堤被洪水冲毁，给两岸民众造成深重灾难。刘春烺根据当地的地理特点，了解水患的原因所在，便产生了在辽河上游挖一条疏通洪水河道的想法。刘春烺有举人身份，曾任盛京萃升院主讲。他同情百姓疾苦，在当地说话办事有力度，深得拥戴。他把想法向李龙石提出，李龙石认为此事可行。因为辽河上游的水分流到双台子河后，双台子河离海近，洪水可直接入海，减轻下游的压力。若不遇特大洪水，也可保河堤安全。于是，两人共同起草了《为治辽河水害倡议》呈报政府，得到盛京将军嘉奖。由此，政府拨款，碱河疏通，使辽河大堤安全程度大大提升，为两岸百姓带来了长远的福祉。

李龙石虽然已经过世100多年了，但他的名字、他的文采和逸事仍为人们津津乐道。市委、市政府为打造李龙石这一盘锦地域文化品牌做了大量挖掘整理工作，修建龙石影视城，重修李龙石纪念馆，筹拍反映李龙石生平的电视剧，举办宣传李龙石的各种展览，出版有关李龙石的各种读物。已出版介绍李龙石及其作品的著作和文章有：赵立山编著《李龙石诗详注》，刘民著《煮鹤记》（小说），贾洪昌主编《盘锦文史资料·李龙石专辑》，王忠祥著《故园拾英》，李德锦编辑《李龙石诗选》和李德来的纪实文学《走近李龙石》，郭兴文词《调寄临江仙》等。龙石影视城的李龙石诗墙，镂刻着由我市20多位风格各异的书法家书写的李龙石的23首诗词。

盘锦籍修纂地方志第一人李蓉镜

李蓉镜（1868—1946），字虚堂，大洼区田家镇大堡子村人。毕业于奉天法政专门学校法律专科，曾任奉天警道总务科、民政司民治科科员，盘山厅劝学员长，辽阳地方检察厅检察官，高等检察厅书记官，广宁县知事，伪盘山县治安执行委员会委员长等职。1946年夏，病故于盘山县城，享年78岁。

李蓉镜学识渊博，是当时"辽右三文人"之一，也是盘锦本土人士修纂地方史志的第一人。他为人耿直，为官清廉，民间俗称其为李三老爷，留下了被家乡人们记忆和称道的事迹。

盘山县县志馆馆长李蓉镜

一、修纂家乡志书　为盘锦留下重要史料

盘山自清光绪三十二年（1906）建厅以后，柴璞于1907年主修了《盘山厅志》（仅有抄本）。该书设历史、政绩、兵事、耆旧、人类、户口、氏族、宗教、实业、地理、山、水、道路、物产、商务共15个类别，万余字。据后修《盘山县志略》序中所述，《盘山厅志》为"急就之篇，其间多未完备"。

民国四年（1915），由盘山县知事马俊显任监修官，前县议事会议长孙名耀任编辑，编修了《盘山县志略》。该志书依照《盛京通志》之

《盘山县志》《盘山县志略》《盘山厅志》复印本

例，设建置、官制、风俗、胜迹、政绩、人物、宗教、疆域、气候九略，立田赋收入、货币岁出岁入、行政长官、司法警察、教育公所、盐场渔户、居留交通、商埠货物、统捐税务、村屯户口等22表。较之《盘山厅志》则系统而全面，全书约4万字。

1934年，李蓉镜被任命为盘山县县志馆馆长，组织编纂《盘山县志》。他亲自参与编辑，与梁畅园、刘壁庭等人，历时半年时间，共同完成了《盘山县志》的编纂工作。该志书采用条目体例，内设地理、人文、物产、艺文等6个门类，42个分目，共30万字。查《盘山县志》序言所述："盘邑地处海滨，设治较晚。远无文献足征，近乏风时可采，则斯志之简陋，固在所难免。……幸任是编辑者之李虚堂氏（李蓉镜）乃本县有识多才之士，因得其人始克完成。今得窥盘山县政之全豹者实赖李君之苦心孤诣，经半载努力之所致。此绩此功得与县志永垂不朽矣。"由此可见，李蓉镜在编纂《盘山县志》过程中，对历史认真负责的敬业精神和勤勉编修的工作态度，受到了县府的肯定。因李蓉镜对日伪统治不满，所编志书对日伪政权无溢美之词。

该书比之前的《盘山县志略》，内容更加全面、丰富，具有较高的史料价值。

二、撰写修政呈文　为国为民做了件大好事

1907年，李蓉镜顺从民意，撰写了《盘山全境绅民以康家段设治不便请移置双台子呈文》（康家段，即今盘山县胡家镇红旗村一带，俗称"六十四方"，是马厂域内被开垦的荒地，面积15.36平方公里），该呈文被奉天省政府采纳，将盘山厅的治所由原定的康家段改为双台子。

东三省总督徐世昌、奉天巡抚唐绍仪批准的关于盘山厅治所设置由康家段移至双台子镇的批文

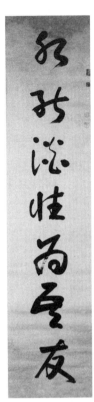

李蓉镜墨迹

这份呈文中，李蓉镜分四个方面重点陈述了行政机构所在地，应该是对百姓教化的最好地方，一定要四面边境的距离均等，商人平民举首可望、抬眼可见的中心地点。康家段地处偏僻，空旷荒野，村落零星，水路、陆路不通，且地势低洼，十年九涝，填土五六尺抬高地基搞建设，如果依靠老百姓的财力，苦难不堪，如果动用国库的白银得不偿失。而双台子地处中心地带，地势较高，水路、公路、铁路交通便利，商业贸易兴旺，人口稠密集中，等等，在双台子设置治所比康家段条件优越，以免设在康家段日后颓废。

《盘山全境绅民以康家段设置不便请移置于双台子呈文》摘选：

> 为康家段不堪设治，恳请移置双台子，以免日后衰颓，而期将来振兴，恭抒管见，仰乞宪鉴事：
>
> 窃前军督部堂赵，奏准堪辟厂荒，设官分治，以康家段为治所，闻不日兴工，修理衙署。……不得不将地势不相宜者四条，为宪天缕晰陈之。查督帅酌放恭、宽、信、敏、惠

153

五段荒地，唯康家段适中，拟设运粮通判一缺，以资震慑。迨改设抚民通判，后由广拨七区，新拨四区，划割约百余里。东南一带，几增厂内五区三分之二。夫城署为首善之地，必四境适均，商民所得瞻仰。若在该处设治，不但偏在一隅，且恐顾此失彼，致生尾大不掉之虞。此远近不均，地势不相宜者一也。查康家段地方，向称洼下，十年九涝，盐碱不毛。……若在该处设治，必垫五六尺地基，方免水患。兴此浩大之工程，若资民力，拮据不堪；均用官款，糜费太巨。况商民修筑，力有未逮者乎！盘蛇驿既铸大错，康家段宜鉴前车。此洼下堪虞，地势不相宜者二也。查添官分治，以振兴商业为最先，尤必水旱通融，易期畅旺。若康家段向无村镇，并且水路陆路不通，每当春夏，雨水连绵，人马难行，转运不易。即有富商大贾，有意经营，万不至以有用之财，置诸狂野之地，此商业难以振兴，地势不相宜者三也。查康家段界隶厂荒，村落零星，易启盗贼窥伺。虽现在地皆开辟，伏莽稍清，然无内顾之忧，难免外来之患。况一经设治，则封狱禁徒，关系綦重；征收粮款，积聚尤多，一旦发生意外，不但进无可战，而且退无可守，此盗贼难防，地势不相宜者四也。不相宜者，计有此四端，而欲其振兴也难矣。于此而求一不劳而理之策，莫如移置双台子镇。一取其适中。查双镇东连沙岭，西接锦州，南襟大洼，北抚马厂，周围均约数十里。若移置该镇，居中权以控制四方，有高屋建瓴之势，无鞭长莫及之虞。以视康家段偏于西北，远近不均者异也。一取其高阜。查双台镇地方虽非肥美，而且地势甚高，永无水患。若移至该镇，就地即可修理。既无垫筑之劳，且免颓圮之患。以视康家段水患频仍，洼下堪虞者殊也。一取其兴商。查双台镇界居海口，航船云集，百货日臻。以贾易货贸可达山东、直隶各商埠。且有火车往来，转运称便。若移至该镇，实力整顿，不但可兴一厅商业，并可挽全省利权。以视康家段水陆不通，商业难以振兴者不同也。一取其防贼。查双镇三面临河，一面铁路，前虽盗起如毛，借此天然地利，且有带砺之雄。以视康家段进退无资，盗贼难防者有别也。两权相较，设治于康家段如彼，移至于双台子如此。……用敢献厥刍荛，仰祈采择！可否移至之处，出自逾格鸿裁。是以为不揣冒昧，联名禀恳台大人鉴核施行，须至禀者。

三、奉公履职19年　为家乡后人所敬慕

1910年，李蓉镜出任盘山厅劝学员长，后任辽阳地方检察厅检察官。1915年，考取第四届县知事试验乙等，先后任直隶（今河北省）山阳、任丘、正定、文安、南乐、安平、静海等县承审员（相当于今法院院长）、高等检察厅书记官，广宁县知事。1928年，任奉天禁烟善后局总务科科长。在辗转近20年的履职中，他不畏艰辛，刚正不阿，廉洁奉公，体现了挺起胸脯做人的品格。

1931年，日军占领沈阳后，他弃任回到家乡。1932年1月伪盘山县公署成立，李蓉镜被地方商绅推选为伪盘山县县长。名为主持维持地方秩序，实权却被日本人斋藤金治操纵。同年2月，对日本人统治深怀不满的李蓉镜，与伪盘山县公署总务科长崛泽（日本人）发生争议，被崛泽当场辱骂，李蓉镜愤怒之下，出手掌掴了崛泽一记耳光，随即辞去了仅仅就任33天的伪盘山县县长职务。

李蓉镜晚年闲居家中，仍不忘记造福乡里。他曾因辽河洪水灾害，带盘山县民众赴奉天省上书陈情，建议引辽河水入碱河，以减轻水患，他的建议被采纳后，亲自撰写捐资义告，发动民众募捐，保证了治水工程得以按期完工。

李蓉镜学识深厚，喜好诗文，善用典故。存世的诗作61首、散文4篇，多为抒情之作。

2006年6月，中国文联出版社出版的《盘锦文学遗产精编》一书，收录了李蓉镜的诗文。

确认抗日义勇军首领张海天照片的故事

在盘山县沙岭镇的抗日义勇军纪念馆内，陈列着一张盘山抗日义勇军首领的照片，照片中右侧的人物就是当年盘山抗日义勇军主要首领张海天。有关这张照片中张海天的确认，还有一段鲜为人知的故事。

偶然发现　引起重视

2008年前后，我市多年从事地方史研究的爱好者丁伟成，在查阅盘山抗日义勇军资料的时候，偶然看到了历史学家乌丙安教授主编的《窥伺中国——20世纪初日本间谍的镜头》一书，书中的抗日义勇军章节，有辽西义勇军驻地内容，其中有一张三人并列的义勇军首领照片，文中写道："当日本帝国主义把侵略的战火烧到我国东北的时候，不甘屈服的东北人民纷纷拿起武器组成一支支骁勇善战的抗日义勇军，和侵略者展开了艰苦卓绝的斗争。在如火如荼的抗日热潮中，东北抗日义勇军中涌现出许多具有传奇色彩的英雄将领。照片上的辽西义勇军将领，由于资料的缺乏，虽然还没有查到他们的真实姓名和身份，但是从他们那伟岸的风范、高瞻的眼光等方面来判断，他们绝不是无名之辈。"

丁伟成拍下这张照片后，凭着多年研究我市地方史料的经验，认为这是一张极有历史价值的照片，尤其在书中已经定位三人是辽西抗日义勇军首领。抗日时盘山义勇军的规模最大，人员最多，给日军打击最重，肯定会引起日军情报部门的注意。他凭直觉认为这张图片与盘山抗日义勇军有关，如能查清这三个人的真实身份，就是填补我市以及省的抗日战争史料的一个空白。于是，丁伟成找到时任市社会科学界联合会主席孙晓谦探讨如何查找认证。孙晓谦也认为，虽然不知道照片中人物身份，但他们一定是与盘山抗日义勇军有着某种历史联系。

2010年12月12日，在盘锦人民会堂内举办的"国歌《义勇军进行曲》与盘山义勇军研讨会"上，这张照片拿到会上进行展出。参加会议的权威专家认定盘锦市是抗日义勇军重要的发源地，这张照片极有可能是盘山抗日义勇军首领。那么照片中这三个人都是谁呢？实在无法考证确认。

寻找线索　辗转认证

2012年，盘锦市社会科学界联合会在指导、帮助盘山县沙岭镇党委、政府筹建抗日义勇军纪念馆时，孙晓谦与老家在沙岭镇九台子（盘山抗日义勇军司令部驻地）的陆魁举（退休军转干部，原市房产局党办主任）、张小伙等人探讨确认这张照片的路径。经分析先从张海天入手，首先想到张海天是九台子人，而且张海天的后人还健在。而后，他们根据张海天亲属和陆魁举亲属、朋友提供的线索，辗转鞍山海城找到张海天的女儿张秀英（当时年已八十有余）。当退休多年的张秀英老人突然看到这张照片时，询问是如何得到这张照片的，她难以掩饰内心的激动，当即指认：右边的这个人，就是她的父亲张海天。

当年的九台子现在分为三个屯：北九台子、西九台子、东九台子。三屯相互之间距离不过300米，西九台子与东九台子隔着外辽河，干枯的河道中无数小毛道把两岸村屯紧密连接起来，原来这三个九台子场归属于盘山县沙岭区管辖。1951年河东九台子划属台安县高力房区，所以，盘山、台安两县都说张海天是本县人，无论从历史还是从现实的角度，这两种说法都对。

由于历史等原因，张海天眷属、后代对自己的身世讳莫如深，从不外露。新中国成立前后，张海天的夫人、子女辗转返回家乡。张海天有两位夫人，第一位夫人生子张秉林，号称"小北风"，曾代行过张海天职务，后不知下落。第二位李夫人生有一对龙凤胎子女，儿子张秉华在抗美援朝战场上牺牲。女儿张秀英做过工人、幼儿园园长等，退休后定居在鞍山海城市城北。张秀英在接受采访后，于2013年因病离世。

这张照片共有三人，张海天确认了，另外两个人是谁？是盖中华和蔡宝山（与张平级）？还是与张上下级关系的大队长傅天龙和刘金彪（北霸天）？现在仍无法解开这个谜底，需要认真求证。但知晓历史的见证人年迈体弱，有的已离世而去，由此可见抢救历史资料的重要性。

打响东北民众武装抗日第一枪

张海天又名张贺年，1880年出生，盘山县沙岭镇九台子人，出身绿林，报号"老北风"。因为官吏们巧取豪夺，张海天投身绿林，走上劫富济贫的道路。他身材魁梧，彪悍勇猛，善于骑马，被众人推荐为"炮头"，成为绿林重要首领。

关于"老北风"这个字号，有着不同传说。有人说，张海天不仅有好枪法，还身怀神行绝技，能够蹲着跑路而迅疾如风，故名"老北风"。还有人说，打麻将坐"本庄"的最怕"北风"，日本关东军司令的名字叫本庄繁，张海天为表示与其是死对头，就取"老北风"的字号。这些说法未免传奇，但"老北风"的名头能够响彻辽西，还是因张海天用实际行动，谱写了抗敌斗争的英雄事迹。

1931年9月23日，张海天等统领400名抗日壮士，分别袭击了日军占领的田庄台发电所和立科水源地，这是九一八事变爆发后，日寇第一次遭受中国抗日群众的武装打击，这次袭击也是东北民众武装抗日的第一枪。

胆大心细　足智多谋

九一八事变后，日本关东军特派陆军大佐仓冈繁太郎等人到沈阳收买民族败类凌印青，令其收编上匪，"以华治华"。10月29日，伪东北民众自卫军司令凌印青派人招降张海天等人，若降即委任为旅长。11月2日，凌印青、仓冈繁太郎入驻盘山县三道沟。次日晨大雾弥漫。义勇军包围了三道沟。张海天等人冲入凌印青住处，将大汉奸凌印青生擒，将仓冈繁太郎等日寇抓获，其余日本鬼子——被围捕、击毙。随后，对为虎作伥、祸国殃民的凌印青等3名汉奸进行审讯后枪毙。

盘山人民抗日斗争取得第一次大胜利，沉重打击了日本侵略者，鼓舞了广大人民的抗日斗志，抗日队伍迅速扩大，由2000余人发展到5000余人。

制造英日矛盾　绑架英国人质

1931年11月间，张海天就任东北民众抗日义勇军第二路军司令。1932年，张海天被东北民众抗日救国会委任为辽南义勇军第三路军总指挥（司令）。1932年9月，为了解决经费和枪支弹药问题，同时也为了制造英日矛盾，张海天派人在营口绑架了两个英国人作为人质，要求对方以军火作为交换人质的条件。

英国政府声言：日满当局若不尽快交出人来，大英帝国即将向日满开战。当时日本政府不敢得罪英国，只好按照义勇军提出的条件赎回人质。

而张海天在这次事件中表现得不卑不亢，大义凛然。日伪当局曾三次派人与张海天进行谈判。张海天声色俱厉地说："不怕打，不怕剿，外边枪响，里边扯票，扯完再开战，胜败一概不顾。"说完便派人把三人送走。日本人不得不按照义勇军提的要求换回了人质。

这次的"人质"事件，不仅获得了大量的武器弹药，有力地支持了盘山人民的抗日斗争，狠狠地打击了日寇的嚣张气焰，而且造成了英日两国的矛盾，震惊了全世界。

军纪严明　百姓拥护

张海天举旗抗日后，洗心革面，严格杜绝部队过去的土匪作风，亲自定下"十六字令"用以约束部队："不准行抢，扶助贫民，捐粮捐款，替天行道。"他还规定了"四不准"纪律：一不准抢劫财物，二不准强奸妇女，三不准骚扰百姓、祸害庄稼，四不准投降日寇。"老北风"令行禁止，对那些恶习不改的部下决不姑息。严明的纪律，赢得了群众的信任，"老北风"的部队所到之处，受到了乡亲们的欢迎。群众经常送来慰问品，并自愿为部队喂马、洗衣、站岗放哨、刺探情报，许多农民、学生，甚至青年乡绅，都因仰慕"老北风"忠义为国，纷纷前来投靠。

带着遗憾　悲愤离世

张海天率众经历多场战斗，转战台安、海城、盘山一带，先后参加了智擒汉奸凌印青、九台子阻击战、夜袭田庄台、围攻沙岭、攻袭耿庄、三打牛庄、火烧海城日军兵站等数十次战斗，多次炸桥梁、袭列车，破坏南满铁路，夺取军用物资。张海天所部行动神速，作战勇猛，使日军闻风丧胆。张海天战功显著，被当时的报纸称为"辽西的抗日英雄"。张海天深谋远虑，为发展抗日队伍，扩大武器装备来源，开办了小型兵工厂，制造子弹、改制大炮、修理枪械等，在抗日斗争中发挥了重要作用。

紧张而艰苦的战斗生活使张海天身染重病，他指挥的第三路军交其儿子张秉林率领继续抗日。1933年5月，张海天率部在张家口参加了冯玉祥将军领导的察哈尔抗日同盟军，1935年他又参加了京西抗日游击队，作战负伤后去北平医治。1939年5月2日，这位积极抗日救国的勇士，带着对日本侵略者的仇恨，带着没能看到把日本帝国主义赶出中国的遗憾，在贫病交加的悲愤中离世，终年59岁。

新中国首批盘锦水利建设的三人行

郑国华，1924年2月生于浙江省镇海县小港镇（今宁波市北仑区戚家山街道）的一个商人家庭。1948年，毕业于浙江大学土木工程系。1949年6月，参加浙江干部学校学习。1949年8月，任东北水利总局技术员。1949年10月至1988年，任盘锦垦区水利技术员、工程师、高级工程师（教授级）。1988年，副厅级离休。

郑国华近照

2014年夏天，为了解大洼县田庄台抽水站的历史及运转情况，笔者约市史志办的江绍仁一同去双台子区四季城的住宅小区，拜访我市水利专家、副厅级离休干部郑国华老人。郑国华老人虽然已90岁高龄，但头脑清晰，记忆力丝毫未减。他80岁还学电脑，建博客，写回忆文章。他对盘锦水利事业有几十年的不舍之情，在交谈中仍能体现出那种深深的挚爱。

为开发建设盘锦　三人同行贡献青春

三人都是谁？其中一个郑国华，还有宓和群与张鸿鹏。他们三人一起从东北水利总局来到新中国成立初期百业待兴的盘山灌区。那时新中国刚刚成立，他们是8月分别从杭州、天津经过培训，统一分配到东北参加建设的大学生。郑国华毕业于浙江大学土木工程系，宓和群毕业于中山大学土木系，张鸿鹏毕业于北洋大学。郑国华和宓和群相识较早，又是同乡，1949年杭州解放，同时进浙江干部学校，毕业后一同分配到沈阳。

那时学理工的一律分配东北。郑国华和宓和群两人一起由杭州出发，登上上海去东北的专车到天津，又与天津学生一起来到沈阳。离开杭州在8月上旬，到沈阳已是下旬。到沈阳后这些学生都被安排住在当时最高级的东北旅社等候分配。其间，时任中共中央东北局副书记李富春在东北电影院做报告，说明东北建设需要大量技术人员。土木工程面最广，可去鞍钢、海港、铁路、煤矿。郑国华和宓和群商量去最艰苦的地方，决定去东北水利总局。

因水利总局隶属农林部，一天，东北行政委员会农林部来车把分配到水利总局工作的四五十人接到在北陵办公的农林部，然后送到北六经街的水利总局。这些学生大部分来自北洋大学水利系及河南大学水利系，多数要求去工务处。他们二人因学土木，就要求到规划处勘测科。

开国大典以后，水利总局动员新人到东辽河工程处和盘山灌区。郑国华和宓和群两人商量去盘山。科长不愿放他俩走，让再考虑考虑。当时认为响应号召是进步的表现，所以这个进步表现决定了他们二人的命运。

不几天，他俩接到通知去盘山农场报到，同行的还有规划科的张鸿鹏。张鸿鹏是北洋大学毕业，篮球打得好。他们三人性格不同，张鸿鹏老家蓬莱，山东大汉，开朗，直爽，乐于助人。郑国华性格内向，洁身自好。宓和群随和，宁愿吃亏，不占便宜。三人也有共同之处，都是进步青年，都不是劳动家庭出身。他们三人带着全部行李和档案，到营口盘山农场办事处。第二天工作人员送他们到渡口摆渡，并告诉到河北雇车去田庄台，直接到盘山农场。

到辽滨，他们雇了一台毛驴车，拉着人和行李去田庄台。他们沿着废铁路缓慢北行，一路全是芦苇，看不见人家，真是一片荒凉，傍晚才到田庄台。盘山农场在镇的东边扬水场院内，有几栋日本人留下的红平房，他们三人就住在一铺大炕上，这是他们三人生平第一次睡炕。

与工人同吃同住　拉近干群关系

那时盘山灌区全称为东北行政委员会盘山农场，是东北四大灌区中灌溉面积最大的灌区，也是两个电力灌区之一。灌区最早开发者是日本侵略者，新中国成立时已有扬水场四处，即荣兴、田庄台、二道桥子、平安，灌溉面积20万亩。农场下属工务科、农务科、财经科、秘书科。工务科是灌区机电、水利的管理单位，科长黄继贤是留用人员，下分机电股，股长辛德启，张庆隆管机械，朱贵意管电器，都是留用人员。工程股贾恩泮、白文福是总局派来的。王乃云、李静怀、贾恩泮毕业于西北农大水利系，白文福、李静怀是奉天农大土木特修科毕业的。

1949年年末，他们三人分别到下面农站去测量。郑国华去大洼，宓和群去新开，张鸿鹏去荣兴榆树。大洼离田庄台20多公里，是田庄台扬水场1干到15干灌溉面积的管理单位。郑国华晚间和工人一起睡在一铺大炕上，吃的大部分是白菜汤、大饼子。一天两餐，测量回不来，带大饼子、芥菜疙瘩，测到哪里吃在哪里。测量主要是灌排渠的纵横断面，拉测绳量距离，钉桩子，测水准，一天可测8公里。从驻地到测量地点多10公里，来回都靠两条腿。

天气冷了，农场为职工量制棉衣，郑国华和宓和群做了，灰布的干部服穿上又暖和又轻便。张鸿鹏却没做，后来才知道他父母去世早，他是老大，还有两个弟弟一个妹妹，负担重。他父亲遗留些棉长衫，张鸿鹏就穿着过冬。测量时怕影响走路，就把长衫下摆用绳子绑在腰上。宓和群老家在杭州开一家叫"宓大昌"的烟店，是老字号，开在官巷口最繁华地带。宓和群家里有钱，但他很朴素，和当地干群关系特别融洽。在基层工作一段时间，他们三人都得到了领导和职工们的认可。

1950年元旦放假，同住一室的几个年轻人相约去田庄台下馆子，天没亮出发，走了20多公里路到田庄台。他们在最大的饭店公兴居吃饭，还记得有酥白肉，又酥又甜，是南方菜所没有的。吃完饭到照相馆照相留念，这张照片郑国华现在还保存着。

加强学习专业理论　解决实践遇到问题

春节刚过，东北水利顾问黄万里（上海招聘来的清华大学教授，黄炎培之子）来大洼做报告，他说农场主要问题是扩大种植面积，增加产量。当时水稻单产每亩才200多斤，不达400斤是没前途的。农场开始进行水利工程建设，修建闸渠。郑国华和宓和群还有总局的老文在新开9、10干施工支渠闸。工地设在10干娘娘庙，建10干支闸。挖基，挖到支渠底低30厘米。打桩，长2米打到和渠底平。铺石灌浆和桩顶平，绑钢筋分进出口闸身按图绑扎，垫好保护层，立底板模板，按1：2：4体积配比灌混凝土底板，凝固后支立模板，灌侧墙及顶板混凝土，最后支启闭机台模板灌混凝土。两周养生再拆模，回填。放水前安上闸板及启闭机就完工了。10干完成后转到9干，从4月初到5月中旬全部完成。保证新开9、10两干面积及时灌水。当年增加了面积，成绩显著。

经过一段实践，他们深感学得太少，过去学的是英美的理论，现在用的是苏联的。张鸿鹏提出集体学苏联理论，从水力学开始。他们三人都买了柯莫夫《水力学》，从头同进度自学，然后轮流集体讲解。当时《中国水利》杂志上有一篇关于桥孔计算的文章，观点明显错误。郑国华写了一篇反驳文章，并在接下的一期发表。随着理论水平的提高，在实际工作中遇到的问题也就迎刃而解。

1951年建转角店涵洞，把大洼部分排水通过总干通向平安排总。工程必须在春灌前通水，工期短施工量大，技术复杂，要在化冻前完成挖基。这一工程设计、施工全由郑国华负责。他把排水渠由北向南以一个90度大半径的曲线改成东西向，第一次把曲线测量用于实际，使这个交岔工程按期完工。

二道桥子修拦河闸第一孔闸门启闭平衡坨在解放战争中被炸坏，门板卡在槽里，开不了也关不了，以前没有条件不能修复。宓和群带几个起重工，用三脚架和绞关吊起平衡坨照原样打混凝土，使其启闭自如。农场在恢复水利建设中，首先要测万分之一的地形图，任务交给宓和群。宓和群深入学习测量理论，带领大家实地干，数据控制完成得很好。以前日本人也测过图，但用导线控制，精度低，面积不够，经过1953年分多组测地形，年底绘出了全场及外围地区万分之一地形图，对盘锦的农业发展打下坚实的基础。

他们三人中第一个加入中国共产党的是张鸿鹏，他在要求进步方面是三人中的楷模，也起了传帮带的作用。

三人如今剩一人　　时常怀念昔日情

三人在1954年之前工作生活在一起，相互结下一生友谊。后来辽宁省国营农场统归农业厅管辖。1954年3月，由农场抽调技术人员组成省勘测队，他们三人都在调令中。最后，张鸿鹏、宓和群去了省里，郑国华因领导不放留了下来。分别时他们三人照了相。

1954年，省勘测队来农场测量、规划，他们三人还常见面。两年后省勘测队解散，宓和群回来当工务科长，郑国华为设计室主任，张鸿鹏分配去朝阳。这样，郑国华和宓和群在一起又干了几年。

1960年，农垦局副局长张秀山去沈阳农学院当副院长，把宓和群调到水利系，主讲农业水利，至此三人行变成单人行。他们三人同时晋中级职称，也相继晋了高工。1985年后先后离休。

现在三人中只剩郑国华一人，宓和群去世于20世纪90年代，张鸿鹏去世于21世纪初。为纪念同来盘锦工作的三人行，为盘锦最初水利建设流过血汗做出贡献的同行人，郑国华曾写回忆文章。因为，郑国华脑海中，时常出现昔日三人同来盘锦田庄台时的情景……

中国旋律大师刘炽在盘锦的8年岁月

刘炽（1921年3月10日—1998年10月23日），原名刘德荫，曾用名笑山，陕西西安人，中国著名的电影作曲和歌曲家。历任抗战剧团舞蹈演员，延安鲁迅艺术文学院音乐系研究生、助教、教员，东北文工团作曲兼指挥，东北鲁艺音工团作曲兼指挥等职。新中国成立后，历任中央戏剧学院歌剧团作曲兼艺术指导，中央实验歌剧院作曲兼艺委会委员，中国铁路文工团艺术顾问，辽宁省歌剧院副院长兼艺委会主任，中国煤矿文工团副团长兼艺委会委员，中国音协理事、创作委员会委员，《歌曲》编辑部编委。

20世纪70年代，刘炽在盘锦自己家的院子里

1939年，刘炽发表处女作《陕北情歌》。他一生中创作大型作品70余部，中小型作品近千首，著述多篇论文共计15万字，出版作品集14部。中小学音乐教材中收入他的多首歌曲。他作品数量之多，质量之高，流传之久，实属当代音乐家中罕见。

刘炽的旋律很好，优美动听，好唱好记。他创作的每个音符都是从心里面流出来的，每一个旋律都有灵魂。他，被称为中国的旋律大师。

2014年5月23日，是《在延安文艺座谈会上的讲话》发表72周年。纪念日到来前夕，在盘锦市地税局的家属楼，笔者采访了盘锦市音乐家协会原秘书长、作曲家王平。他和我国著名作曲家刘炽有过30年交往，虽然年龄相差20岁，但感情如同手足，他骄傲称刘炽为忘年交。他说："每当我们听到《让我们荡起双桨》《祖国颂》《英雄赞歌》等经典旋律时，愉悦的心情和澎湃激情难以表述……"尽管旋律优美，几代传唱，但很少有人想到曲作者是著名作曲家刘炽，更很少有人知道刘炽所经历的艰难困苦的岁月。

话题从刘炽参加延安文艺界座谈会谈起。

盘锦市音协原秘书长王平与作曲家刘炽（右）在亲切交谈

延安"鲁艺" 英才早发

1942年初夏，中国共产党在延安召开了文艺座谈会。毛泽东主席在座谈会上发表讲话，极大地鼓舞了文艺工作者，他们以饱满的激情、崭新的面貌，走向生活、战斗的前线，以笔为刀枪，创作出许多革命的、战斗的文艺作品，成为那个时代最嘹亮的号角。刘炽不仅参加了座谈会，还有幸聆听了毛主席的两次报告。座谈会后不久，他与王大化、李波、安波、贺敬之等首先走出"小鲁艺"，走向"大鲁艺"，到百姓中搞起"新秧歌运动"，受到广大群众的热烈欢迎。

刘炽师从冼星海学习作曲和指挥。他天资聪慧，悟性强，第一篇习作《陕北情歌》，批语是"好"；第二篇儿童歌曲《叮叮当》，批语是"很好"；第三篇是首混声二部合唱《打场歌》，冼星海批语是"非常好，我希望它传遍全国"。

恩师的夸奖，极大地鼓舞了刘炽的音乐创作热情，从此，他学习愈发刻苦，下决心"要一辈子干作曲"。1945年抗日战争胜利，刘炽进入音乐研究室当研究生兼鲁艺助教。此间，可谓英才早发。他写了第一部中型歌剧《塞北黄昏》的乐曲。这是一部较早反映兄弟民族斗争生活的歌剧，受中央领导和延安各界人士好评。

1942年，刘炽收集了《黄河水手歌》《捡麦根》等，成为后来歌剧《白毛女》的素材。另外，他还向民间艺人学习了《将军令》《凤凤铃》等民间乐曲。《凤凤铃》成为后来电影《上甘岭》插曲的素材。

1943年，刘炽作为鲁艺秧歌队的作曲、编舞、导演，以极大的热情投身到延安轰轰烈烈的"新秧歌运动"之中。此外，与人合作了歌剧和秧歌剧《周子山》《血泪仇》《下南路》，独立完成了《走三边》《赵富贵自新》《货郎担》《减租会》，大合唱《红五月》《七月里在边区》，为大型腰鼓舞《胜利鼓舞》写了伴唱曲。

《翻身道情》这首男声独唱，成为后来延安各种音乐晚会的保留曲目。欢迎张治中、赫尔利的晚会上，刘炽都演唱过这首歌。

转战东北　　成绩斐然

　　1945年抗战胜利，中共中央决定派遣东北工作团开展工作，延安鲁艺也组成了一个工作队一同前往。9月，刘炽随东北干部团横跨五省，徒步万里，挺进东北，先后经沈阳、抚顺、大连、哈尔滨、长春等城市。解放战争中，刘炽一边上前线为战士演出，一边为战士写歌。主要作品有《东北青年进行曲》《儿童进行曲》《东北好地方》等。1947年，又写了《内蒙古人民三部曲》、歌剧《火》。1948年写了《钢铁部队进行曲》，后来被中央军委命名为三十八军军歌。1949年写了《工人大合唱》，其中，第一乐章《一切为了胜利》和终曲《建设祖国》旋律优美深情，至今传唱不息。

　　1955年，为电影《上甘岭》写大合唱《英雄颂》、插曲《我的祖国》时，刘炽的艺术创作已达到了博大深邃、丰富多彩的大手笔境界。

　　1961年，刘炽为电影《英雄儿女》《兵临城下》写主题歌，在谱

20世纪70年代后，刘炽在北京

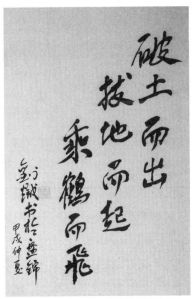

作曲家刘炽为盘锦市音协题词

写战争影片音乐上，较《上甘岭》更显博大深沉，实现了又一次自我超越。

之后，其创作激情一发不可收。一系列电影歌曲如《柔和的阳光》《崖畔上开花》、大合唱《祖国颂》等传唱不衰。刘炽的音乐创作无论从质量的精湛方面还是数量的丰富方面，都达到了同时代的最高水平，并且形成了其写实、民族色彩浓厚、充满激情的艺术风格。

1998年10月23日，刘炽因病逝世。据他的老友回忆，一次他们分别时刘炽说出了"不修今生修来世"的话。老友不解，请道其详，刘炽遂解道："百年之后还有人唱我的歌，这不就是修来世吗?"如今刘炽先生已经离开我们24年了，正如他生前所说"不修今生修来世"，他，留给了人民永远的欢乐，人民会永远怀念他。

参加国庆 10 周年阅兵式的老兵

　　2009 年，中华人民共和国成立 60 周年大庆时，国家庆典筹备组给原盘锦化肥厂退休老兵严文元来函，邀请他去北京参观，因为他是参加国庆 10 周年阅兵式的老兵。当时严老已 82 岁，因身体原因没有成行。他在儿子家的电视前观看了阅兵式。10 月 1 日上午 10 点，中华人民共和国成立 60 周年庆祝大会在北京举行，多种新式武器接受检阅，这是新中国第十四次，也是新世纪的第一次阅兵。新中国 60 年国庆阅兵，新武器、新装备、新方队，以恢宏、磅礴之势，再度震惊世界，也展示了新中国的成长和人民军队的发展壮大。严老兴奋地道出一个老兵的心里话：我们祖国真是太强大了。

　　盛大的国庆 60 周年阅兵式刚刚结束，在人们喜容未消之际，时任盘锦市市长程亚军同志，代表市委、市政府、盘锦军分区，把抗日战争胜利纪念章佩戴在严文元老人胸前。在此之前，严文元曾获得过东北解放纪念章、华北解放纪念章、华中南解放纪念章和抗日战争胜利纪念章，这是他一生的历史，也是他一生的光荣，更是一个共产党员的展示。

参加国庆 10 周年阅兵式

　　1959 年 7 月，在北京二老庄第一坦克军校学习的严文元，参加了十三陵水库修建工程。

　　一天傍晚，他们刚从工地收工回到营房，部队紧急集合，说有要

171

87岁老人严文元（前排右一）和家人合影

事宣布。学员们站在操场前，听首长传达命令：由坦克军校学员组成一个坦克兵方队，参加国庆10周年阅兵式，接受党中央、毛主席的检阅。

严文元连夜写了申请。经校党委政审、身体检查后，试训一个多月，他被选中。几百人报名，最后才选中120人。又进行了一个多月严格的正式训练，一个多月下来每个人都瘦了十几斤，鞋子磨坏了好几双。他的脚也磨出了几个大泡。9月份北京还很热，整天在操场上练得满头大汗，军衣完全湿透，训练很艰苦。战士们心中只有一个念头，只要在天安门前能看到毛主席，就是再苦再累，心里也美滋滋的。

9月30日，受阅部队全部到达天安门进行预演，方队出发时间都掐得不差一分钟。10月1日早晨4点，严文元和战友们乘车准时到东交民巷集中、编队，衣扣、鞋带、裤带都再一次彻底查看。上午9点，国庆阅兵指挥部下达命令，队伍按序出发，进入长安大街。

10时整，北京市市长彭真宣布："庆祝中华人民共和国建国10周年国庆典礼开始！"随后，举行盛大的阅兵式。受阅官兵身着改进的新式服装，佩戴军衔，显得更加威武精神。

严文元所在的方队到王府井大街路口时，开始齐步走。方队到达天安门城楼，步入规定横线时，方队指挥员发出口令"向右看"，每个受阅战士都目不转睛，踢着标准的正步，向天安门城楼上方给毛主席等党和国家领导人敬军礼。由于心情特别激动，不知是汗水还是泪水，模糊了眼睛也不能擦，只顾走标准动作，眼睛几乎什么也看不清楚，耳边只听到一阵阵"毛主席万岁"的欢呼声。几分钟过去了，过红墙后听到指挥员喊"齐步走"，这才松了口气。但遗憾的是没能好好地看一看毛主席。受阅结束后，他们方队到首都电影院附近的学校休息、吃饭。晚上阅兵指挥部安排受阅人员在天安门广场与群众联欢，狂欢一直进行到深夜。因为他参加坦克方队受阅，也没有看到其他方队受阅的情况，只知道工程兵学校在坦克学校前面，铁道兵学校在他们后面。回到营房，战士们都说就看到天安门城楼上的人多，当时只想把动作做好，也没时间好好看看毛主席。其实，第一次参加受阅的人都是这样的感受。虽然没有看清毛主席，但顺利地完成了受阅任务，这是严文元终生值得骄傲和自豪的事情。

为父报仇　16岁当兵

1942年，日本侵略者在我们的国土上，特别是在河北、山东进行疯狂的"三光"政策。狼烟四起，白骨成堆，成庄成屯的老百姓惨死在日本兵的屠刀下。

全国人民在共产党的领导下，各地组织起抗日武装，誓死保卫国土，保卫家园，决心把日本侵略者赶出中国去。严文元的父亲严明政，就在那时参加了冀东抗日游击队，担任小队长，在滦县（今滦州市）、昌黎、乐亭、丰润一带与日本侵略者进行顽强的斗争。1943年，由于叛徒告密，严明政在滦县杨岭被捕，不久在乐亭县城被杀害。为了报杀父之仇，当时不满16岁的严文元，赶上冀东军区扩兵，那年端午节刚过,他怀着满腔的仇恨毅然决然地加入了八路军。

入伍后,部队首长讲:"八路军是共产党领导的革命队伍,是杀鬼子救穷人的队伍。"当时他没文化,不知道是八路军领导共产党,还是共产党领导八路军。直到1946年,首长培养他入党时,才弄清楚了八路军是共产党领导的人民子弟兵,是为劳苦大众求解放的队伍。他被分配到冀东十六军分区十八团三营七连。七连连长赵志是保定人,非常喜欢他,让他在连队当通信员。

在部队,他知道了七连是有着光荣军史的连队,是英雄狼牙山五壮士所在的连队。在英雄连队,就要学习英雄的精神。因为他年龄小,个子也很小,连长发给他一支马枪背在身上。他学会了当年的八路军战歌,"八路好,八路强,八路军打仗为老乡;日本鬼子欺压咱老百姓,八路军领导咱打东洋"。连长还让他进速成班学习写字,懂得一些革命道理。

1945年8月,日本投降。他们团奉命开到东北。7连从锦州到沟帮子,坐小火车到达盘山。10月间,盘山县建立了以方受珍为首的县人

1954年,严文元在徐州坦克部队时和战友合影

民政府，严文元被派到台安县开展工作。1946年1月，国民党撕毁停战协议，解放军攻打锦州，7连随大部队返回热河。1947年年初，在热河与国民党部队交战中，连长赵志壮烈牺牲。几十年时光荏苒，老连长对严文元的关怀和谆谆教诲，永远铭刻在心，终生不忘。

现在严文元老人已经八十有余，本应离休在家享受晚年，可他退休不褪色，仍然参加社会活动，发挥余热。

盘锦化肥厂原党委书记钟祝三曾为严文元同志写了一首诗，记录他为革命、为工作、为社会做出的贡献：

> 他青年参加革命，一心为党为人民；
> 打败了日本鬼子，参加了解放盘山；
> 参加塔山阻击战，解放了东北全境；
> 参加起义军改编，做大量政治工作；
> 他南下解放江南，在江西剿匪建政；
> 参加国庆大阅兵，十三陵水库建设；
> 他虽离休又不休，参加关心下一代；
> 十年关工委工作，与我配合很默契；
> 共家访四百多户，家长教育经验结；
> 培养典型四十五，帮学困生四十四；
> 寒暑假和双休日，办学班八十九次；
> 共同担任起网吧，文化义务监督员；
> 我俩多次去走访，看望有病老干部；
> 他是一位好干部，我终生永远不忘。

抗日战争中开一代诗风的先驱田间

2015年是中国人民抗日战争暨世界反法西斯战争胜利70周年，同时也是我国杰出的抗战诗人田间逝世30周年。田间是一位对中国抗日战争做出贡献的诗人。出于对田老的景仰与崇敬，特别是在田老逝世前4个月的5月上旬，我在北京田老家中曾对田老有过一次采访，亲耳聆听了田老对当代青年如何写新诗的观点和看法。虽写过短文发表在1985年7月1日《盘锦日报》的创刊号上，但30多年过去，田老的语重心长，让人难以忘怀。今缅怀田老，回忆田老与原大洼县《南大荒诗报》的关怀、对大洼文学团体的关心和期望及与盘锦"南大荒人"的情谊。

关心基层诗歌创作　为大洼诗刊题写刊头

那是1985年5月上旬，我和大洼县志办的同事们到北京图书馆查找有关大洼的文史资料。行前受《南大荒诗报》主编陈东白老师委托，到北京抽时间去中国《诗刊》编委田间家里拜访一下，如有可能恳请田老给《南大荒诗报》题写个刊头"南大荒人"。因为东白老师此前曾与田老有书信往来，他把每期出版的《南大荒诗报》邮给田老。田老看后曾回信肯定《南大荒诗报》办得好，热情鼓励这一乡土小报，还就乡土气息和地域特点等方面提出宝贵建议。

在北京查找史料的事办完后，在离京的前一天我做拜访田老的准备工作。同去的同事都说这事难办，只凭一个书信地址说不定都见不到田老，即使找到田老住处，那样的大诗人，又是河北省文联主席，未曾谋面，哪有空面见从农村基层来的人。同事的冷水泼得我信心减去很多，去还是不去？经过一个早晨的左思右想，最后还是决心去一趟。

田间的寓所位于北京后海北沿甲38号，是一座清代四合院。到了田老的住所，我按响门铃，开门的是一位20岁上下的姑娘。我先报姓名说明来意，她告诉我，田老正在家里养病。我说请禀告田老，我是从辽宁盘锦市大洼县来的，和田老有过通信联系，这次是专程来京拜访他的。那位姑娘转身回院去向田老禀告，不一会儿，姑娘回来请我去田老的书房等候。我暗自欢喜，心想今天定能见到田老。我进门见院子西侧是一丛青竹，东侧是一棵核桃树，院子正中是一口青瓷大缸，三块雕花青石支撑着缸底，正房廊下摆满了花盆，养着各种各样的鲜花。田老的书房陈设也非常简朴：一张写字台上放着笔砚和请柬、信件，一张单人床，两把藤椅，一个大书架，墙壁上挂着齐白石、徐悲鸿、茅盾等赠送的条幅。房间显示出一种雅致、宁静的气息。

又过一会儿，见年近古稀的田老身穿睡衣来到书房，我起身给田老深鞠一躬，并说明来意。田老说："近一段时间身体一直不好，医生让卧床休息，谢绝见客。听说你是专程来北京，路又很远，来一次不容易，别白来，无论怎样也要见一下。"田老在病中能见我真让我感动。我向田老介绍南大荒诗社的诗友大多都是青年人，需要向老一辈诗人请教。田老说："从你们县的小诗报，看出了诗作者的创作基础是很好的，能深入生活，发展方向也很对路。我在信中写过，诗刊虽小，办得朴素，现在要提倡写短诗，短小的诗能使情感表现得特别有力。要多写精练、清新、富于生活气息的小诗，这一点对青年作者来说尤为重要。新诗应该刚健、清新、活泼，有蓬勃的朝气；诗应该激人奋发，让人读得懂。诗一定要写得集中、凝练，长而空不好。"田老还告诉我，最近他准备编辑一个短诗集，专门刊登基层青年作者的作品，目的是激发、提高青年作者的创作热情和水平。并希望盘锦地区能有青年诗友的作品入选。田老虽在病中，但精神矍铄，热情健谈。

因田老抱病见客，我不忍多占用时间。告别前我请田老为《南大荒诗报》题写刊头"南大荒人"，田老欣然允诺："可以，最近因身体不佳，也未

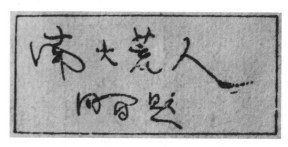

田间为大洼诗刊题写刊头

动笔，过几天写好给你们邮去。"临走时我拿出相机说想和田老照张相，田老高兴地说："好，看我这样子怎能穿睡衣跟你合影？"他让那位姑娘从一个旧柳条包箱里找出他20世纪30年代去日本时穿的驼色西装，穿西装时跟我说："这套西装很有纪念意义，1937年为躲国民党的搜捕去日本时买的，快50年了我一直没舍得扔掉。"西装穿好，老人家还对着镜子整理一下，然后我和田老在院内的青竹前合了影。

作者与田间在田间家院里合影

我再次谢过田老，向他道别，请田老回屋休息。田老执意要送出大门外，希望再来北京时一定要到家里做客。

我因又去包头采访，半个月后才回大洼。《南大荒诗报》编辑部告诉我，田老"南大荒人"的题字已经邮到，还附了一封信。我很感动，田老对一个县的微型诗报及作者是这样关心，给予热情鼓励和指导，着实体现了老一辈诗人对青年一代寄予了深切的期望！

时隔4个月，噩耗传来。1985年8月30日，田老因病抢救无效去世，终年69岁。

"田间"得名由来

1916年5月14日，田间出生在安徽省无为县城西北约20公里处的童家老屋。祖父按本族班辈给他起名为童天鉴。在无为方言中，天鉴和田间谐音同调，"田间"便成了他的非正式名字，后来成为笔名。

田间6岁的时候，父亲在家里为他办一个私塾，一位姓程的先生教他识字，念唐诗，读《诗经》，写毛笔字。先生对田间的学习要求十分严格，《诗经》要从头背到尾，甚至要倒着背。一次，田间放牛看书入了迷，牛跑到人家稻田里都不知道。程先生知道此事后，便出了一个上联："天鉴放牛牛下田间稻被践。"田间思考了好一会儿，突然想起他有一个小伙伴名叫阮仲，经常帮家里放羊，就对上："阮仲牧羊羊进园中菜遭踏。"因他对得尚可，才没有挨先生的板子。1929年春天，田间进入无锡辅仁中学读初中；一年后，又到南京陶行知创办的安徽中学；接着以一个初中毕业生身份，跳级考入芜湖安徽省立七中高中二年级，仅仅读了一年之后，又跳级考进上海光华大学。

把诗贴在枪杆上的抗战诗人

1937年7月7日，卢沟桥的炮声响了，田间从日本回国参加抗战。田间的夫人、作家葛文说，在抗日战争中，田间没有一天离开过抗战第一线，没有离开过与敌人拼杀的战场。他是一位"一手拿枪，一手拿笔"的杰出的抗日斗士。在8年的浴血战场上，田间在晋察冀的战火硝烟中写下了成千上万行抗战诗句，成为唤起民众打击敌人的有力武器。他的短诗像投枪匕首，他的长诗像战斗进行曲和历史纪录片。他在丁玲领导的"西战团"当过战士，他在聂荣臻麾下当过新华社记者，他在邓拓手下当过编辑，他在寿阳县委当过代理书记，他在雁北地委当过宣传部部长……他在急行军的跋山涉水中吟诗，他把诗当作生命，当作武器，无时无刻不在写诗。他的诗写在墙壁上，他的诗贴在枪杆上，他的诗像火焰燃烧在人们的心中！

在现代文学史上，对田间诗歌做出美学评价的第一人是闻一多，他指出："这里没'弦外之音'，没有绕梁三日的余韵……没有任何'花头'，只是一句句朴实、干脆、真诚的话，简单而坚实的句子，就是一声的鼓点，单调，但响亮而沉重，打入你耳中，打在你心上。"他称田间是"时代的鼓手"。

街头诗的倡导者和实践者

1938年8月7日，延安诗人发起街头诗运动日。这天，延安城内大街小巷到处张贴着一首首街头诗。拿着红缨枪的自卫军，牧羊人，放牛人，男的，女的，拥挤着争先恐后看哪，读哇。这是诗歌服务于抗战，创造大众诗歌一次成功的探索，不久，迅速从延安传播到各个抗日根据地。

田间不仅是街头诗的主要倡导者、发起者，还是这一诗歌运动成绩卓著的实践者。他的《假如我们不去打仗》《义勇军》《毛泽东同志》《给饲养员》《选举》等街头诗以质朴的语言，号召人们同侵略者决战，在宣传上发挥了巨大的作用。

街头诗受到广大群众的欢迎，奠定了田间在诗坛上的地位。此后他又创作了一批有名的小叙事诗；随着生活内容的丰富，田间又开辟了长叙事诗的方向。《亲爱的土地》是他进入根据地后第一部长篇叙事诗，作家孙犁认为，"作者企图以史诗的形式记录了时代的光彩"。他是抗日战争中开一代诗风的先驱。

新中国成立之后，田间创作极丰，先后出版了30多本诗集。他是诗坛上写政治诗最多的诗人，也是创作叙事诗最多的诗人。他的诗在朝、日、保、越、俄等国家都有译本，在国际上产生了很大的影响。

田间长期深入在人民群众的斗争生活中，为人民擂鼓，为人民放歌，是一位有卓越贡献、产生过重大影响的杰出诗人。

用心讴歌盘锦的知青音乐家吴太邦

吴太邦，1954年10月生于沈阳市，1972年作为知青下乡到原盘山县东郭苇场南井子。毕业于沈阳音乐学院作曲系和辽宁省教育学院音乐教育系。盘锦市群众艺术馆正高级研究馆员（国家一级作曲），中国音乐家协会会员，辽宁省音乐家协会理事，盘锦市音乐家协会常务副主席兼秘书长。

音乐作品《年少的味道》（2006年）、《快乐奔跑》（2009年）、《向海放歌》（2012年）连续获得辽宁省精神文明建设"五个一工程"第十届、第十一届、第十二届优秀音乐创作奖。歌曲《水灵灵的水乡春》荣获中国音乐家协会主办的全国原创歌曲大赛创作优秀奖。作品《快乐奔跑》荣获中国音乐家协会、中央电视台联合举办的全国流行歌曲大赛提名奖。多首音乐作品在辽宁省群星奖大赛中荣获作曲银奖。

2009年，出版吴太邦原创少儿歌曲专辑。2010年，出版吴太邦原创歌曲作品专辑。

2010年，主编、出版、制作了4张富有盘锦地域风情的歌曲专辑唱片。

参与两部音乐电视剧《穿旗袍的感觉很好》《逝去的音符》的音乐创作，并获国家级音乐创作大奖。

荣获盘锦市文艺贡献奖、五一劳动奖章和盘锦市文化艺术界学科带头人等荣誉。

2016年10月9日，音乐家吴太邦、市黑嘴鸥保护协会会长刘德天一起去沈阳录制讴歌盘锦两大自然生态亮点的歌曲《红海滩·黑嘴鸥》。路上，谈论的话题多是这首歌曲。刘会长介绍，这首原创歌曲是2006年前夏华作词、吴太邦作曲。10年来多次打磨修改，感觉在录音制作上需再上一个档次，打造成国家级精品。经过多次磋商，邀请辽宁交响乐团伴奏，青年女歌唱家王芳演唱。这首歌曲自创作以来得到了国家级音乐大家的高度赞誉。作者在录音棚里聆听了这首感悟心灵的作品，确如著名作曲家龚耀年评价，这是一首非常感人、旋律清新、曲调优美、接地气的歌。录音结束，刘会长便与吴太邦约定回盘锦采访他扎根盘锦，用音乐宣传盘锦的经历。

受父影响酷爱音乐　下乡再累坚持拉琴

1972年，吴太邦在沈阳市五十三中学读书。当时全国知青上山下乡运动盛行，那年他不满18岁，就来到盘锦东郭苇场南井子机械化青年营五连。

受父亲影响，吴太邦兄妹四人都爱拉琴，一把提琴他和妹妹抢着拉，两个哥哥让着小弟和小妹。他5岁时就跟父亲学五线谱，学拉琴，上学后又练习谱曲。小学五年级就创作了《沈拖子弟小学校歌》，学校给他发了奖状。上中学，他担任学校文艺队队长，写了音乐剧《一张铜网》。这为他后来的音乐剧创作打下了良好的基础。

下乡时，他带上了父亲的小提琴。虽然劳动很苦很累，他仍然每天都坚持拉琴。在青年点，他是第一个起床的人。怕练琴影响知青们休息，他就到野外去拉。为团结同学，他每天起早烧水。后来，同学们心疼他不让到野外拉，久而久之，他的琴声成了同学们的计时器，他的琴声停止了，就到了起床、上工的时间。

那时候，他们青年点的文艺队是盘山县文艺宣传的骨干团队，吴太邦是这个团队的积极分子，作词、作曲、编排样样精通，盘山县的一些大型文艺活动也就少不了他。

结识旋律大师刘炽　理解音乐再上台阶

1975年初，吴太邦正式调入盘山县文工团。这一时期，他更加珍惜这份工作，因为专业团队有了他施展才华的天地。一天，在同一文工团的辽宁歌剧院原副院长刘炽听到吴太邦拉琴，称赞说："这小孩琴拉得挺好！"便把吴太邦叫过来问道："你的琴是跟谁学的？"吴太邦一五一十地做了回答。没想到，这次相识，使54岁的刘炽和21岁的吴太邦成了忘年交。在与刘炽相识之后，吴太邦的艺术水平有了新的提升。

刘炽，陕西西安人，中国著名的电影作曲和歌曲家。1939年考入延安鲁艺音乐系，师从音乐家冼星海学作曲和指挥。他一生创作了大型作品70余部，中小型作品近千首，作品数量之多，质量之高，流传之久远，在当代音乐家中罕见。

刘炽经常邀吴太邦到家中传授音乐理论和技法。刘炽爱喝酒，每逢酒酣之际，刘炽打开手摇留声机，给吴太邦听传统交响乐，热情奔放、旋律优美的乐曲如一股清泉流淌到太邦的心里。他语重心长地说："太邦，学习民歌不要嫌多，因为民间音乐是你作曲生命的源泉。没有民间素材是写不出好东西的。你要学习技法，那是你创作的能力。为了提高能力，一定要去念书。还要深入基层，深入生活，实践是必不可少的。"1978年，刘炽落实政策回北京工作，但他每次回盘锦，必找吴太邦。刘炽浓重的陕西口音把"邦"念"棒"音，亲切地喊："太棒，太棒，在哪儿呢？"采访时吴太邦说到这儿，眼里充满泪花。是刘炽"民间音乐是你作曲生命的源泉"的教诲，让吴太邦理解了音乐的真谛。

走进高等音乐学府　艺术才能厚积薄发

如果说刘炽大师是吴太邦从事音乐创作引路人的话，那么，沈阳音乐学院作曲系主任、作曲家、音乐教育家曹家韵、徐占海两位老师，就是吴太邦走上专业创作道路的恩师。

1987年，吴太邦考上了沈阳音乐学院。三年如饥似渴、废寝忘食的学习，使吴太邦的音乐创作达到了一个新的高度。在两位恩师授业下，吴太邦真正地从感性的音乐创作进入到理性的创作思维方式。他的创作特点与创作技法逐渐显现出来。当他以优异成绩走出沈阳音乐学院，他胆大了，敢写了，心里有底了。

2003年，吴太邦到北京参加全国首次歌曲拍卖会，他创作的歌曲《泰坦尼克号上最后一个水手》（词作者广东陈帆），被香港太平洋影视公司以人民币一万元价格买走。拍卖会上，著名作曲家谷建芬对这首歌曲更是赞许有加。尔后，吴太邦的名字进入了国家级词曲大家的视线，不时有人找他合作。

此后10年，他与作曲家谷建芬、龚耀年，词作家乔羽、陈枫、刘薇、孙朝成等合作过。合作之后，这些大家都很满意，称他为基层音乐创作的新秀。

从20世纪80年代至今，吴太邦获得省级音乐奖项50多个，其中歌曲《用青春打磨理想》获得2006年由省委宣传部和省音协主办的校园歌曲大赛银奖，歌曲《年少的味道》获得2007年省第十届精神文明建设"五个一工程"奖。

2004年，吴太邦当选市音协常务副主席兼秘书长。他代表市音协向市委宣传部领导汇报时说："市音协与其他协会不能比，国家级奖项目前还是空白，我们要争取5年内出成果。"果真，他的承诺实现了。

2010年，他被评定为国家一级作曲。他说当时省内其他市的都是馆长级的，唯独他是个"白丁"。在晋级答辩时，他答了三分钟，评委们说，祝贺你过关了。

钟情盘锦地域文化　弘扬水乡风土人情

吴太邦自1972年下乡到盘锦至今，已有50多个年头了。他把大半辈子奉献给了盘锦，他把盘锦视为第二故乡。

50多年来，他有多次机会离开盘锦到外发展。当知青时，空军某部招文艺特长生，他被选中了，因为父亲的"历史问题"没有去成。第二次是报考全总文工团，专业考试合格，政审时又被刷掉。大学毕业后，沈阳音乐学院可以留校，他对校领导说："盘锦艺术馆送我带工资学习，我不能忘恩负义。"西藏军区歌舞团要他也没去。云南武警总队文工团要他，业务团长在他家好言相劝一星期，还是没去。有了名气之后，北京的一位作曲大家邀请吴太邦去他工作室搞音乐创作，待遇很高，出于盘锦情结吴太邦又没去。

他说，"虽然真正的知青生活我只有三年，但这是我一生中最难忘的磨炼。我的能量是在那个时候积蓄的。他认为改革开放前，"五七"大军、知青把文化能量留在了盘锦，改革开放后，像他这代人应该把文化能量释放出来。是盘锦这座城市给了他释放能量的机会和平台，所以，他对盘锦要感恩。为宣传盘锦，吴太邦多次到北京《歌曲》编辑部，商讨刊登盘锦歌曲。2013年，《歌曲》杂志一次推出《拥抱蔚蓝》组歌选曲6首，并配发编者按介绍盘锦。

50多年过去，盘锦的风土人情，盘锦的地域文化，都成了吴太邦血液中跳动的音符。一滴辽河水、一束芦苇花、一株碱蓬草、一只黑嘴鸥，都会激起他创作的波澜。迄今为止，吴太邦已创作完成800多首赞美盘锦的歌曲。

在盘锦文艺界，吴太邦创造了多个第一：《我爱盘锦的绿》被选为盘锦电台《每周一歌》栏目首播歌曲，盘锦建市后第一台文艺晚会创作人，盘锦首个自费创建音乐工作室，第一个开办黑嘴鸥少儿合唱团并走进央视演出，首个荣获国家级大奖的音乐人，首个进入中央人民广播电台播出盘锦原创歌曲，唯一连续三届获得"五个一工程"奖……

吴太邦祖籍在四川，出生在沈阳，成长在盘锦。他创作的歌曲在音乐语言中，既表现出东北汉子豪爽、直率的气魄，又有四川小伙机灵、秀美的语境，刚柔含蓄，旋律流畅，曲调清新自然。

用他的话说，他是个不喜欢记录的人，个人再有名，也不如让歌唱盘锦的音乐插上腾飞的翅膀，在祖国的上空飞翔。68岁的吴太邦，仍然在为实现这一梦想，实践着……